文獻研究叢書・圖書文獻學叢刊

考古發現與《左傳》 文獻研究

陳炫瑋　著

目次

序

　　陳炫瑋先生以其新著《考古發現與《左傳》文獻研究》見示，囑我作序。我從未為別人的書寫過序，但作為其碩、博士學位論文指導教授之一，對他的為學為人略有所知，因此值本書出版之際，稍贅數語，以為引玉之磚。

　　一九二五年王國維指出「古來新學問起，大都由於新發現，……然則中國紙上之學問賴於地下之學問者，固不自今日始矣，……故今日之時代，可謂之發現時代，自來未有能比者也。」他所說的新發現，主要是指出土之文字、古籍及史料，認為可與傳世文獻相證，故提倡「紙上之材料」與「地下之新材料」互證之說。此一「二重論證法」，迄今猶被奉為治古史之圭臬。王國維所處的時代，考古僅揭其序幕，其後數十年，地不愛寶，考古發現日新月異，為古史提供了豐富的新史料，學者據以考訂典籍，發抉古史，取得了多方面的進展。本書也是此一學術趨向的新成果。

　　本書利用考古發現與文獻的互證，對《左傳》中的一些關鍵問題，提出了新解釋。主要涉及都城宮室制度、軍事制度、喪葬禮制三方面。我覺得本書有許多值得稱道之處：

　　首先，他善於考證，對考古資料及傳世文獻都能運用自如，尤其能掌握關鍵性的資料，使一些糾結已久的問題迎刃而解。例如論郭、郛之別，以文獻所載最完整的吳城之制為證，加上吳城的考古資料，輔以其他都城資料，具體呈現郛制的實況。論晉文公「請隧」問題，

以往認為隧指喪禮引柩入墓之隧道，唯王得用，諸侯無隧，只能懸棺而下。本書則以墓葬考古資料證明當時無論王室與諸侯多用「羨道」而非「隧」，諸侯亦由羨道，非懸棺而下。所得結論都很可信。

從研究方法看，雖然學者皆採「二重論證法」，但如何運用得當才是關鍵。本書在這方面非常成功，其所用考古資料，不只有出土文獻，還包括遺址、文物、圖像等。以大量都城及宮室考古資料考證都城宮室制度，以出土墓葬論古代葬制，都恰如其份。本書充分運用了不同性質史料的互證，提出了新說。在其研究中我們可以看到出土文獻與傳世文獻的「二重論證」外，還有經、史互證，圖、文互證等多重論證方式，思慮甚為周全。

炫瑋大學及博班都讀中文系，但碩士班時讀的是歷史，身具中文、歷史學的不同訓練，兼有二家之長。他長於考釋，卻不斤斤於小處，而注目於古文字、古文獻所反映的政治與社會，沒有餖飣之弊。本書雖是考證《左傳》中的幾件史事，但能以小見大，集中於古代制度之外，尚擴及古地理、民族、禮俗與信仰等不同層面，可以看出其視野之寬闊。

炫瑋是年輕一輩中傑出的古文獻與古代史研究者，他對古文字、古文獻及考古資料都下過很深的工夫。他過去對數術史、禮俗史的研究，尤其對孔家坡《日書》的研究，早已被學術界廣泛引用，為研究《日書》者所必讀。本書資料周全，滴水不漏，具有他以往研究的一貫特色，而其研究範圍已大為擴張。然而學無止境，希望他能繼續勇猛精進，持之以恆，未來能取得更好的成績。

劉增貴二〇一九年五月二十四日於史語所

緒論

一　釋題

《左傳》的研究歷來相當豐富，尤其是清代學人對於《左傳》的研究有許多的考證與進展。[1]因此當今吾輩若想要在前人的基礎下作進一步的突破，除了對傳統文獻再作更細緻的分析外，近代出土的文獻材料及考古資料更可提供助力。

過去王國維在《古史新證》中曾提及：「吾輩生於今日，幸於紙上之材料外，更得地下之新材料。由此種材料，我輩固得據以補正紙上之材料，亦得證明古書之某部分全為實錄，即百家不雅馴之言亦不無表示一面之事實。此二重證據法，惟在今日始得為之。」[2]惟當時王國維所謂的地下材料只包括了甲骨與金文二項。以今日的學術水平來看，有字的出土文獻除了甲骨和金文以外，近代的簡帛文獻材料更提供了相當多的研究題材。就《左傳》而論，帛書材料的文獻如馬王堆帛書《春秋事語》，其內容與《左傳》有許多相關之處，[3]李學勤指

1　有關清人研究《左傳》的情況，詳見羅軍鳳：《清代春秋左傳學研究》（北京市：人民出版社，2010年5月）；金永健：《清代《左傳》考證研究》（北京市：中國社會科學出版社，2013年11月）；孫錫芳：《清代左傳學研究》（北京市：中國社會科學出版社，2017年12月）。

2　王國維：《古史新證》，收入《王國維全集》第11卷（杭州市：浙江教育出版社，2009年12月），頁241-242。

3　兩者之比對內容見劉嬌：《言公與剿說——從出土簡帛古籍看西漢以前古籍中相同或類似內容重複出現現象》（北京市：線裝書局，2012年12月），頁13-14。

出「《春秋事語》一書實為早期《左傳》學的正宗作品。」[4]在清華簡材料方面，《繫年》一書與《左傳》之比對，是近年來學者最關注的事。[5]又如《晉文公入於晉》之內容也可與《左傳》中的晉文公相關史料相參照。同書所收錄之《越公其事》也跟《國語‧越語》、《吳語》等內容相關。[6]至於上博簡方面，《姑成家父》的內容就可與《左傳》成公十七年「三郤之亡」事相聯繫。[7]又如《成王為城濮之行》的內容，許多學者已指出其內容可與《左傳》僖公二十七年相對照，[8]只是人物的對話內容與《左傳》差異甚多（出土文獻材料與《左傳》史料對照表如下）。

出土文獻材料	可對照之相關史料或人物
馬王堆帛書《春秋事語》	《左傳》隱公元年、十一年 《左傳》桓公十八年 《左傳》莊公十一年、十二年 《左傳》莊公三十二年 《左傳》閔公二年

4　李學勤：〈《春秋事語》與《左傳》的傳流〉，收入《簡帛佚籍與學術史》（南昌市：江西教育出版社，2001年9月），頁275。

5　有關清華簡《繫年》的研究，蘇建洲、吳雯雯、賴怡璇：《清華二《繫年》集釋》（臺北市：萬卷樓圖書公司，2013年12月）一書是集大成之著。另外又如李松儒：《清華簡《繫年》集釋》（上海市：中西書局，2015年11月）；馬楠：《清華簡《繫年》輯證》（上海市：中西書局，2015年10月）；魏慈德：〈《清華簡‧繫年》與《左傳》中的楚史異同〉，《東華漢學》第17期，2013年，頁1-48等皆對《繫年》有詳論。

6　清華大學出土文獻研究與保護中心：《清華大學藏戰國竹簡》（柒）（上海市：中西書局，2017年4月），頁112。

7　陳偉：〈《苦成家父》研究〉，《新出楚簡研讀》（武昌市：武漢大學出版社，2010年3月），頁228-241；李隆獻：〈先秦傳本／簡本敘事隅論——以晉「三郤之亡」為例〉，收入《先秦兩漢歷史敘事隅論》（臺北市：臺灣大學出版中心，2017年6月），頁243-295。

8　季旭昇、高佑仁：《上海博物館藏戰國楚竹書（九）讀本》（臺北市：萬卷樓圖書公司，2017年5月），頁7。

出土文獻材料	可對照之相關史料或人物
	《左傳》僖公二年
	《左傳》僖公三年、四年
	《左傳》僖公十年
	《左傳》僖公二十二年
	《左傳》文公十三年
	《左傳》文公十八年
	《左傳》襄公二十六年、二十七年
	《左傳》襄公二十九年、三十年
	《左傳》哀公十二年
清華簡《繫年》	《左傳》部分篇章
上博九《成王為城濮之行》	《左傳》僖公二十七年
上博七《鄭子家喪》	《左傳》宣公十年
清華簡柒《晉文公入於晉》	晉文公史料

然而除了有字的出土材料外，其實沒有字之考古材料對於解讀古史也能起到一定的作用。饒宗頤曾提出所謂的三重證據法，其中比王國維多出來的即是「考古學資料」，同時他也指出三條研究途徑：

一、儘量運用出土文物上的文字紀錄，作為我所說的三重證據的主要依據。

二、充分利用各地區新出土的文物，詳細考察其歷史背景，作深入的探究。

三、在可能範圍下，使用同時代的其他古國的事物進行比較研究，經過互相比勘之後，取得同樣事物在不同空間的一種新的認識與理解。[9]

---

9 饒宗頤：〈古史重建與地域擴張問題〉，《饒宗頤新出土文獻論證》（上海市：上海古籍出版社，2005年9月），頁68-69。

李學勤也指出：「沒有文字的考古材料，如遺址、墓葬、建築、服飾、器物等等，同樣可以用來印證古書。」[10]因此利用這些沒有文字紀錄的考古材料，對於解讀《左傳》中的內容與制度同樣也有一定的意義。本書在很多章節的討論中就試著採取這些材料來對《左傳》進行解讀。當然在解讀時甚至得同時採取出土的有字文獻及無字之考古材料，如上博七《鄭子家喪》內容與《左傳》宣公十年內容相關，過去筆者曾利用有字的文獻配合考古材料來重新詮釋所謂的「斲棺」及相關禮制問題。[11]

　　本書命名為《考古發現與《左傳》文獻研究》，即試圖透過出土文獻及考古材料來重新檢視《左傳》中的都城宮室制度、軍事制度及喪葬禮制三個面向，特別是重新檢視傳統與近人的說法，希冀利用這些材料來對《左傳》中的相關問題理出一條較接近事實的說法。

二　相關研究文獻舉隅

　　近來研究《左傳》的學者也注意到考古材料的重要性，如楊伯峻在《春秋左傳注》一書中就有許多的考古材料，其前言即言：「由于彝器和古代文物不斷地發現，很多能和《春秋》相印證。這在本書注中引用不少。」[12]尤其是解釋一些國名時，楊伯峻常引用銅器銘文來加以印證。當然在一些銅器的引用上也不免有錯誤之處，如《左傳》隱公二年「夏五月，莒人入向。」楊伯峻注：「傳世彝器有〈中子化盤〉，記楚簡王伐莒，見郭沫若《兩周金文辭大系考釋》。」[13]莒國銅

---

10 李學勤、裘錫圭：〈考古發現與先秦兩漢學術文化〉，《文化遺產》2000年第3期，頁5。

11 詳見拙文：〈春秋鄭公子子家葬儀問題探究──兼論魯國叔孫豹之葬禮問題〉，《政大中文學報》第27期，2017年6月，頁107-146。

12 楊伯峻：《春秋左傳注》（修訂本）（北京市：中華書局，2012年11月），頁17。

13 楊伯峻：《春秋左傳注》（修訂本），頁20。

器見於金文的材料相當多，但楊伯峻僅引〈中子化盤〉（《集成》10137，春秋）作為例證。不過此條材料卻有問題，此銘上所謂的「莒」字作「」，當隸定作「梠」。但莒國之「莒」在金文一般皆作「鄩」、「簹」、「膚」等，不作「梠」字，[14] 故此器與莒國沒有直接的關係。至於此器中的「梠」所指何處，仍存在疑點，[15] 但不宜直接等同於「莒國」之莒。除了引用甲骨及銅器銘文外，楊伯峻甚至在解釋一些名物時也充分利用考古材料來對部分字詞進行解釋，如《左傳》隱公十一年解釋戟器時就言：「近年出土之戟多為戰國銅戟，與《考工記》合。」[16] 當然楊伯峻對於部分古代器物的詮釋也未必完全正確，如《左傳》桓公二年處解釋鸞器時，楊伯峻說：「鸞，古代車上飾物，置於馬嚼子或車衡上方。」[17] 然而根據先秦所出的鸞器位置來看，大都是位於衡或軛上，「先秦的鸞在鑣上的說法，考古上並無證據。」[18] 至於其他的禮制詮釋，許子濱《楊伯峻春秋左傳注禮說斠正》一書已對楊伯峻之說有詳細的討論，[19] 茲不再贅述。雖然楊伯峻在古文字或古器物的解讀上仍有再斟酌之處，但必須肯定楊伯峻利用古文字或古器物來重新解釋《左傳》的方法是正確的。

另外，許子濱和黃聖松兩位先生在《左傳》的研究上也採取類似的方式。前者在研究《左傳》禮制問題時，即利用考古材料解決了一系列的問題，比如說與本文較相關的部分〈《左傳》「請隧」解〉、〈《左傳》所記齊莊公葬禮考釋〉等文，[20] 作者皆能善用考古材料來對

---

14 李零：〈楚國銅器銘文編年匯釋〉，收入《待兔軒文存——說文卷》（桂林市：廣西師範大學出版社，2015年6月），頁234。

15 陳絜：〈中子化盤銘文別釋〉，《東南文化》2008年第5期，頁46。

16 楊伯峻：《春秋左傳注》（修訂本），頁73。

17 楊伯峻：《春秋左傳注》（修訂本），頁88。

18 黃銘崇：〈商代的鸞及其相關問題〉，《古今論衡》第17期，2007年，頁9。

19 許子濱：《楊伯峻春秋左傳注禮說斠正》（香港：中華書局，2017年11月）。

20 此二文收入許子濱：《《春秋》《左傳》禮制研究》（上海市：上海古籍出版社，2012年6月），頁424-438；551-580。

所要解釋的論點進行詮釋，這種方式確實對於《左傳》之解讀能作出更進一步的突破。不過作者在引用考古材料時，基本上或直接引用學者的觀點，如〈《左傳》「請隧」解〉一篇即直接使用傅熹年的〈唐代隧道型墓的形制構造和所反映的地上宮室〉一文，並未直接對考古材料進行細緻分析。至於其在解釋方面，筆者對之也有不同的看法，詳見第四章的討論。

黃聖松在研究《左傳》時，也利用考古材料來解決相關的問題，如與本書較相關的為：

一、〈《左傳》「郭」、「郛」考〉，此篇作者即引用一些都城考古材料來對《左傳》郭、郛制度作解釋。

二、〈《左傳》「州」芻議——兼論作州兵〉，此篇作者在解釋州兵制問題時，曾以包山楚簡州制來旁證州的特殊性。

至於其他與本書相關的文獻研究之討論，分別詳見各章節之討論，茲不再作贅述。

三　本書所用考古材料

前文已論及本書所用的材料除了出土的文獻材料外，也包括了考古材料。其中考古材料又可分為都城考古材料及墓葬考古材料二類，以下分別簡敘這些考古材料的內容。

（一）都城考古材料

春秋時代的各國都城考古材料相當豐富，幾個重要國家的都城大都已發現。在本書中所使用的考古材料包括了魯國曲阜、齊國臨淄、鄭國新鄭都城、吳國都城及東周王城等資料，茲將這些材料的情況簡述於下。

一、魯國曲阜：目前魯國曲阜城的考古資料已收入《曲阜魯國故

城》。惟近年來魯國南門的考古材料又有新的發現，相關的材料見於〈曲阜魯故城考古新發現與初步認識〉一文。

二、齊國臨淄：目前有關齊國臨淄城的材料，最完整的資料收入《臨淄齊故城》。

三、新鄭都城：新鄭都城的考古材料歷年來都有進展，目前可見的材料如下：

（1）河南省文物考古研究所：《新鄭鄭國祭祀遺址》，二〇〇六年。

（2）蔡全法：〈四十餘年來鄭韓故城考古重要收獲〉，二〇一二年。

（3）馬世之：〈鄭韓故城的城市布局〉，二〇一二年。

（4）樊溫泉：〈鄭韓故城考古發掘取得重要收獲〉，二〇一七年。

四、東周王城：學者常將東周王城與文獻中的「雒邑」混為一談，但若依考古發掘的情況，目前東周王城卜所發掘的材料「極少見西周時期的地層、遺物和遺跡」，[21]在王城廣場下的墓葬，時代皆為春秋中期以後，[22]因此學界普遍的看法是東周王城是春秋以後之建築，即平王至考王時的遺跡，甚至有些建築是晚到東西周後，西周桓公及其後西周君的遺址。[23]何樹環說：「學者所言西周東都與東周王城有關之說，固未可憑信。」[24]因此王城遺址不會是西周初的成周（雒邑），故進行相關的研究時仍需留意此現象。目前東周王城的探究以徐昭峰所著《東周王城研究》一書最詳盡。

五、吳國闔閭城資料，主要的研究可見張敏：〈吳國都城初探〉一文。

---

21 葉萬松、余扶危：〈關於西周雒邑城址的探索〉，《西周史研究》（西安市：人文雜誌編輯部，1984年8月），頁318。

22 洛陽市文物工作隊：《洛陽王城廣場東周墓》（北京市：文物出版社，2009年10月），頁518。梁云：《戰國時代的東西差別——考古學的視野》（北京市：文物出版社，2008年7月），頁151認為東周王城始建於兩周之春秋早期。

23 徐昭峰：〈成周與王城考略〉，《考古》2007年11月，頁67。

24 何樹環：〈論西周武成時的東都〉，收入《青銅器與西周史論集》（臺北市：文津出版社，2013年8月），頁418。

六、衛國帝丘遺址，即今日濮陽高城遺址，目前的研究材料如下：

（1）河南省文物考古研究所等：〈河南濮陽縣高城遺址發掘簡報〉，二〇〇八年。

（2）袁廣闊、南海森：〈試論濮陽高城東周城址的性質〉，二〇〇九年。

（3）王景蓮：〈顓頊遺都帝丘初探〉，二〇一六年。

七、宋都商丘城，目前的研究材料如下：

（1）中美聯合考古隊：〈河南商丘縣東周城址勘查簡報〉，一九九八年。

（2）侯衛東：〈試論商丘宋城春秋時期布局及其淵源〉，二〇一五年。

八、春秋淹城遺址，位於江蘇常州市武進區，目前資料已全部發表在《淹城——1950-2000年考古發掘報告》一書。

（二）墓葬考古材料

春秋時代各國的墓葬資料也相當豐富，對於進一步解析《左傳》的喪葬問題提供了豐富的材料。本書所用的墓葬考古材料包括了墓道格局、銅翣、羽翣等。關於前者的材料，本書主要以天馬曲村晉國歷代諸侯墓道資料作為探究材料。但為了呈現兩周時代的墓道情況，因此也旁及秦國、楚國、燕國、東周王室等墓道資料，以作為補證。另外經師解釋先秦墓道制度時，往往會用當代（漢代或魏晉時代）的實際情況來作比擬及說明。但先秦時代的墓道制度是否與漢代以後的情況相同，因此本書也會對部分的秦、漢大型墓葬之墓道情況進行考察。

其次是有關銅、羽翣材料，本書主要以上村嶺虢國墓葬、芮國墓葬及楚國墓葬中的翣作為討論材料，並以此來分析中原的翣與南方的

嬰形制上是否相同。同時透過這個分析來重新檢視齊莊公葬禮中的嬰到底屬於哪一種形制,且其葬禮是否有遭受減殺的情況。

四　本書各章內容述略

本書所探究的重點放在都城宮室制度、軍事制度及喪葬禮制三個面向:前二章重點在談春秋的郛制及觀闕樓臺等建築;中間二章所談的與軍事制度有關的州兵及隧制;後一章所談的是喪葬制度,以下分別說明各章所要探究的內容。

第一章　春秋時代各國「郛」之建置考論

本章的重點是在釐清春秋時代的郛制問題。過去學者對於郛制有不同的說法,較常見的即認為郛與郭是相同的。近代學者或指出郛、封位置重疊,郛的建築是以封的方式建構,再配合原有自然山川形勢,以減省製作「封」的工事,亦可作為「郛」的天然屏障。本文考證後認為郛往往位於一座都城的最外圍,帶有保護都邑的作用,其性質等同於「郭」,僅結構有所差別。過去學者或認為郛必位於郭城之外,其主要的依據是何休《解詁》:「郭,城外大郛」。由於將此句誤讀作「郭城外大郛」,遂從而認定郛必在郭之外。然而郛除了可以在郭之外,宮城之外的大郛其實也算郛,只是其建築構造與郭有所不同而已。郭是四圍城牆,牆上有樓可作為防禦。郛僅是四圍的城垣,牆上無城樓建築。然而因郛牆僅有四垣建築,故敵軍也比較容易攻入,而郭牆因其上有城樓,守將可在上方進行抵抗,故敵軍比較不易攻入。

春秋時代,各國為了加強邊防的安全,一般也會設有采邑以作防護,如晉獻公即在邊疆設置蒲邑和二屈,以防備狄人。且為了加強這些邊界采邑的防禦,往往會加築一道郛牆來加強防衛,如魯國成邑之

郭，但此郭牆僅包覆著該都邑。其次，郭大都出現在戰爭頻仍或外患較多的國都及邊邑上，從這點來看，郭既然有保護都城的作用，當以人工夯土牆或石牆為主。

至於郭城外之土闉，實際上是隍，即護城河，其旁邊坡上樹以荊棘，除了作為防護用，亦可用來鞏固堤防，與郛性質不同。

郭往往具有外郭的性質，故郊當在郭外。以越國攻進吳國闔閭城的路徑來看，吳郊就位處闔閭都城郭之外。至於邊鄙采邑之郭，本身就位於郊上，如魯國成邑之郭。

第二章　《左傳》之闕、觀、樓臺等建物考論

本章所討論的建築以闕、觀、樓臺等建物為主。古代雙闕就是為了表政治威權的象徵，此禮儀建築從春秋時代就已出現。過去經書往往將觀與闕視為同一種建物，但仔細分析《左傳》中的觀和闕，兩者其實仍有不同之處。魯國的兩觀上有樓，可以讓人登臨、遊覽，視朔使用，實用性較強。東周王室的闕是屬於不可登臨的樣式，與漢代以後所見的闕是相同的，比較著重禮儀性質。此外過去學者常將闕、觀、門臺等建物混為一談，但仔細分析，這些建物其實仍有差異。門臺依其字面解釋當為門上之臺，過去或以與門臺與闕是同一類建築。實則古代門建築與闕有二種組合：門臺建物或位雙闕之後，或與闕連成一組建物，若是前者，其與闕具體指稱的部位並不相同。郳子門臺應屬依兩側之臺而興建的樣式，似今日的門樓。此外，「闕西辟」所指為何？過去學者或直接將之解為「西闕」，但此解「辟」字將無著落，筆者認為闕西辟當指闕西偏的建築，指西塾而言。

第三章　東周特殊「州」制及相關問題考論──兼論晉惠公時代的「作州兵」問題

本章主要是解決東周特殊的「州」制問題，同時透過對特殊

「州」制的分析重新檢視晉惠公時代的「作州兵」問題。「州」作為行政單位在漢代以後是相對明確的，然而以「州」作為行政區域名並非在西漢時代才突然出現，在這之前的東周時代，亦見以「州」為名的單位。東周文獻中除了九州大名之外，亦出現一些以州為名的單位。經本文考察，其性質可歸納為以下幾點：一、戎人所居之地。二、邊界之州。三、接近宗廟，出於防禦性質而設置的特殊州。四、安置外國人士，為了與本國有所區隔的地區。五、都城中特殊區域，用來安置士農工商之州。六、都城中特殊區域，有些用以作朝宿邑。其次，透過對東周州制的歸納結果再來重新探究晉惠公時代之「作州兵」性質。本文認為真正承擔州兵義務的只能是國人中的士。「作州兵」有可能是類似齊國的模式，將士「州處」訓練，藉以提升整體的作戰能力。

第四章　晉文公「請隧」問題新探

本章討論的重點是關於晉文公「請隧」事。過去經師的注解大都認為此事與葬禮有關，但以考古材料來檢視，所謂上有負土的隧道在先秦葬禮中相當罕見，即便是東周王室的葬禮中也大都是以羨道為主，不見上有負土的隧道，因此晉文公向周王室請求這樣的隧道就難以成立。筆者認為韋昭提出隧指六遂是接近事實的，但此遂不在晉國境內，而是在東周王室境內。考察晉文公時代出入東周的路線大都需經過崤函古道，此道就是一路連接到東周洛陽，因此晉文公所請之隧當是通向東周的這一段通路上。晉獻公時代已取得上陽地，故晉文公當想進一步取得東周隧這一段，一旦晉國可以掌握周隧，也等同於完全控制了崤函古道。且晉國掌握此段周隧，亦可在此地設置兵力以進行防守，形同晉國的鄉遂。晉國不但可以進一步控制秦人東出的路線，更對日後晉文公稱霸中原也有所助益。

第五章　從葬禮及死者家屬安頓的角度談春秋至兩漢的
　　　　「兵死」者內涵——兼論《左傳》齊莊公的葬禮
　　　　問題

　　傳統上大都把「兵死」者界定為死於戰場者。實際上,「兵死」
者在先秦文獻中往往僅指死於兵器之非命者,到了東漢,兵死者已包
括了死於戰場上的人。鄭玄認為兵死不歸葬兆域乃「戰敗無勇」,不
過此說與當時的實際情況並不符合。雖然,先秦時代,死於戰場的人
在很多因素下確實難以歸葬,但皆無關「戰敗無勇」。真正無法入葬
兆域的是那些有罪而死於非命之兵死者。這些人死後不但不能入葬兆
域,其葬禮往往也遭到減損。如春秋時代的齊莊公葬禮,其死後不但
未按正禮葬入齊國公墓中,下葬時還減損葬儀。如其葬禮中僅使用四
翣,少於當時諸侯應有的六翣,甚至僅以「下車」來埋葬,規模與數
量也少於當時的齊國葬禮。春秋至兩漢時代,對於死於國事的人,往
往採取相關的撫恤措施,尤其是漢代,有關的政策更完備,其目的是
為了獎勵那些為國犧牲的將士。至於死於非命的兵死者,惟有在特殊
情況下,其後代才可獲得立嗣,甚至兵死者也可用王禮下葬。

第一章
春秋時代各國「郭」之建置考論

摘要

　　春秋時代的郛往往位於一座都城的最外圍，帶有保護都邑的作用，其性質等同於「郭」，僅大小差別而已。過去學者或認為郛必位於郭城之外，其主要的依據是何休《解詁》：「郛，城外大郭」。由於將此句誤讀作「郛城外大郭」，遂從而認定郛必在郭之外。然而郛除了可以在郭之外，宮城之外的大郭其實也算郛，只是其建築構造與郭有所不同而已。郭是四圍城牆，牆上有城樓可作為防禦。郛僅是四圍的城垣，牆上無城樓建築。除此，各國為了加強邊防的安全，一般也會設有采邑來作防護，如晉獻公即在邊疆設置蒲地和二屈，以防備狄人。且為了保護這些邊界采邑，往往會加築一道郛牆來加強防衛，如晉國即派士蒍替二公子築牆，但此郛牆一般也不會太高，且僅包覆著該城邑而已。郛大都出現在戰爭頻仍或外患較多的國都，從這點來看，郛既然帶有保護都邑的作用，當以人工夯土牆或石牆為主。

關鍵詞：郛、郭、郊、封、采邑

一 前言

　　商代前期都城大都是城郭類型，但到了小屯殷墟，城牆卻消失，繼之而起的西周都城也受殷墟都城影響，少見郭城設計，學者稱此為開啟「大都無城」的階段。[1]但到了春秋時代，城郭制度又再度出現，部分國都或都邑還出現郛這樣的建築。傳統上往往將「郛」直接訓作「郭」，[2]《說文》〈邑部〉：「郛，郭也。从邑孚聲。」[3]或解為「大郭」，《公羊傳》文公十五年：「郛者何？恢郭也。」[4]但郛若為郭，何不一律用「郭」？且有些國家用郭，有些卻用郛，兩者的差異又是如何？近來學者對「郛」的情況作了很多研究，[5]其研究約可歸納為以下幾端：

　　（一）郛位於外城之外，就是封疆。

　　（二）郛可能是沒有城垣，或者可能是指用圍欄等圈起來的一個地域界線。

1　許宏：《大都無城——中國古都的動態解讀》（北京市：生活·讀書·新知三聯書店，2016年5月），頁169；《先秦城邑考古》（北京市：西苑出版社，2017年12月），頁196。

2　晉·杜預注，唐·孔穎達疏：《春秋左傳注疏》（臺北市：藝文印書館，2013年3月，以下引用此書皆簡稱《左傳》），卷3，頁62；卷13，頁223；卷57，頁999。晉·范寧集解，唐·楊士勛疏：《春秋穀梁傳注疏》（臺北市：藝文印書館，2013年3月），卷20，頁201；清·王先慎撰，鍾哲點校：《韓非子集解》（北京市：中華書局，2016年4月），卷15，頁400。

3　漢·許慎撰，清·段玉裁注：《說文解字注》（南京市：鳳凰出版社，2015年7月），6下，頁500。

4　漢·何休解詁，唐·徐彥疏：《春秋公羊傳注疏》（臺北市：藝文印書館，2013年3月），卷14，頁181。

5　杜正勝：《古代社會與國家》（臺北市：允晨文化公司，1992年10月），頁650；李鑫：《商周城市形態的演變》（北京市：中國社會科學出版社，2012年12月），頁148；黃聖松：〈《左傳》「郭」、「郛」考〉，《臺大中文學報》第42期（2013年10月），頁106；〈《左傳》「郊」考〉，《文與哲》第25期（2014年12月），頁143；徐昭峰：〈從城郭到城郭——以東周王城為例的都城城市形態演變觀察〉，《文物》2017年11月，頁45-50。

（三）郭的位置在國與野之間，是國與野的界線。

（四）郭、封位置重疊，郭與封之內稱為國、郊，郭與封之外則稱為野、鄙。

（五）郭的建築是以封的方式建構，再配合原有自然山川形勢，以減省製作「封」的工事，亦可作為「郭」的天然屏障。

究竟是傳統經師認知的局限？抑或現代學者見解正確？重新檢討此問題意識，有助於提醒我們古代城牆制度並非如此單純。筆者認為春秋時代各國郭的情況不同，不能僅用單一現象來統一解釋。同時在解釋郭的性質時，必須考量幾個面向：

（一）春秋時代並非大一統的情況，各國疆域面積不同，因此郭在各國的位置也不能齊一看待。

（二）春秋時代，幅員廣大，人口不多，[6]僅在國都或一些重要都邑（如采邑）有大規模的人群聚集，大部分的地區皆屬荒蕪之地。日人宮崎市定認為春秋是都市國家，到了戰國才發展為領土國家。[7]沈長云亦說：「春秋之初，列國之間尚未有如後世領土國家那樣明確的『疆域』或『版圖』界線。那時各國居民很大程度都還圍繞著幾個有限的居邑而棲息生活，各居邑呈點狀分布，在居邑之間尚有不少未開墾或已開墾的『隙地』未有明確的領土歸屬。」[8]李峰也說：「每個諸侯國的範圍又由一群『邑』的分布來得以確認」，[9]因此若要設置郭，當然只會在國都或重要都邑來進行設置。

6　葛劍雄：《中國人口史》（第一卷導論、先秦至南北朝時期）（上海市：復旦大學出版社，2002年12月），頁300認為戰國時期人口數大約是四千萬至四千五百萬人。至於春秋時期當還要多一些，但幅度不會差太多。

7　宮崎市定著，張學峰等譯：《東洋的古代》（上海市：上海古籍出版社，2018年6月），頁79-89。

8　沈長云：〈驪戎考〉，收入《上古史探研》（北京市：中華書局，2002年12月），頁289。

9　李峰：《西周的政體──中國早期的官僚制度和國家》（北京市：生活‧讀書‧新知三聯書店，2010年8月），頁289。

（三）一般入侵他國，若要對此國進行致命的攻擊，當然是直接攻擊國都，因此國都的防衛設備就顯得相當重要。而郭所在的國家或都邑大都屬戰爭較頻仍的區域，需要特別防衛。

筆者認為以上因素在研究過程中都必須加以考量，如此才能徹底理解春秋時代郭之性質。為了分析郭與郭的差異，本文先著重討論郭的特點，之後再針對史料所出現的郭之性質一一分析，最後針對郭與郊的關係作梳理。

二 論「郭」城特點

郭與郭之差異為何？這裡先就郭之特點來進行論述。《管子》〈度地〉：「內為之城，城外為之郭。」[10]《吳越春秋》：「鯀築城以衛君，造郭以守民。」[11]但宮城外這道城牆何以稱郭，又如何達到守民的作用？今試論之。《說文》〈𩫖部〉：「𩫖，度也。民所度居也。從回，象城𩫖之重，兩亭相對也。」[12]甲骨的郭字一般作「￼」（《京人》3241），也有作「￼」（《合集》6169），其字形象城垣四周有亭樓之形，兩兩為對，[13]張國碩進一步認為這一類的亭即「城門之上城樓」。[14]此類建築在漢代帛書中亦可見（圖一）。因此郭的特點除了以

---

10 黎翔鳳撰，梁運華整理：《管子校注》（北京市：中華書局，2004年6月），卷18，頁1051。

11 此句不見今本《吳越春秋》，惟見於漢·宋衷注，清·秦嘉謨輯：《張澍稡集補注本》，收入《世本八種》（北京市：中華書局，2008年8月），頁23-24所引。

12 漢·許慎撰，清·段玉裁注：《說文解字注》，5下，頁403。

13 宋鎮豪：《商代社會生活與禮俗》（北京市：中國社會科學出版社，2010年10月），頁42。此字或釋墉，季旭昇：《說文新證》（臺北市：藝文印書館，2014年9月），頁452認為郭、墉同字。

14 張國碩：《中原地區早期城市綜合研究》（北京市：科學出版社，2018年8月），頁141。

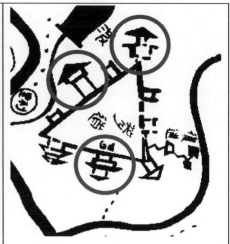

圖一　馬王堆箭道封域圖城樓（○處）

《長沙馬王堆漢墓簡帛集成》貳，頁 164。

城垣圍繞宮城外，垣上往往有城樓設施。這種垣上城樓設施在春秋以後往往還有禦敵的功能。《墨子》〈備城門〉：「城四面四隅，皆為高磨㯳，使重室子居亓上，侯適，視亓能狀，與亓進左右所移處，失侯，斬。」[15] 又〈號令篇〉：「他門之上必夾為高樓，使善射者居焉。」城樓上或藏有武器以作為防備，金鶚說：「城門為守禦要地，必有軍器，蓋藏于城樓也。」[16] 牆上設置城樓，目的是防止敵軍翻越城牆，以便於在牆上進行抵抗。《左傳》襄公十八年記載晉率聯軍攻到臨淄城時，「己亥，焚雍門及西郭、南郭。劉難、士弱率諸侯之師焚申池之竹木。壬寅，焚東郭、北郭，范鞅門于揚門。州綽門于東閭，左驂迫，還于門中，以枚數闔。齊侯駕，將走郵棠。」[17] 清華簡《繫年》

15　根據清・孫詒讓撰，孫啟治點校：《墨子閒詁》（北京市：中華書局，2009年1月），卷14，頁497-498校正。

16　清・金鶚：《求古錄禮說》（濟南市：山東友誼書社，1992年8月），卷3，頁205。

17　《左傳》，卷33，頁578。「還于門中」，原文作「還于東門中」，今依頁582校勘記修改。

簡92亦記載此事（以下用通行字寫出）：「平公率師會諸侯，為平陰之
師以圍齊，焚其四郭，驅車至于東畝。」[18]聯軍突破平陰防門之後，
直接進攻齊郭，即臨淄外城。目前考古發掘的臨淄城包括大城和小城
兩部分（圖二），小城在大城的西南方，其東北部伸進大城的西南
隅，兩城相銜接。[19]大城即文獻之郭，至於小城，學者認為是田齊時
代才興建的，[20]姜齊時代只有大城而已。至於姜齊時代的宮城，當位
處大城中央，學家推論或在闞家寨一帶，[21]即臨淄城中心偏北處。《史
記》〈齊太公世家〉：「晉兵遂圍臨菑，臨菑城守不敢出，晉焚郭中而
去。」[22]若齊國的外圍城牆僅是一道簡陋建築，且又沒有城樓作為防
衛，那麼晉人可以很快的攀爬攻入，但正因有城樓的設備，所以晉人
才改以火焚的模式來突破。反觀《左傳》隱公十一年記載諸侯國攻打
許國，鄭國穎考叔及瑕叔盈先後登上許國的城牆，最後鄭軍「遂入
許」。根據記載，許國城牆只是郭牆，未具有像郭這樣的城樓建築（詳
下文郭之討論），因此才很快被攻破，最後也導致許莊公出奔至衛。

---

18 清華大學出土文獻研究與保護中心主編：《清華大學藏戰國竹簡》（貳）（上海市：
中西書局，2011年12月），頁177。

19 山東省文物考古研究所：《臨淄齊故城》（北京市：文物出版社，2013年10月），頁
15。

20 曲英傑：《史記都城考》（北京市：商務印書館，2007年12月），頁200；山東省文物
考古研究所：《臨淄齊故城》，頁542主張小城為田齊時代的宮城。

21 山東省文物考古研究所：《臨淄齊故城》，頁541。

22 漢‧司馬遷撰，瀧川資言考證：《史記會注考證》（上海市：上海古籍出版社，2015
年4月），卷32，頁1785。

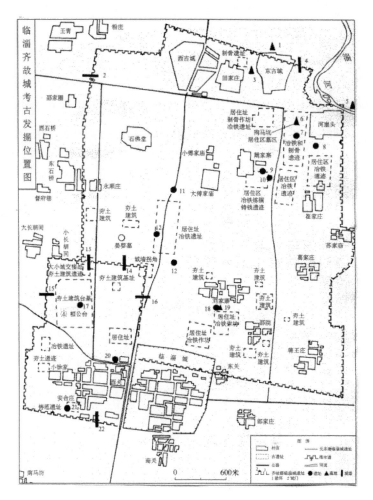

圖二　齊臨淄故城考古發掘位置
《臨淄齊故城》，頁 66。

目前考古發掘的城垣城樓遺址相當少，僅在燕下都東城牆垣上方有三座夯土建築，研判可能是軍事用的防禦設施。[23]像這一類有城樓作為防衛用的城牆，當即文獻的郭牆。郭牆上設置城樓以作防禦，因此敵軍也比較不易攻入，與僅有簡易城牆的郭並不同。

---

23 河北省文物研究所：《燕下都》（北京市：文物出版社，1996年8月），頁16-17。

三 「郭」之性質探究

至於郭又是什麼性質,以下就此進行探究。《說文》〈邑部〉:「郭,臺也。从邑,孚聲。」「孚」本像以手俘子之形,古音「包孚一聲」,[24]因此孚又可假為包或附之意,如「孚」字可假為「稃」,即種子之外皮。學者指出孚聲可表覆蓋義,[25]以此而論,郭字从孚,其字本身也帶有外圍包覆之意。[26]

關於郭的位置,學者或認為郭是位於郭城外的大郭,其主要依據是何休《公羊傳》解詁:「恢,大也。郭,城外大郭」。後半句或讀作「郭城外大郭」,並認為此句是解釋前文的「郭」,因此郭當為郭城外之大郭。筆者認為將郭解為大郭是正確的,但宮城之外的大郭也可稱郭,不一定得位於郭城之外,以下就針對何休的《解詁》作進一步說明。《公羊傳》經文之「恢郭」,其他文獻或作「恢廓」。[27]且何休解詁是分別訓解「恢」與「郭(廓)」字,故後半句當斷讀作「郭,城外大郭」,為解釋前文之郭(廓)。再者,從其他文獻所徵引的《公羊傳》材料來看,亦可旁證此說。[28]最後回歸《公羊傳》經文,僅說「恢郭」,並沒有說郭必位於郭城之外,故陳立言:「郭之大者為

---

24 清・王筠:《說文釋例》(北京市:中華書局,1998年11月),卷15,頁371。兩者聲同為唇音,韻屬幽部。孚與包相通之例見高亨:《古字通假會典》(濟南市:齊魯書社,1997年7月),頁764-765。

25 殷寄明:《漢語同源字詞叢考》(上海市:東方出版社,2007年1月),頁251。

26 杜正勝:《古代社會與國家》,頁650。

27 徐時義校注:《一切經音義三種校本合刊》(上海市:上海古籍出版社,2012年8月),頁985引。

28 任繼昉:《釋名匯校》(濟南市:齊魯書社,2006年11月),頁286:「郭,廓也,廓落在城外也。」梁・蕭統編,唐・李善等注:《新校訂六家注文選》(鄭州市:鄭州大學出版社,2013年12月),卷2,頁74李善注引《公羊傳》作:「郭者何?城外大郭也。」元・黃公紹:《古今韻會舉要》(北京市:中華書局,2000年2月),卷3,頁78郭下注亦作:「城外大郭也」。

郭」，[29]陳奇猷亦言：「郛與郭皆是郭，僅大小之別耳」，[30]這些解讀皆
是合理。綜上所論，郛的性質與郭相似，宮城外的大郭也可稱郛，其
建築也當為實體城牆。但這一道城牆不像郭牆設有城樓以作防禦，僅
有四圍包覆的牆垣，何以知之？《越絕書》〈越絕外傳記吳地傳〉：

> 吳大城，周四十七里二百一十步二尺。陸門八，其二有
> 樓。……闔廬所造也。吳郭周六十八里六十步。吳小城，周十
> 二里。……門三，皆有樓，其二增水門二，其一有樓，一增柴
> 路。[31]

吳小城為宮城。大城是包覆宮城的一座大城，可視為郭城。至於所謂
的吳郭是在大城之外，可視為郛。[32]值得注意的是，小城、大城皆有
門樓設施，而吳郭（即郛）就沒有提到門樓。考古發掘的吳郭（即
郛）就是龍山石城（詳下文討論），此石城遺址目前也未發現門樓之
類的建築，此可為筆者之說作旁證。

　　綜觀先秦文獻的郛，主要是出現在魯、齊、鄭、衛、宋、曹、
吳、許等國家，其中魯、齊、晉國之郛或位處邊邑。同時，為了求討
論周全，本文亦兼論時代接近的材料，茲將先秦文獻所見郛資料蒐羅
列如表一。

---

29 清・陳立撰，劉尚慈點校：《公羊義疏》（北京市：中華書局，2017年11月），卷43，
　　頁1621。

30 戰國・呂不韋著，陳奇猷校釋：《呂氏春秋新校釋》（上海市：上海古籍出版社，
　　2009年3月），卷23，頁1550；楊伯峻：《春秋左傳注》（修訂本），頁917亦同此說。

31 李步嘉：《越絕書校釋》（北京市：中華書局，2013年5月），頁31-32。

32 張仲清：《越絕書校注》（北京市：國家圖書館，2009年6月），頁40。

表一　先秦文獻所見郛資料

春秋三傳——《左傳》、《公羊傳》、《穀梁傳》		
相關文句	屬國	出處
鄭人以王師會之，伐宋，入其郛。 宋人伐鄭，圍長葛，以報入郛之役也。	宋國	《左傳》隱公五年
宋公不王，鄭伯為王左卿士，以王命討之。伐宋。宋以入郛之役怨公，不告命。		《左傳》隱公九年
諸侯城衛楚丘之郛，懼狄難也。	衛國	《左傳》僖公十二年
晉復伐衛，入其郛，將入城。		《左傳》哀公十七年
齊侯侵我西鄙，遂伐曹，入其郛。	曹國	《春秋》文公十五年
齊侯侵我西鄙，謂諸侯不能也。遂伐曹，入其郛，討其來朝也。		《左傳》文公十五年
齊侯侵我西鄙，遂伐曹，入其郛。郛者何？恢郛也。入郛書乎？曰：不書。入郛不書，此何以書？動我也。		《公羊傳》文公十五年
鄭伯復伐許。庚子，入其郛。許人平以叔申之封。	許國	《左傳》成公十四年
晉韓厥、荀偃帥諸侯之師伐鄭，入其郛，敗其徒兵於洧上。	鄭國	《左傳》襄公元年
季孫宿、叔孫豹帥師城成郛。	魯國	《春秋》襄公十五年
齊侯圍成，貳於晉故也。於是乎城成郛。		《左傳》襄公十五年
城西郛。		《春秋》襄公十九年

城西郭，懼齊也。		《左傳》襄公十九年
城西郭。		《春秋》哀公四年
公侵齊，攻廩丘之郭。	齊國	《左傳》定公八年
晉趙鞅圍朝歌，師于其南，荀寅伐其郭，使其徒自北門入，己犯師而出。	晉國	《左傳》哀公三年
《國語》		
相關文句	**屬國**	
越王句踐乃率中軍泝江以襲吳，入其郛，焚其姑蘇，徙其大舟。	吳國	《國語》〈吳語〉
乃命王孫雒先與勇獲帥徒師，以為過賓于宋，以焚其北郛焉而過之。	宋國	《國語》〈吳語〉
其他相關文獻——《韓非子》、《逸周書》、《史記》		
相關文句	**屬國**	**出處**
趙簡子圍衛之郛郭。	衛國	《韓非子》〈難二〉
趙簡子攻衛附郭。	衛國	《呂氏春秋》〈貴直〉
齊入我郛。	曹國	《史記》〈十二諸侯年表〉
及將致政，乃作大邑成周于土中。立城方千七百二十丈，郛方七十里。南繫于雒水，北因于郟山，以為天下之大湊。	周	《逸周書》〈作雒〉

　　特別要說明的是，《逸周書》〈作雒〉所描述的史料雖是周初，但學者從篇中的用語考察，認定此篇成書年代大約在春秋後期，[33]如其

---

33 張懷通：〈《作雒》研究——兼論周公篇章的制作與流傳問題〉，收入《先秦史論集》（北京市：中國古文獻出版社，2014年2月），頁119。

中提及「分以百縣，縣有四郡，郡有四鄙」，[34]但郡制至少在春秋時代才產生，如《左傳》哀公二年：「克敵者，上大夫受縣，下大夫受郡」。[35]尤其是戰國時代大量產生郡制，學者認為此因秦國急速擴大而出現較為特殊的歷史現象，[36]目的是加強區域防守力量。[37]依此，〈作雒〉篇中有些制度也摻雜了春秋之後的制度在內，[38]尤其郛制是春秋以後才產生的詞彙，故本文亦拿來作探究。

　　針對上表，筆者認為郛的情況可以區分為以下三種：一、邊境都邑築郛以防範外敵。二、特定都城為了強化其防禦功能，往往也會建郛。三、外患多的國家大都會有郛。以下就針對這些情況來進行說明。

（一）邊境都邑築郛以防範外敵

1 魯國成郛、西郛

　　《左傳》襄公十五年：「夏，齊侯圍成，貳於晉故也。於是乎城成郛。」[39]關於「城」字，《左傳》莊公二十八年：「邑曰築，都曰城。」[40]從這段文獻來看，成邑之郛基本屬於人工夯土牆。成邑是孟

34　清・朱右曾：《逸周書集訓校釋》（臺北市：世界書局，1980年11月），頁128。

35　《左傳》，卷57，頁994。此句杜勇：《中國早期國家的形成與國家結構》（北京市：中國社會科學出版社，2013年8月），頁202-209有詳解。

36　土口史記：《先秦時代の領域支配》（京都市：京都大學學術出版會，2011年6月），頁190。

37　后曉榮：《秦代政區地理》（北京市：社會科學文獻出版社，2009年1月），頁458。

38　蔣善國：《尚書綜述》（上海市：上海古籍出版社，1988年3月），頁445指出：「又如〈作雒解〉記周公作雒事，原是西周初年的史事，但是裡面有五行思想……這種思想，雖西周時已有了萌芽，但到了戰國末季，鄒衍出來，才盛行，西周初年是不會出現的，可見《逸周書》裡面，就是記周初事的，也不盡是周初作品，大部分是戰國末季所作。」

39　《左傳》，卷32，頁566。

40　《左傳》，卷10，頁178。

孫氏采邑，在采邑外建郭，其目的是為了抵抗齊國侵入。[41]有關成邑的位置，杜注：「成在魯北竟故。」[42]那麼成郭基本上位處邊境附近，其範圍不可能包覆整個魯國邊境，僅包覆成邑本身。此時郭與封的位置或許相重疊，甚至有部分是利用封疆上的設施來加工成圍牆，用以增強防衛。後來魯國墮三都時，孟孫氏不配合，魯定公率軍圍成邑，竟「弗克」。

此外，魯國為了防患外敵來侵，有二次「城西郛」。《左傳》襄公十九年：「城西郛，懼齊也。」關於西郛位置，杜注：「魯西郭。」[43]竹添光鴻曰：「郛，外城也，或拓郛之址為城以居民，或變郛之制為城，以備敵也。」[44]就杜預的見解，此西郛指魯國曲阜城的西外城。[45]現今考古發現的曲阜都城，四周的城垣只有南面較直，其餘三面都呈現弧形，尤其西、北兩面最明顯。[46]在城內的中部偏北處，有宮室建築基址，考古學家目前已確認周公廟宮殿建築基址為魯國宮城位置所在。[47]文獻記載魯國有二次「城中城」，故春秋時期曲阜城是一城一郭的格局。[48]若西郛位處曲阜，那麼相對位置即魯西郭。考古發掘的曲阜都城西側外有洙水圍繞著。其實，西周時期的曲阜城原本無外

---

41 李春利：《兩周時期采邑制度的演變》（北京市：中國社會科學出版社，2016年4月），頁116認為春秋時代一些國家為了加強對邊境的控制，或抵禦外敵而建置采邑。

42 《左傳》，卷56，頁980。

43 《左傳》，卷34，頁584。楊伯峻、徐提編：《春秋左傳詞典》（北京市：中華書局，2013年3月），頁283亦主此說。

44 竹添光鴻：《左氏會箋》（成都市：巴蜀書社，2008年9月），頁1336。

45 汪克寬認為：「郛乃外城，此云西郛，實國都外城之西郛」，此說本於杜預《注》，引見吳靜安：《春秋左氏傳舊注疏證續》（長春市：東北師範大學出版社，2005年5月），頁270。

46 山東省文物考古研究所等編：《曲阜魯國故城》（濟南市：齊魯書社，1982年9月），頁4。

47 韓輝、劉延常、徐倩倩、趙國靖：〈曲阜魯故城考古新發現與初步認識〉，《保護與傳承視野下的魯文化學術研討會論文集》（上海：上海古籍出版社，2018年12月），頁54。

48 許宏：《大都無城：中國古都的動態解讀》，頁78；

牆建築，[49]僅賴洙水為屏障，到了春秋時代，為了加強都城的防護，魯國才加築西郭。

2 齊廩丘之郭

《左傳》定公八年：「公侵齊，攻廩丘之郭。主人焚衝，或濡馬褐以救之，遂毀之。主人出，師奔。」[50]廩丘本為衛邑，後為齊所取。[51]廩丘位處衛、齊、魯、宋四國交界處，[52]故齊人在其外築郭，來作防衛，用意顯見。廩丘之郭，魯國人尚得需用「衝車」來進行攻破。關於衝車的形制，先秦時代的形制已難考，只能從漢人的注中來進行考察。《毛詩》〈大雅〉〈皇矣〉：「與爾臨衝，以伐崇墉。」毛傳：「臨，臨車也。衝，衝車也。墉，城也。」[53]《淮南子》〈覽冥〉高誘注：「衝車，大鐵著其轅端，馬被甲，車被兵，所以衝於敵城也。」[54]另一說是衝車亦可作陷陣車使用，[55]因此陳克炯即結合二說，認為衝車具備衝城與陷陣兩個作用，[56]此處則用以衝城。此亦可看出廩丘之郭絕非簡陋的建築，當是人工形成的夯土城牆。

---

49 許宏：《大都無城：中國古都的動態解讀》，頁76；《先秦城邑考古》，頁279亦同此說。

50 《左傳》，卷55，頁964。

51 《左傳》，卷37，頁638。

52 清・高士奇：《春秋地名考略》，收入《春秋戰國史研究文獻叢刊》3（北京市：國家圖書館出版社，2009年5月），頁158。。

53 漢・毛亨傳，漢・鄭玄箋，唐・孔穎達疏：《毛詩注疏》（臺北市：藝文印書館，2013年3月），卷16之4，頁573。

54 張雙棣：《淮南子校釋》（增訂本）（北京市：北京大學出版社，2013年1月），卷6，頁715。即便到漢代，亦用衝車來攻城，如南朝宋・范曄撰，唐・李賢等注：《後漢書》（北京市：中華書局，2010年2月），志10，頁3219記載王莽時，「圍城數重，或為衝車以撞城」，因此衝車當兼具衝擊敵陣及敵城的功能。

55 漢・許慎撰，清・段玉裁注：《說文解字注》，14篇，頁1252：「轀，陷陣車也。」段玉裁說「轀」即衝字。楊英傑：《戰車與車戰》（長春市：東北師範大學出版社，1986年12月），頁64即採此說。

56 陳克炯：《左傳詳解詞典》（鄭州市：中州古籍出版社，2004年9月），頁1061-1062。

3 晉朝歌之郭

朝歌原為衛國國都,後來衛國遷至楚丘後,朝歌一度落入晉、齊手中,最後朝歌才又併入晉國,[57]因此才有後來趙鞅伐朝歌之事。《左傳》哀公三年:「晉趙鞅圍朝歌,師于其南,荀寅伐其郭,使其徒自北門入,己犯師而出。」杜注:「伐其北郭圍」,[58]依杜注之說,此郭即是郭。楊伯峻解釋此句說:「荀寅被圍在朝歌城內,而伐南門外城,欲使趙鞅兵力聚集于此。北門趙鞅兵力已減,荀寅之徒在朝歌外來救者因易攻入,荀寅乃轉徙兵力自北門突圍而出。」[59]若此,此郭基本即是包圍朝歌的外城。此因朝歌臨近衛、齊,向來是兵家必爭之地,故透過郭的包圍來保護都邑安全。

(二)特定都城為了強化防禦功能,往往會建郭

1 吳國郭

關於越王句踐攻打吳國的路線,史料有各種記載,茲表列於下。

文獻出處	文獻內容
《左傳》哀公十三年	越子伐吳,為二隧,疇無餘、謳陽自南方,<u>先及郊</u>。吳大子友、王子地、王孫彌庸、壽於姚自泓上觀之。……越子至,王子地守。丙戌,復戰,大敗吳師,獲大子友、王孫彌庸、壽於姚。丁亥,入吳。
《國語》〈吳語〉	於是越王句踐乃命范蠡、舌庸,率師沿海泝淮以絕吳路。敗王子友於姑熊夷。越王句踐乃率中軍泝江以襲吳,入其郭,焚其姑蘇,徙其大舟。

---

57 馬保春:《晉國地名考》(北京市:學苑出版社,2010年4月),頁110認為晉國復得朝歌是在晉平公十年時。

58 《左傳》,卷57,頁999。

59 楊伯峻:《春秋左傳注》(修訂本),頁1623-1624。

文獻出處	文獻內容
《墨子》〈非攻中〉	越王句踐視吳上下不相得，收其眾以復其讎，入北郭，徙大內〈舟〉，圍王宮，而吳國以亡。[60]
《吳越春秋》〈夫差內傳〉	越王聞吳王伐齊，使范蠡、洩庸率師屯海通江，以絕吳路。敗太子友於始熊夷，通江、淮轉襲吳，遂入吳國，燒姑胥臺，徙其大舟。

從上引史料中可以得出二個論點：

第一、郊在郭外。越軍先敗王子友於姑熊夷，然後句踐才率軍入吳國的郭。關於姑熊夷，韋昭注：「吳郊也。」故此吳郭之外即其郊，焦循言：「郊門為郭，郭外為鄙」，[61]然而以吳國都城情況來看，郭門外卻為郊。

第二、《國語》的「郭」相當《墨子》的「北郭」，[62]為實體的城牆。

關於吳國闔閭都城，前引《越絕書》已論及，包括了吳大城、小城及吳郭。關於吳郭之性質，張仲清認為：「郭，一作廓，又稱為『郭』。外城。在吳西、西南，以山為屏，不築城牆。」[63]以「郭」釋「郭」，解為外城是正確的，但說「以山為屏，不築城牆」則缺乏根據。目前考古探勘的闔閭城主要可分為大城和東西兩小城（圖三），張敏說：

> 闔閭城有外城和內城，外城即大城，闔閭大城高出地面的部分現已不存，城牆的牆基寬約34米，大城呈長方形，東西長約2100米，南北寬約1400米，面積約2.94平方公里，外有保存完

---

60 依清・孫詒讓撰，孫啟治點校：《墨子閒詁》，卷5，頁138校改。

61 清・焦循撰，郭曉東，孫德彩點校：《群經宮室圖》，收入《雕菰樓經學九種》（南京市：鳳凰出版社，2015年10月），頁378。

62 曲英傑：《先秦都城復原研究》（哈爾濱：黑龍江人民出版社，1991年8月），頁219。

63 張仲清：《越絕書校注》，頁40。

好的城壕。內城分為東、西兩小城，兩城的東西長約1300米，南北寬約500米，面積約0.65平方公里，城牆高出地面2-3米，牆基寬約20米。[64]

除此，在胥山北面臨太湖的是龍山山脈，其山頂和山脊沿十八灣分布著蜿蜒起伏的石城，石城依山勢而築，兩面用大石塊壘砌，中間填土，[65]此即文獻的「石城」。[66]據張敏考查：

> 龍山石城為闔閭城遺址第一道防禦工事，並與闔閭大城、東城、西城和胥山灣構成了完整的軍事防禦體系：石城立於太湖之濱，為闔閭城第一道防禦；胥山灣為訓練和駐紮水軍之湖灣，構成闔閭城的東部水域防禦；闔閭大城居住兵士和民眾，構成闔閭城的第二道防禦；東城居住兵士或民眾，形成西城的外藩；西城的南區為大型建築群（宮殿區），北區則加強了南區（宮殿區）防禦的縱深。[67]

西城宮殿區本身為宮城，東城為另一座小城。闔閭大城為其郭，包覆著東、西兩城，而龍山石城則為闔閭大城外的「吳郭」，即是郭。[68]根據記載，越軍逆江攻破吳郭，燒毀位於胥山的姑胥臺，進入胥山灣的水軍基地「徙其大舟」。依此，《國語》所說的「郭」當即龍山石城。雖以山為屏，但也絕非「不築城牆」的狀況。吳國因鄰近越國，兩國

---

64 張敏：〈吳國都城初探〉，《張敏文集》（考古卷）（北京：文物出版社，2013年10月），頁698。

65 張敏：〈吳國都城初探〉，頁699。

66 李步嘉：《越絕書校釋》，頁31；周生春：《吳越春秋輯校匯考》（上海市：上海古籍出版社，1997年7月），頁66。

67 張敏：〈吳國都城初探〉，頁700-701。

68 張國碩：《中原先秦城市防禦文化研究》（北京市：社會科學文獻出版社，2014年7月），頁231則將之視為吳長城。

常發生戰爭，故其都城需營建郭，不過此郭僅保護吳都闔閭城而已，
屬為特定都城而興修的郭。

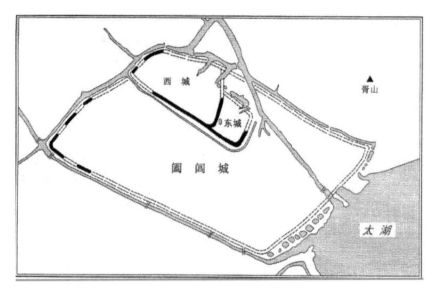

圖三　吳闔閭都城遺址示意圖
〈吳國都城初探〉，頁 699。

2 周雒邑之郭

《逸周書》〈作雒〉：

> 及將致政，乃作大邑成周于土中。立城方千七百二十丈，郭方
> 七十里。南繫于雒水，北因于郟山，以為天下之大湊。[69]

關於「郭方七十里」，學界有不同的看法，或以為當作「郭方十七
里」，[70]「七十里」為誤，筆者認為十七之說較合理（詳後）。值得注

---

69 清·朱右曾：《逸周書集訓校釋》，卷5，頁128。
70 清·金鶚：《求古錄禮說》，頁31。

意的是，這段文字出現「城」與「𩗊」二種規格，卻不見「郭」。孔晁云：「𩗊，郭也」，潘振云：「𩗊謂之郭，外城也。」[71]二者皆認為𩗊即郭，筆者認為此說值得重視，以下再從二個觀點來補充此說。

第一，古文獻中，往往是「城」與「郭」對舉，《墨子》〈非攻中〉：「今攻三里之城，七里之郭。」《孟子》〈公孫丑下〉：「三里之城，七里之郭。」[72]銀雀山漢簡《守法守令等十三篇》簡768-769：

> 萬乘之國，郭方七里，城方九〔里，城高〕九仞（仞），池□
> 百步，國城郭……[73]

整理小組認為：「郭方七里」的「七里」前脫一「十」字。[74]此段也是城、郭對舉，以此對照〈作雒〉篇，可知篇中的「𩗊」當是「郭」。

第二，若以比例來推算，亦可證明此處之「𩗊」其實等同「郭」。《禮記》〈王制〉：「古者以周尺八尺為步，今以周尺六尺四寸為步。」[75]《史記》〈秦始皇本紀〉：「六尺為步。」[76]又《國語》〈周語下〉：「夫目之察度也，不過步武尺寸之間，其察色也，不過墨丈尋常之間。」韋昭注：「五尺為墨，倍墨為丈。」[77]《大戴禮記》〈主

---

71 黃懷信、張懋鎔、田旭東：《逸周書彙校集注》（上海市：上海古籍出版社，2007年5月），卷5，頁528。

72 漢‧趙岐注，宋‧孫奭疏：《孟子注疏》（臺北市：藝文印書館，2013年3月），卷4上，頁72。

73 銀雀山漢墓竹簡整理小組：《銀雀山漢墓竹簡》（壹）（北京市：文物出版社，1985年9月），釋文頁127。

74 銀雀山漢墓竹簡整理小組：《銀雀山漢墓竹簡》（壹），頁129註〔三〕。

75 漢‧鄭玄注，唐‧孔穎達疏：《禮記注疏》（臺北市：藝文印書館，2013年3月），卷13，頁268。

76 漢‧司馬遷撰，瀧川資言考證：《史記會注考證》，卷6，頁333錄司馬貞《索隱》：「《管子》、《司馬法》皆云六尺為步。」

77 徐元誥：《國語集解》（修訂本），頁108。

言〉：「三百步而里。」[78]若用「六尺為步」換算，那麼一七二○丈＝
一七二○○尺＝二八六七步＝約九點五里。以九點五里之城與十七里
的郛對照《守法守令等十三篇》之「郭方十七里，城方九里」，就可
推知：〈作雒〉篇的「郛」其實同於「郭」。

　　至於西周的雒邑位置，考古學界仍有不同的意見，一些學者或將
東周王城視同雒邑，[79]但此說其實是有問題的。東周王城宮殿區四周
有一道夯土圍牆，東西長約三四四米，南北寬約一八二米，方向是近
正南北，周長約一○五二米。[80]另外宮殿區外圍的大城，其周長近一
三三八○米。依徐昭峰的研究，王城南方確實離洛河不遠。[81]至於王
城最北邊城牆（位於今紗廠西路上），離郟山（即北邙山）約有九公
里的距離。論者或將郟山視為其郛，此說看似有道理。但若依考古發
掘的情況，目前東周王城下所發掘的材料「極少見西周時期的地層、
遺物和遺跡」，[82]在王城廣場下的墓葬，時代皆為春秋中期以後，[83]因
此學界普遍的看法是東周王城是春秋以後之建築，即平王至考王時的
遺跡，甚至有些建築是晚到東西周後，西周桓公及其後西周君的遺
址。[84]因此，王城遺址不會是西周初的成周（雒邑）。

　　那麼回過頭來，〈作雒〉篇之「南繫于洛水，北因于郟山」該如
何解讀？以下就五點來加以論述：

78　方向東：《大戴禮記匯校集解》（北京市：中華書局，2008年7月），卷1，頁22。

79　曲英傑：《古代城市》（北京市：文物出版社，2003年6月），頁63。

80　洛陽市文物管理局編：〈洛陽東周王城遺址與韓都宜陽故城〉，《洛陽大遺址研究與
　　保護》（北京市：文物出版社，2009年10月），頁80。

81　徐昭峰：〈「轂、洛鬪，將毀王宮」事件的考古學觀察〉，《洛陽瞿家屯發掘報告》
　　（北京市：文物出版社，2010年3月），頁228-229。

82　葉萬松、余扶危：〈關於西周雒邑城址的探索〉，《西周史研究》，頁318。

83　洛陽市文物工作隊：《洛陽王城廣場東周墓》，頁518。梁云：《戰國時代的東西差
　　別——考古學的視野》，頁151認為東周王城始建於兩周之春秋早期。

84　徐昭峰：〈成周與王城考略〉，《考古》2007年11月，頁67。

（一）「南繫于洛水，北因于郟山」，「因」有「依靠」之義，[85]此句並非就雒邑的面積而論，而是就雒邑所在的地理形勢分析，[86]即都城北邊依賴著北邙山作其屏障，南方則依賴著洛水。且若郭僅以洛水及郟山作為南北界線，那麼其東西界線又為何？既然東西界線無清楚界定，那麼時人又如何據此算出郭方七十里（或為十七里），因此筆者認為此郭絕不能僅如焦循所言的「依山川為之，非如城四面為垣者。」[87]

（二）洛陽北窯西周墓位於北邙山南麓，離北邙山相當近，同時在瀍河兩側也發現大規模的西周墓地、祭祀遺跡及大型鑄銅工業作坊遺跡，[88]學者研判西周時的雒邑當位於此。但此地未曾發現宮城或郭城的夯土城垣，楊寬據此認為郭只是「依山川為之，非如城四面為垣者」。[89]假若郭是以山川為之，至少也得有一個「城方千七百二十丈」之宮城遺跡才可對應〈作雒〉的記載。[90]

（三）承上，北窯山西周墓的主人身分相當於周天子的卿大夫。[91]按照周人墓葬的習慣，其墓葬往往置於城內，或接近都邑，如同魯國曲阜城，其墓葬就在城內。若此，北窯山西周墓也當在郭城附近。退一步說，假設北窯山墓地附近真的有一座雒邑郭城，那麼其位置也應

85　漢語大字典編輯委員會：《漢語大字典》（第二版）（武漢市：湖北長江出版社，2010年4月），頁766。

86　李民：《中國古代文明的起源與進程》（北京市：線裝書局，2008年3月），頁198。

87　清・焦循撰，郭曉東、孫德彩點校：《群經宮室圖》，頁378。

88　洛陽市文物工作隊：《洛陽北窯西周墓》（北京市：文物出版社，1999年4月），頁369。近來此區附近也發現了八座西周中期以前的墓葬，見洛陽市文物考古研究院：〈洛陽鐵道・龍錦嘉園西周墓發掘簡報〉，《中國國家博物館館刊》2015年11月，頁34-48，顯見這一地區的西周時代遺跡是相對豐富的。

89　楊寬：《中國古代都城制度史研究》（上海市：上海人民出版社，2016年7月），頁45。

90　蔡運章、俞涼亘：〈西周成周城的結構佈局及其相關問題〉，《中原文物》2016年1月，頁46認為成周宮城因正好壓在洛陽老城之下，所以目前考古發現的遺跡較少。但此說仍屬推測，有待將來考古發掘來證實。

91　洛陽市文物工作隊：《洛陽北窯西周墓》，頁361。

接近北邙山。

（四）前文提及，〈作雒〉篇的成書年代是比較晚的，學者因此認為〈作雒〉中的城市規格是東周人的說法，[92]故篇中的敘述當是東周時人對於雒邑城的想像而已。加上當時的雒邑早已不能使用，甚至不存在。考古學家或認為〈作雒〉所記的成周規模「令人生疑，顯然帶有濃厚的理想化色彩」。[93]

（五）承上，雖然〈作雒〉篇帶有「濃厚的理想化色彩」，但至少當時還是有一座城可讓時人聯想。筆者認為這座城可能就是現今發掘的漢魏洛陽故城。此城是以西周故城遺址之規模而加以擴建的（秦代以前的擴建情況如圖四），[94]其下也發現了西周時期的墓葬，[95]有學者研判此西周遺址就是成周。[96]暫且不論此都城是否即西周的雒邑，[97]但此都城在東周時期仍被使用，且城北側即依著邙山，故城南端（秦代增擴部分）正好位處伊洛盆地的古洛河北側（如圖五）。上文談到，〈作雒〉篇成書年代應該比較晚的，因此不排除後人見到此城，甚至將此城視為成周雒邑，[98]西晉的陸機〈洛陽記〉即言：「洛陽

---

92 彭裕商：〈新邑考〉，收入《述古集》（成都市：巴蜀書社，2016年1月），頁458註1。

93 王占奎：〈成周、成自、王城雜談——兼論宗周之得名〉，《考古學研究》（五）（北京市：科學出版社，2003年7月），頁579。

94 中國社會科學院考古研究所洛陽漢魏城隊：〈漢魏洛陽故城城垣試掘〉，《漢魏洛陽故城研究》（北京市：科學出版社，2000年9月），頁52。

95 中國社會科學院考古研究所洛陽漢魏城隊：〈河南洛陽市漢魏故城M175西周墓發掘簡報〉，《考古》2014年3月，頁13-23。

96 吳偉：〈從《洛誥》、《召誥》看周初營建——兼論王城與成周問題〉，《殷都學刊》2012年4月，頁37。

97 目前學界對此城是否即雒邑仍持有不同的看法，劉慶柱主編：《中國古代都城考古發現與研究》（北京市：社會科學文獻出版社，2016年3月），頁153最多只能認定其存在年代是西周中晚期。但雒邑屬西周初年的建築，仍與此城的年代有所差異。

98 漢魏經師往往視漢魏洛陽故城為成周雒邑，如漢·毛亨傳，漢·鄭玄箋，唐·孔穎達疏：《毛詩注疏》，卷4之1，頁146：「召公既相宅，周公往營成周，今洛陽是也。」漢·班固撰，清·王先謙補注：《漢書補注》（上海市：上海古籍出版社，2008年12

城，周公所制。」[99]徐昭峰指出：「史家在實地踏查時通過察看諸如城牆、建築等這些易見的標誌，這也是史家相信狄泉一帶（案：即漢魏洛陽故城）是西周成周城的重要原因。」[100]故後來遂有「南繫于雒水，北因于郟山」的記載出現。

綜上所述，〈作雒〉篇的「郭」若以漢魏洛陽西周故城情況來看，即宮城外的大郭，屬於人工夯土城牆的可能性是比較大的。

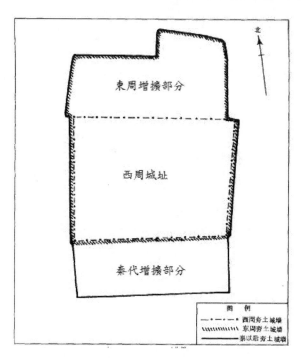

圖四　漢魏洛陽故城城址沿革圖
《漢魏洛陽故城研究》，頁 53。

月），卷28，頁2260：「雒陽，周公遷殷民，是為成周。」北魏・酈道元注，楊守敬、熊會貞疏：《水經注疏》（南京市：江蘇古籍出版社，1999年8月），卷15，頁1313：「洛陽，周公所營雒邑也。」

99 晉・陸機著，劉運好校注：〈洛陽記〉，《陸士衡文集校注》（南京市：鳳凰出版社，2007年12月），頁1287。

100 徐昭峰：《東周王城研究》（北京市：科學出版社，2019年3月），頁24。

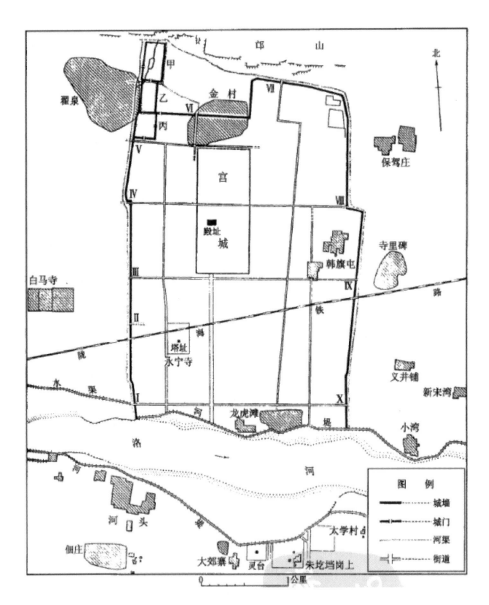

圖五　漢魏洛陽城平面實側圖

《洛陽考古集成》秦漢魏晉南北朝卷，頁 109。

（三）外患多的國家大都會有郭

這些國家的郭，很多都沒有考古材料可供驗證，或雖有考古材料，但基本上僅知其有外牆，至於內部結構，除了鄭國較明朗外，宋國就不清楚，以下本小節就針對鄭、宋、許、曹、衛等國來進行說明。

1 鄭國郭

鄭國本身介於晉、楚二國間，其國家本來就多災多難。考古發掘的鄭韓故城主要可分為西城和東城，西城中有宮殿區及與宗廟建築有關的遺址（見圖六）。此宮殿區，四周有夯土牆環繞，東西長五百米，南北寬約三百二十米，牆基寬約十至十三米，[101]依此，此宮殿區即自成「宮城」。[102]而西城的外牆，北牆長約二四〇〇米，東牆與東城相隔，長約四三〇〇米，西牆和南牆多處被雙洎河衝毀。而與西城相連的是東城，其築法與西城牆同。[103]東城主要分布著鄭國的貴族墓地，宗廟祭祀遺址及手工業作坊的集中分布區。[104]楊寬認為西城是城，東城是郭。[105]筆者認為西城的外城牆與內部宮城自成一個「單城

---

101 楊育彬、袁廣闊：《20世紀河南考古發現與研究》（鄭州市：中州古籍出版社，1997年12月），頁429；蔡全法：〈40餘年來鄭韓故城考古重要收獲〉，收入《蔡全法考古文集》（北京市：科學出版社，2012年6月），頁106。

102 段宏振：《趙都邯鄲城研究》（北京市：文物出版社，2009年1月），頁257。

103 楊育彬、袁廣闊主編：《20世紀河南考古發現與研究》，頁431。有些學者或以東城為韓滅鄭後所興建，然而根據考古發掘所示，鄭韓故城始建於春秋早期，其間隔牆時代稍晚，但也於春秋時代由鄭人所修築的。韓滅鄭後，只是在鄭國城垣基礎上加寬加高修建起來，見馬世之：〈鄭韓故城的城市布局〉，《華夏都城之源》（鄭州市：河南人民出版社，2012年2月），頁269。

104 河南省文物考古研究所：《新鄭鄭國祭祀遺址》（鄭州市：大象出版社，2006年9月），頁3。

105 楊寬：《中國古代都城制度史研究》，頁68；蔡全法亦認為東城是郭城，見氏著：〈鄭韓故城的發現與研究〉，《華夏都城之源》，頁253。

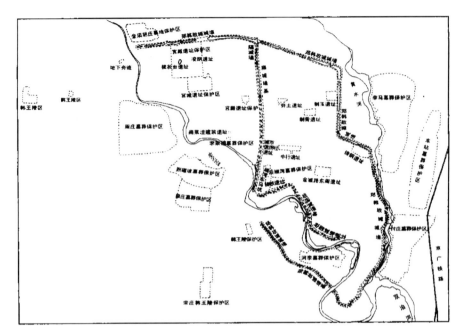

圖六　新鄭鄭韓故城示意圖

《華夏都城之源》，圖版頁 16。

回字形」，[106]本身可形成一座城郭。至於東城的圍牆，是包覆著西城
東邊，形成一座延伸的大郭，可視為鄭國之郭。換言之，包覆鄭國宮
城之西南北三方向的是郭牆，而東邊除了有郭牆保護外，其外還有延
伸的郭。學者或認為郭離鄭韓故城很遠，但我們看《左傳》僖公三十
年記載晉文公聯合秦國攻打鄭國，晉軍先駐紮函陵，函陵位於鄭韓故
城北方十三里。[107]鄭國在函陵以北還有制、[108]祭、[109]管等城，[110]換言

---

106 段宏振：《趙都邯鄲城研究》，頁246。

107 唐・李吉甫撰，賀次君等點校：《元和郡縣圖志》（北京市：中華書局，2017年5
　　月），卷8，頁206。

108 《左傳》，卷2，頁35。

109 《左傳》，卷7，頁122杜注：「祭，鄭地，陳留長垣縣東北有祭城。」

110 《左傳》，卷23，頁393。楊伯峻：《春秋左傳注》（修訂本），頁421：「管在今河南
　　省鄭州市，春秋前已絕封，屬檜，檜滅屬鄭。」

之，函陵不是位處晉、鄭邊境，但文獻卻未記載晉入鄭郛再至函陵，推測函陵當位於郛外。依此推定，鄭郛不會離鄭韓都城太遠。同時，以「西城屬城郭制，東城為郛」現象解釋史料中的幾次戰爭，皆可通解，茲舉三例來說明。

　　一、《左傳》襄公元年：「晉韓厥、荀偃帥諸侯之師伐鄭，入其郛。敗其徒兵於洧上。」晉國軍隊先進入鄭郛，接著打敗鄭國徒兵於洧上。要解決郛的位置，得先探究「洧上」位置。杜注：「洧水出密縣東南，至長平入潁。」[111]《水經》：「又東過鄭縣南，潧水從西北來注之。」酈道元《水經注》：「洧水又東逕新鄭縣故城中。《左傳》〈襄公元年〉：晉韓厥、荀偃帥諸侯伐鄭，入其郛，敗其徒兵于洧上，是也。」[112]顧棟高亦認為：

> 洧水出密縣馬嶺山，又東過新鄭縣南，鄎水自西北來會之，即晉敗鄭徒兵處。鄎一作潧，蓋潧水在城北，洧水在城南也。〈昭十九年〉：「龍鬭于時門之外洧淵」，亦在此。[113]

然而以現今的地圖來看，鄎（潧）水注入洧水之處，「距鄭韓故城尚遠」，[114]但環繞新鄭故城東邊的卻是黃水和洧水，此現象當如何解釋？曲英傑認為：

---

111 《左傳》，卷29，頁497。

112 北魏・酈道元注，楊守敬、熊會貞疏：《水經注疏》，卷22，頁1842。楊守敬補充說：「《經》言洧水過縣南。又《括地志》：洧水在古新鄭城南，似《注》文中字當作南。然下言自城西北入，而東南流逕城南，則是先自西北入城中，又自西南東逕城南也。」

113 清・顧棟高輯，吳樹平、李解民點校：《春秋大事表》（北京市：中華書局，2013年1月），頁757-758。

114 史念海：〈鄭韓故城溯源〉，收入《史念海全集》第6卷（北京市：人民出版社，2013年4月），頁253。

> 漢晉以前溱（潧）水當流經鄶城北及鄭城北，至鄭故城東再南
> 注於洧水，黃水於鄭城北以下流段或即為原潧水河道；南北朝
> 以後潧水改道，「歷下田川，逕鄶城西」。[115]

此點亦有學者贊同，[116]換言之，溱水注入洧水之處離新鄭故城應不
遠，與現在的實際位置並不相同。文獻中往往也是溱、洧並舉，[117]但
鄭國新鄭都城比較接近黃水和洧水，何以不以黃、洧並列，反而去提
現今離新鄭都城約有十五里遠的溱水？蔡全法指出：

> 史實證明黃水就是歷史上的溱水。歷史上的溱水確定以後，現
> 今溱水又是歷史上的什麼河流呢？……我們認為今新密之溱
> 水，即歷史上之鄶水……究其原因，就在於酈氏把真正的溱水
> 改為黃水，使溱水徒有其名，而無其實，錯誤地把溱水強加在
> 鄶水頭上，成為一水而雙名的現象。[118]

若此，溱水（黃水）與洧水匯流處位於新鄭故城東南方，洧上的位置
當在此不遠處。[119]晉人攻入的鄭郛，當即東城之東、南牆處。考古資

---

115 曲英傑：《史記都城考》，頁352；另外他在《水經注城邑考》（北京市：中國社會科
　　學出版社，2013年7月），頁366亦指出：「今黃水河所流經很可能即古溱水河道。」
116 河南省文物考古研究所：《新鄭鄭國祭祀遺址》，頁4即言：「利用黃水（古溱水）
　　作東護城河」，顯然亦認同黃水與古溱水有一定的關聯。
117 如徐元誥：《國語集解》（修訂本），頁464：「若前潁後河，右洛左濟，主芣、騩而
　　食溱、洧，修典刑以守之，是可以少固。」漢・趙岐注，宋・孫奭疏：《孟子注
　　疏》，卷8上，頁142：「子產聽鄭國之政，以其乘輿濟人於溱、洧。」宋・李昉
　　等：《太平御覽》（臺北市：臺灣商務印書館，1992年1月），卷886，頁4067引《韓
　　詩外傳》：「『溱與洧』，說人也。鄭國之俗，二月上巳之日，於兩水上招魂續魄，
　　祓除不祥。」
118 蔡全法：〈鄶國、鄶水、鄶都析議〉，《蔡全法考古文集》，頁94。
119 黃鳴：《春秋列國地理圖志》（北京市：文物出版社，2017年8月），頁127認為其地
　　在新鄭附近的洧水之上。

料也顯示，新鄭都城的南牆大部分，「將洧水包裹於城內，使其穿城而過。」[120]洧水在城內除了供給用水外，亦可加強防禦。[121]因晉軍攻打東城，故文獻才云「入其郭」。入鄭郭後，與洧水邊的鄭軍發生戰爭，最後擊敗鄭軍。《史記》〈鄭世家〉：「晉悼公伐鄭，兵於洧上。鄭城守，晉亦去。」[122]鄭城，指西城，東西城之間有城牆，此道城牆屬郭牆，因鄭人強守著，才使晉人無法進入宮城區。

　　二、《左傳》桓公十四年：「宋人以諸侯伐鄭，報宋之戰也。焚渠門，入，及大逵。伐東郊，取牛首。以大宮之椽歸為盧門之椽。」「渠門」所在的位置有二說：其一認為其為鄭國城門，[123]只是屬於哪一座門，學者又有不同的意見。[124]其二認為在遠郊上。[125]學者在解釋此門位置時，較少留意渠門之命名原由。唯曲英傑認為渠門因面向渠水而得名，此說是接近的。根據最新的考古發掘簡報：

　　　　考古人員在清理春秋晚期一條道路時，發現一條深約四米、寬達十四米的壕溝，與道路並行進入城內。此前，距此南約四百米處曾發現一條同樣的壕溝。專家由此推測，正在發掘的城門遺址，可能就是鄭韓故城的水門或水關，即文獻中記載的「渠門」所在。[126]

---

120 許宏：《大都無城——中國古都的動態解讀》，頁85。

121 河南省文物考古研究所：《新鄭鄭國祭祀遺址》，頁4。

122 漢・司馬遷撰，瀧川資言考證：《史記會注考證》，卷42，頁2195。

123 《左傳》，卷7，頁126杜注。

124 清・高士奇：《春秋地名考略》，頁268認為是東門。馬俊才：〈鄭、韓兩都平面布局初論〉，《中國歷史地理論叢》1999年2期，頁119認為渠門是東牆東南門；鄭杰祥：〈鄭韓故城在中國都城發展史上的地位〉，《黃河科技大學學報》2008年2期，頁24認為渠門當指東門，位於東城上。

125 清・顧棟高，吳樹平、李解民點校：《春秋大事表》，頁753。竹添光鴻：《左傳會箋》，頁212；李玉潔：〈鄭國的都城與疆域〉，《中州學刊》2005年6期，頁163。

126 〈河南鄭韓故城首次發現城門和甕城〉，http://www.readhouse.net/articles/226622328/，2017年2月16日檢索。

今附渠門平面圖於下供參考（圖七）。考古發掘的渠門位於北門，此城門由下穿的門洞及水門兩部分構成，故將此門界定為渠門應可信。此次參與戰爭的包括了齊、衛、蔡、陳、宋國，其中齊、衛是位處鄭國北方或東北方，只有宋、陳、蔡位處鄭國東方或東南方。筆者認為此次的聯軍或先在鄭國北方會合，先攻入北方的渠門。而鄭國宗廟區位於東城西北部，[127]即西城的前方。聯軍攻入渠門後，南下東城宗廟區取下大宮之椽。但東西城之間尚有郭牆防守，所以聯軍無法再攻破宮城，故出新鄭城攻下東郊之牛首，並將取下的大宮之椽帶回宋國作為戰功。[128]整個作戰路線是由外入鄭城，再由內出鄭城至東郊，回到宋國，最後一句是記載此次的戰功。故渠門當如黃聖松所說的即是郭門，但他認為此郭門離鄭韓故城六十里以外之處，然而承如前文所引的考古材料顯示，此渠門就位於東城北城門，接近東西隔牆處。

---

127 蔡全法：〈鄭韓故城的發現與研究〉，《華夏都城之源》，頁255。

128 董珊：〈「薊丘之植，植於汶篁」新解〉，《上古漢語研究》（第一輯）（北京市：商務印書館，2016年10月），頁14認為宋國這種行為是表現復仇和炫耀紀功的文化心理。

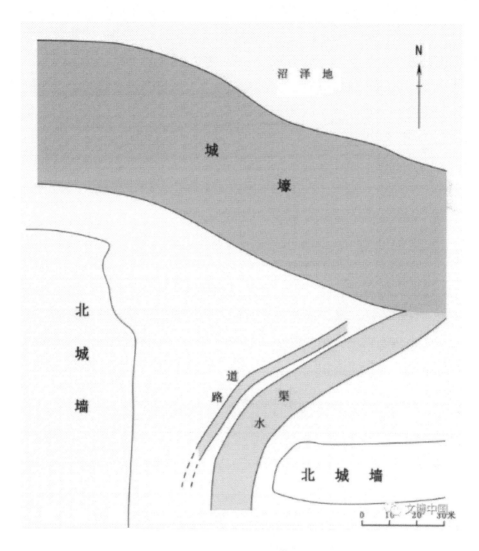

圖七　渠門平面圖
引自〈新鄭鄭韓故城遺址〉。[129]

129　圖取自http://www.kaogu.cn/cn/xccz/20180130/60917.html。

三、《左傳》宣公十二年記載楚莊王攻入鄭國皇門，迫使鄭襄公「肉袒牽羊以逆」。[130]皇門位處西城，屬郭門。曲英傑認為皇門位處西垣北門，向西通往皇地。[131]因此當楚軍攻破皇門後，鄭國的宮城區等同曝露在楚軍面前，故才迫使鄭襄公出降。《左傳》僖公三十二年記載：「杞子自鄭使告于秦，曰：『鄭人使我掌其北門之管，若潛師以來，國可得也。』」[132]何以打開北門後就可得到鄭國？筆者認為北門正好位處郭城，郭門一旦攻破，鄭國的宮室也就曝露在敵人的眼前，故說「國可得也」，與皇門之例可相參照。

新鄭故都這樣的結構可與偃師商城相參照（圖八）。偃師商城亦有一個宮城，其外圍有夯土牆，而包圍宮城是一座小城。在小城之外，還有一座大城包覆著小城的北邊和東邊。惟一的差別是偃師商城之大城城垣在小城城垣的基礎上擴建而成，而當大城城垣建成後，小城城垣遂告廢棄，[133]因此偃師商城始終保持內外兩城形制，與新鄭故都城牆使用情況並不相同。

---

130 《左傳》，卷23，頁388。

131 曲英傑：《史記都城考》，頁347。

132 《左傳》，卷17，頁288。

133 中國社會科學院考古研究所編：《偃師商城》（第一卷）（北京市：科學出版社，2013年9月），頁137。杜金鵬：《前世今生──偃師商城遺址考古與保護》（北京市：科學出版社，2014年12月），頁13指出廢棄的時間大約在二里岡文化上層。

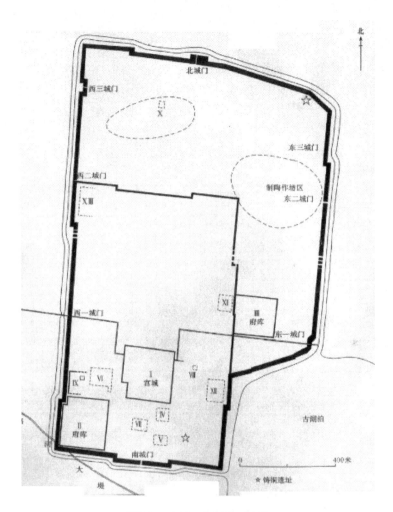

圖八　偃師商城都城圖
《偃師商城》，頁 139。

　　綜上所論，筆者認為新鄭故城之東城外牆，即文獻的郭，西城本身自為城郭。《左傳》襄公八年：「焚我郊保，馮陵我城郭」[134]，先及郊，再到城郭，何以不提「郭」？因楚國直接就是攻打西城，故直稱城郭。且「郭」本身即屬大郭，因此以城郭來概稱，也說得通。

---

2 宋國郛

　　春秋時期，宋國常與鄰近國家發生戰爭，《左傳》桓公二年：「宋殤公立，十年十一戰。」[135]尤其是與鄭國的戰爭，次數更是頻仍。[136]既然宋國對外戰爭如此頻仍，因此本身需要有郛來加強防衛是可以想見的。至於其郛的位置在哪？《左傳》隱公五年：

> 鄭人以王師會之，伐宋，入其郛，以報東門之役。宋人使來告命。公聞其入郛也，將救之。問於使者曰：「師何及？」對曰：「未及國。」公怒，乃止。辭使者曰：「君命寡人同恤社稷之難，今問諸使者，曰：『師未及國』，非寡人之所敢知也。」[137]

學者針對《左傳》中「宋」字之使用情況指出「宋」在文獻中往往就是指宋國的都城，[138]即商丘城。其次，關於「國」的界定，焦循曾有三說，其一：大曰邦，小曰國；其二：郊以內為國；其三：城內為國，城外為郊。[139]《左傳》此處之「國」，焦循認為是指「郛內為國」，屬第三種界定。依此，此郛所在的位置當為商丘城的外郛。使者回答魯公的話導致魯公不悅，杜預認為：「忿公知而故問，責窮辭」[140]。但就情理而言，宋國使者到魯國無非就是希望魯國可以出兵相救，豈有故意責難魯公窮辭的道理，因此顧炎武認為：「使者未知公之聞入郛，諱之，不以實告」，[141]以上下原文來看，此說較符合文

---

135 《左傳》，卷5，頁90。

136 清·顧棟高輯，吳樹平、李解民點校：《春秋大事表》，頁2129：「春秋二百四十二年之中，宋、鄭凡四十九交戰，然其局凡三變。」

137 《左傳》，卷3，頁62。

138 朱鳳祥：〈宋國的都城和疆域考略〉，《商丘師範學院學報》2016年5期，頁39。

139 清·焦循撰，郭曉東，孫德彩點校：《群經宮室圖》，頁375。

140 《左傳》，卷3，頁62。

141 清·顧炎武撰，徐德明等校點：《左傳杜解補正》（上海市：上海古籍出版社，2012年7月），頁11-12；竹添光鴻：《左氏會箋》，頁79亦承此說。

意。《國語》〈吳語〉：

> 吳王既會，越聞愈章，恐齊、宋之為己害也，乃命王孫雒先與
> 勇獲帥徒師，以為過賓於宋，以焚其北郛焉而過之。

韋昭注：「郛，郭也。託為過賓而焚其郭，去其守備，使不敢出。」[142]
依韋昭見解，郛為商丘城的外郭。筆者認為要判斷郛位置在哪，關鍵
在於「過賓」。究竟僅是從封界過去，抑或兵臨商丘城下而從旁過
去？在《國語》〈周語〉中記載單襄公承周王命「過賓于陳」，現在將
相關的文字迻錄於下：

> 候不在疆，司空不視途，澤不陂，川不梁，野有庾積，場功未
> 畢，道無列樹，墾田若蓺，膳宰不致饎，司里不授館，國無寄
> 寓，縣無施舍，民將築臺於夏氏。及陳，陳靈公與孔寧、儀行
> 父南冠以如夏氏，留賓不見。[143]

單襄公進入陳國的順序分別是疆→野→館→國→陳，若依單襄公
「過賓」陳國的情況來推論，此時的吳軍起碼已迫近宋都商丘外城，
且從吳王欲殺宋國之「丈夫而囚其婦人」的態度來看，[144]吳國不可能
僅是從封界經過而已，若此，此郛的位置也是在商丘宋都的外城。

　　綜上所論，郛基本上就是宋都商丘城的外郭。目前考古發掘的宋
都城是東城牆長二九〇〇米，西城牆長三〇一〇米，南城牆長三五五
〇米，北城牆長三二五二米，周長一二九八五米，[145]四面城牆的總長

142　徐元誥：《國語集解》（修訂本），頁553。
143　徐元誥：《國語集解》（修訂本），頁61-63。
144　《左傳》，卷59，頁1029。
145　中美聯合考古隊：〈河南商丘縣東周城址勘查簡報〉，《考古》1998年12期，頁21。

約合周代三十里（圖九）。[146]至於其內部結構尚未明朗，還不清楚是否還另有小城存在，而宮城又在何處？亦有待考古進一步的發掘。曲英傑認為宋國宮城當居外郭城中央，[147]可備一說。此大城內部起碼還有一個城，或者宮城區外也有夯土牆包圍著，否則鄭師入郭，就可直入宮殿區。

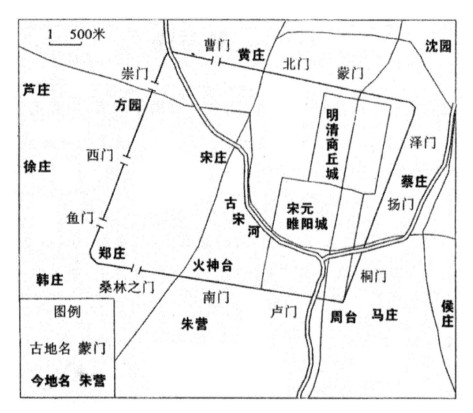

圖九　河南商丘縣宋城位置圖

《史記都城考》，頁 289。

146　侯衛東：〈試論商丘宋城春秋時期布局及其淵源〉，《三代考古》（六）（北京市：科學出版社，2015年12月），頁390。

147　曲英傑：《史記都城考》，頁288。

3 衛、許、曹之郭

（1）衛郭

　　《左傳》僖公十二年：「諸侯城衛楚丘之郛，懼狄難也。」[148]衛國是個多災多難的國家，後遭狄人侵略而滅亡，故諸侯師先營建楚丘城來安置衛人。之後再營建其郭，以防備狄人。若此，衛國的郭不可能僅僅是以自然為界的封疆，當為人工夯土牆。其次，楚丘城之郭不會超過其封地線，甚至就在其封地線上。衛後來遷至帝丘，其帝丘城外亦有郭，《左傳》哀公十七年：「晉復伐衛，入其郛，將入城。」[149]入了郭就直入宮城，這說明此郭也僅屬外郭。[150]在其他文獻或稱此郭為「附郭」。關於「附郭」，高誘說：「附郭，近郭也。」陳奇猷則認為「附郭」即「郛郭」。[151]此因郛與郭性質相似，惟建築構造略有差異而已。此郭的位置就位處宮城外，即帝丘外圍。《左傳》昭公二十年記載衛靈公逃出國都的情況：「齊氏射公，中南楚之背，公遂出。寅閉郭門，踰而從公。」[152]此郭門就是郛之門，因郭高度不高，故華寅可「踰而從公」。衛靈公離開郭門後就直接逃亡至死鳥，死鳥是通往齊國的一個地方，[153]但仍在衛國境內。目前考古發掘的帝丘遺址即濮陽高城遺址，該遺址四周皆有城牆，城牆外還有一周的護城河，[154]曲英傑認為此四周的城牆即其郛郭。[155]《左傳》哀公十七年：「公登

148　《左傳》，卷13，頁223。

149　《左傳》，卷60，頁1046。

150　曲英傑：《史記都城考》，頁279直接認為此郭即郛。

151　戰國・呂不韋著，陳奇猷校釋：《呂氏春秋新校釋》，卷23，頁1550。

152　《左傳》，卷49，頁854。

153　清・顧棟高輯，吳樹平、李解民點校：《春秋大事表》，頁779。

154　河南省文物考古研究所等：〈河南濮陽縣高城遺址發掘簡報〉，《考古》2008年3期，頁19；袁廣闊、南海森：〈試論濮陽高城東周城址的性質〉，《中原文物》2009年1期，頁46；王景蓮：〈顓頊遺都帝丘初探〉，《中原文物》2016年1期，頁28。

155　曲英傑：《水經注城邑考》，頁202。

城以望，見戎州。問之，以告。公曰：『我，姬姓也，何戎之有
焉？』翦之。」[156]這一段史料《呂氏春秋》〈慎小〉作：「衛莊公立，
欲逐石圃，登臺以望，見戎州而問之曰：『是何為者也？』」[157]關於戎
州位置，江永指出：「衛之城外有己氏人居之，謂之戎州。」[158]至於
此臺所在位置為何？筆者認為此臺當位處宮城中，就如同季孫氏宮中
有武子之臺，《水經注疏》〈泗水〉：「阜上有季氏宅，宅有武子臺，今
雖崩夷，猶高數丈。」[159]齊景公在路寢亦有高臺，故可望見國都。[160]
即便是戰國時代亦可見到類似的建築，如清華七《趙簡子》：「宮中三
臺，是乃侈已。」[161]另外《左傳》定公十四年記載衛國太子蒯聵見南
子時的情況：

> 乃朝夫人。夫人見大子。大子三顧，速不進。夫人見其色，啼
> 而走，曰：「蒯聵將殺余。」公執其手以登臺。[162]

南子見蒯聵當在內宮之朝，即便逃走，也當是往衛靈公所在的路寢。
靈公不太可能帶著南子跑出宮城前往郭牆。且前文已指出，路寢有高
臺，故靈公所登之臺當位於路寢之中。以此來看衛莊公所登的臺也非
在郭牆上，而當在宮城內的臺。《左傳》：「公登城以望」，此「城」指

---

156 《左傳》，卷60，頁1046。

157 戰國・呂不韋著，陳奇猷校釋：《呂氏春秋新校釋》，卷25，頁1689。

158 清・江永：《春秋地理考實》，收入《春秋戰國史研究文獻叢刊》4（北京市：國家
　　圖書館，2009年5月），頁180。

159 北魏・酈道元注，楊守敬、熊會貞疏：《水經注疏》，卷25，頁2106。

160 吳則虞編，吳受琚、俞震校補：《晏子春秋集釋》（增訂本）（北京市：國家圖書
　　館，2011年10月），頁113。

161 清華大學出土文獻研究與保護中心：《清華大學藏戰國竹簡》（柒）（上海市：中西
　　書局，2017年4月），頁107。

162 《左傳》，卷56，頁984。

宮城而言。[163]同篇哀公十七年更記載:「晉復伐衛,入其郭,將入城。」顯見這裡的「城」是指郭牆之內的宮城建築而言,與清華簡《趙簡子》的「宮中」意是相同的。沈文倬曾指出宮室建築物中往往有臺,[164]楊鴻勛言:「所謂高臺建築,是依附於高臺的建築組合體。從古文獻來看,高臺建築至東周時期已較普遍,列國統治者以高臺宮室競相誇耀。」[165]結合兩段史料,此句所指當是莊公登上宮城之臺以望見郭牆外的戎人。

(2) 許郭

　　許國位處鄭國的東南方,因此鄭國為其主要外患。《左傳》成公八年:「鄭伯將會晉師,門于許東門,大獲焉。」[166]鄭國所攻打的當是郭上的門。此後許國也加強了郭的防備,因此鄭成公八年時,子罕伐許就「敗焉」。[167]之後鄭成公再次率軍伐許,才能入其郭。許國的郭基本上僅包圍著許故都(今河南許昌南)而已,[168]雖有郭包圍著都城,但仍舊無法抵禦鄭軍的畏偪,最終迫使許靈公遷葉,[169]甚至最後還遭楚國所滅。[170]

---

163 漢・鄭玄注,唐・孔穎達疏:《禮記注疏》(臺北市:藝文印書館,2013年3月),卷21,頁414孔穎達疏:「『城郭溝池以為固』者,城,內城。郭,外城也。」
164 沈文倬:〈周代宮室考述〉,收入《菊闇文存》(北京市:商務印書館,2006年6月),頁818。
165 楊鴻勛:《楊鴻勛建築考古學論文集》(增訂版)(北京市:清華大學出版社,2008年2月),頁111。
166 《左傳》,卷26,頁446杜注:「過許,見其無備因攻之。」
167 《左傳》,卷27,頁465杜注:「為許所敗」。
168 唐・李泰等,賀次君輯校:《括地誌輯校》(北京市:中華書局,2010年5月),卷3,頁158:「許故城在許州許昌縣南四十里,本漢許縣,故許國也。」
169 《左傳》,卷27,頁468。
170 楚滅許的時間大約在楚肅王八年至十年,見何浩:《楚滅國研究》(武漢市:武漢出版社,1989年11月),頁283。

（3）曹郭

根據學者考證，曹國的範圍大約有「山東省定陶縣、菏澤市區、曹縣、鄄城縣、巨野縣、鄆城縣、陽穀縣、茌平縣、東平縣以及今河南省的臺前縣、范縣的一部分。」[171]《春秋》文公十五年：「齊侯侵我西鄙，遂伐曹，入其郛。」[172]曲英傑認為此郛為曹國（陶丘城）的外郭城。[173]曹國領土範圍並不是很大，所以其郛有可能就建築在疆界上，甚至僅在其陶丘城的外圍。《左傳》僖公二十八年：「晉侯圍曹，門焉，多死。曹人尸諸城上，晉侯患之。聽輿人之謀，[174]稱『舍於墓』，師遷焉。曹人兇懼，為其所得者，棺而出之。因其兇也而攻之。三月丙午，入曹。」[175]晉文公所攻打的大概是郭牆，之後攻破「曹郛」後，直入宮殿區，「虜共公以歸」。[176]

（四）小結

現在筆者將以上諸國郛的情況列為「表二」。從表中可以看出，春秋時代的「郛」有以下的幾個特質：

一、郛往往位在一個都城的最外圍，帶有保護都邑的作用，如吳國闔閭城、新鄭鄭韓故城、宋國商丘城。

二、郛之性質等同於「郭」，基本上郛與郭皆是郭，僅大小差別而已。

三、郭一般有高樓的防備設施，郛則沒有此設施，這是其區別。

---

171 安普義：《周代曹國考》（重慶市：重慶大學歷史與社會學院碩士論文，2012年10月），頁32。

172 《左傳》，卷19，頁337。

173 曲英傑：《史記都城考》，頁261。

174 「謀」下原有「曰」字，今依清・王引之撰，虞思徵等校點：《經義述聞》（上海市：上海古籍出版社，2016年11月），卷17，頁1005刪去。

175 《左傳》，卷16，頁270。

176 漢・司馬遷撰，瀧川資言考證：《史記會注考證》，卷35，頁1895。

四、邊邑上一般只會蓋郭牆來作為防衛，如齊國廩丘之郭、魯國成
　　郭、晉國朝歌之郭，且其範圍僅包覆著該城邑而已。

五、衛國楚丘之郭，為後來人工所修築的夯土牆，其範圍不會超過
　　楚丘之封界。宋國的郭，從吳國「過賓」的情況來看，當指商
　　丘城的外城。

六、春秋的郭大都出現在邊境都邑，戰爭頻仍或外患較多的國家，
　　從這些條件來看，郭本身是帶有保護都邑的作用，故當以人工
　　夯土牆或人工加工過的城牆為主。

表二　各國郭之性質

國名	郭具體所指	類別	性質
吳國	龍山石城	戰爭頻仍的國都	人工石牆
鄭國	新鄭故城的外圍	戰爭頻仍及外患多的國家	人工夯土牆
宋國	商丘城外城	戰爭頻仍及外患多的國家	不詳
齊國	廩丘（邊邑）外城	邊界	人工夯土牆
魯國	成邑（邊邑）外城	邊界	人工夯土牆
魯國	曲阜西外城	都城	人工夯土牆
晉國	朝歌外城	邊界	人工夯土牆（？）
衛國	楚丘城外城	外患多的國家	人工夯土牆
衛國	帝丘城外城	外患多的國家	不詳
曹國	陶丘城外城	外患多的國家	不詳
許國	許故都外城	外患多的國家	不詳
周	成周雒邑外大郭		人工夯土牆（？）

四 《管子》〈度地〉「土閬」為郭說檢討

《管子》〈度地〉:「內為之城,城外為之郭,郭外為之土閬。地高則溝之,下則堤之,命之曰金城。樹以荊棘,上相穡著者,所以為固也。」[177]杜正勝認為「樹以荊棘」即鹿柴、欄柵之類,只架設在沒有天然險要的地方,[178]同時他認為土閬為人為的封疆。[179]黃聖松進一步認為土閬應當是封,可對應《左傳》的郭。[180]筆者則認為「土閬」當為城外護城壕,「樹以荊棘」即《周禮》之「樹渠」,以下就此觀點來加以說明。

關於閬,尹知章注:「閬,謂隍」。[181]朱駿聲《說文聲訓定聲》以「閬」可假借「為隍為壙。」[182]《毛詩》〈大雅〉〈韓奕〉孔疏:「塹即城下之溝。〈釋言〉云:『隍,塹也。』舍人曰:『隍,城池也。塹,溝也。』李巡曰:『隍,城池、塹也』。」[183]換言之,「土閬」指的是城外的護城壕。而在土閬之外側邊坡上,或植荊棘「相穡著者」,尹知章注:「謂荊棘刺條相鉤連也。」[184]何如璋言:「謂樹荊棘於溝之外隈之上,使相合著以為固也。」[185]其目的是強固都城的防衛,此設施即《周禮》〈夏官〉〈掌固〉中的「樹渠」。關於「樹渠」之形制,鄭《注》:「樹謂枳棘之屬,有刺者也。」[186]王引之說:

---

177 黎翔鳳撰,梁運華整理:《管子校注》,卷18,頁1051。
178 杜正勝:《古代社會與國家》,頁650。
179 杜正勝:《古代社會與國家》,頁585。
180 黃聖松:〈《左傳》「郭」、「郭」考〉,頁95。
181 黎翔鳳撰,梁運華整理:《管子校注》,卷18,頁1051。
182 清・朱駿聲:《說文通訓定聲》(臺北市:藝文印書館,1994年1月),頁922。
183 漢・毛亨傳,漢・鄭玄箋,唐・孔穎達疏:《毛詩注疏》,卷18之4,頁684。
184 引見郭沫若:《管子集校》(三)(北京市:人民出版社,1984年8月),頁272。
185 引見郭沫若:《管子集校》(三),頁273。
186 漢・鄭玄注,唐・賈公彥疏:《周禮注疏》(臺北市:藝文印書館,2013年3月),卷30,頁458。

城郭為一類，溝池為一類，樹渠為一類。渠，謂籬落也。因樹
木以為籬落，故曰「樹渠」。〈司險〉職曰：「設國之五溝五
涂，而樹之林，以為阻固。」鄭注曰：「樹之林，作藩落
也。」是其證矣。「渠」，字或作「㰄」，又作「椐」。《廣雅》
曰：「㰄，杝也。」（杝與籬同）《釋名》曰：「青徐謂籬曰
椐。」渠、㰄、椐，古今字耳。知「樹渠」之「渠」非謂溝渠
者，溝渠與樹不同類。且渠即是溝。[187]

孫詒讓說：「樹渠者，於城外宮外設藩落，以資守衛也。」[188]其制在
古代有二種形制：其一是種植林木，因編聯以為阻固；其二是斬伐材
木，羅列裁築為之。[189]且這種「樹渠」設施通常離都城不會太遠，
《墨子》〈備梯〉：

〔置〕椐〈椐〉城外，去城十尺，椐〈椐〉厚十尺。伐椐
〈椐〉，小大盡本斷之，以十尺為傳，雜而深埋之，堅築，毋
使可拔。[190]

樹渠離都城僅十尺，但「封」動輒遠至二十五里或五十里，甚至百
里，顯見將城外的土圍及荊棘視為遠處的封並不合適。

　　至於樹渠、土圍等設施是否為郭？兩者都位於都城之外，且有保
護都城的作用。其次，樹渠也有「椐門」，[191]郭也有門，性質看似相
同，不過仍有一些差異：第一，樹渠設施「王宮及百宮府蓋亦有

---

187 清・王引之撰，虞思徵等校點：《經義述聞》，卷9，頁511。
188 清・孫詒讓著，汪少華整理：《周禮正義》（北京市：中華書局，2015年11月），卷
　　57，頁2893。
189 清・孫詒讓著，汪少華整理：《周禮正義》，卷57，頁2893。
190 清・孫詒讓撰，孫啟治點校：《墨子閒詁》，卷14，頁544校改。
191 清・孫詒讓撰，孫啟治點校：《墨子閒詁》，卷14，頁545。

之」，[192]且邊境、近郊、遠郊亦有溝樹等設施，[193]但郭只位於都城外。第二，樹以荊棘還有強固堤防的作用，同篇下文又云：「令甲士作堤大水之旁，大其下，小其上，隨水而行。……歲埤增之，樹以荊棘，以固其地。」[194]樹以荊棘還可用以強固堤防，避免崩壞，但郭主要是用以保護都城，兩者在性質上仍有差異。第三，以常州市武進區春秋淹城來考察，更可知郭與土閬所指稱的對象是不同的。淹城遺址使用的時間是西周晚期到春秋早期，屬三城三河的城池結構（圖十），其城由內而外分別是子城、內城、外城，每一座城除了有城牆，其外頭皆有護城河。[195]張國碩認為都城的防禦設施從外到內由外壕、外城垣、內壕、內城垣、宮城垣、宮殿牆等多重封閉性防禦圈組成，[196]淹城遺址基本上是符合此條件。淹城最外的大郭或可稱郭，那麼郭外的城壕即土閬所在。至於樹渠當架在何處？在外城壕的外側另有外城廓，為不規則圓形環繞外城河，[197]為外城壕的堤防。前文已提及，樹渠具有防衛都城的作用，因此樹渠當架在外城廓上，環繞於壕溝的外側來設置。[198]要之，土閬位置上雖與郭相銜接，但具體指稱的對象並不同。

---

192 清・孫詒讓著，汪少華整理：《周禮正義》，卷57，頁2893。

193 漢・鄭玄注，唐・賈公彥疏：《周禮注疏》，卷30，頁459：「凡國都之竟有溝樹之固，郊亦如之。」賈疏：「言王國及三等都邑所在境界之上，亦為溝樹以為阻固，郊亦如之。若據王國有近郊、遠郊，亦有溝樹以為固。」

194 黎翔鳳撰，梁運華整理：《管子校注》，卷18，頁1063。

195 南京博物院等編：《淹城——1958-2000年考古發掘報告》（北京市：科學出版社，2014年12月），頁5-7。其中子城河目前已淤塞為低窪的農田，見同書頁16。

196 張國碩：《中原先秦城市防禦文化研究》，頁145。

197 南京博物院等編：《淹城——1958-2000年考古發掘報告》，頁7。

198 此作法在後世的都城中亦可見到，如宋・歐陽脩、宋・宋祁：《新唐書》（北京市：中華書局，1975年2月），卷167，頁5120記載王式任安南都護時，「浚壕繚柵，外植刺竹，寇不可冒。」又清・張廷玉《明史》（北京市：中華書局，1974年4月），卷165，頁4464記載陶魯守新會都城時，「乃築堡砦……以孤城捍眾衝，建郭掘濠，布鐵蒺藜刺竹於外，城守大固。」柵及刺竹、鐵蒺藜刺竹皆類樹渠設施。

　　其次，土閬既然解為外城壕，那麼下文「地高則溝之，下則堤之」又該如何解讀？古代的護城河可分為兩種：其一是人工開鑿的河道，其二是都城依著河流而建，河流就成了自然的護城河。以齊國臨淄城的情況來看，就包含了這兩種情況。臨淄城東臨淄水，西臨系水，其利用淄河和系水作為東、西兩側的自然護城河。但也因為城牆東側地勢較低，故在東側近淄水的東門外築有「門防」，[199]曲英傑認為東門防即「東門外所築防淄水堤壩」。[200]而大城南、北城牆外地勢相對較東西兩側高，因此齊人就挖築人工護城壕溝約六一四〇米長，以與東、西兩側的淄水、系水銜接，以形成一個完整的排水網，[201]此即「地高則溝之，下則隄之」之意。綜合上文的考察，郭外的「土閬」（護城壕）設施既有防洪及灌溉之用，加上樹渠，以加強都城的防護，同時也達到強固外堤的作用，與作為外城意義的郭或封並不能等同。

---

199 吳則虞編，吳受琚、俞震校補：《晏子春秋集釋》（增訂本），卷5，頁241。

200 曲英杰：《史記都城考》，頁188。

201 臨淄區齊國故城遺址博物館：〈臨淄齊國故城的排水系統〉，《考古》1988年9期，頁784。

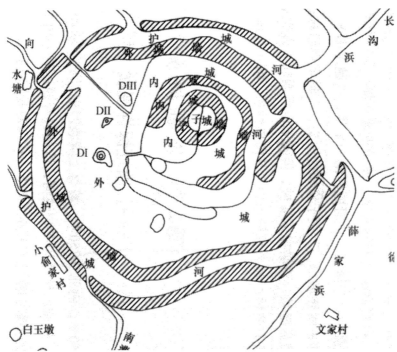

圖十　淹城遺址平面圖

《淹城──1950-2000 年考古發掘報告》，彩版一、頁 4。

五　論郭與郊的對應關係

在分析完郭的性質後，接著本文就與郭相關的「郊」來進行探究。

（一）郊的最外界

郊究竟是在郭中，抑或在其外？要探究此問題，先解決郊的範圍。《左傳》宣公二年：

> 趙穿攻靈公於桃園。宣子未出山而復。大史書曰：「趙盾弒其君」，以示於朝。宣子曰：「不然。」對曰：「子為正卿，亡不越竟，反不討賊，非子而誰？」[202]

《穀梁傳》宣公二年作：

> 趙盾入諫，不聽。出亡，至於郊。[203]趙穿弒公，而後反趙盾。[204]

《呂氏春秋》〈士節〉：「齊君聞之，大駭，乘馹而自追晏子，及之國郊，請而反之。」高誘注：「郊，境也。」[205]《史記》〈魯周公世家〉：「齊景公與晏子狩竟，因入魯問禮。」[206]〈齊太公世家〉作：「獵魯郊，因入魯，與晏嬰俱問魯禮。」[207]可見，「郊」位處一國境內，且範圍可延伸至邊境。《孟子》〈梁惠王下〉：「臣聞郊關之內有囿方四十

202　《左傳》，卷21，頁365。

203　「郊」在晉國中有二種用法，其一是地名，其二是泛指，此處的郊當為泛指，見馬保春，《晉國地名考》，頁73-74。

204　晉・范寧集解，唐・楊士勛疏：《春秋穀梁傳注疏》，卷12，頁116。

205　戰國・呂不韋編，陳奇猷：《呂氏春秋新校釋》，卷12，頁633。

206　漢・司馬遷撰，瀧川資言考證：《史記會注考證》，卷33，頁1846。

207　漢・司馬遷撰，瀧川資言考證：《史記會注考證》，卷32，頁1791。

里，殺其麋鹿者如殺人之罪。」趙岐注：「郊關，齊四境之郊皆有
關。」[208] 此處之「郊關」當即遠郊之門。[209] 有時「郊關」或作「郭
關」，《左傳》哀公十四年：「豐丘人執之，以告，殺諸郭關。」[210] 焦
循認為：「此郊上之關也」。[211] 《左傳》莊公二十八年：

> 秋，子元以車六百乘伐鄭，入于桔柣之門。子元、鬭御疆、鬭
> 梧、耿之不比為旆，鬭班之孫、游、王孫喜殿。眾車入自純
> 門，及逵市。縣門不發。楚言而出。子元曰：「鄭有人焉。」
> 諸侯救鄭，楚師夜遁。

杜注：「桔柣，鄭遠郊之門也。」孔疏：「此已入一門矣。又云『入自
純門』，又是入一門矣。復言『縣門不發』，則更有一門矣。不發是城
門，則知純門，外郭門；桔柣，遠郊門也。《尚書》〈費誓序〉云：
『東郊弗開』，是郊有門也。」[212] 桔柣之門雖在遠郊，不過其距離邊
境似乎還有一段距離，《左傳》哀公二十七年：「知伯入南里，門于桔
柣之門。」[213] 杜預認為南里是鄭邑。[214] 顧棟高認為南里為邑名並不正
確，當為里名，[215] 此說可信。南里屬鄉野之里的自然聚落，而不是經
過嚴格管理，整齊劃一的城邑之里。[216] 楊伯峻認為：「南里，今新鄭

---

208 漢・趙岐注，宋・孫奭疏：《孟子注疏》，卷2上，頁31。

209 清・焦循撰，沈文倬點校：《孟子正義》（北京市：中華書局，2009年6月），卷4，
　　頁109。

210 《左傳》，卷59，頁1032杜注：「齊關名」。

211 清・焦循撰，沈文倬點校：《孟子正義》，卷4，頁109。

212 《左傳》，卷10，頁177。

213 《左傳》，卷60，頁1054。

214 《左傳》，卷37，頁637。

215 清・顧棟高輯，吳樹平、李解民點校：《春秋大事表》，頁757。

216 張金光：《秦制研究》（上海市：上海古籍出版社，2004年9月），頁615指出西周的
　　里有二種：一為城邑中之居里，一為田野之里。春秋時代的里制大概也近似如此。

縣南五里蓋其故址。」[217]南里所在的位置當在遠郊門之外，是位處鄭國邊境附近的里。前文提及，桔柣之門為鄭遠郊之門，入此門之後就是郊。《左傳》桓公十五年：「祭仲殺雍糾，尸諸周氏之汪，公載以出。」[218]又〈僖公三十三年〉：「楚令尹子上侵陳、蔡。陳、蔡成，遂伐鄭，將納公子瑕。門于桔柣之門，瑕覆于周氏之汪。外僕髡屯禽之以獻。」[219]關於周氏之汪，顧棟高引吳氏說：「鄭大夫周氏之池，在南郊，近桔柣之門。」[220]楊伯峻及陳克炯皆認為周氏之汪為鄭國都內的水池，[221]黃聖松則指出：「當時楚軍仍『門于桔柣之門』，並未記載楚軍已奪下桔柣之門而進入該門，因此周氏之汪當是臨近桔柣之門外。」[222]筆者認為楊伯峻等的說法是合適的，且周氏之汪之具體位置當在桔柣之門內。試看《春秋》襄公二十五年：「吳子謁伐楚，門于巢，卒。」句法與此相近，《公羊傳》襄公二十五年：「門于巢卒者何？入門乎巢而卒也。入門乎巢而卒者何？入巢之門而卒也。」何休《解詁》：「以先言門，后言于巢。吳子欲伐楚，過巢，不假塗，卒暴入巢門，門者以為欲犯巢而射殺之。君子不怨所不知，故與巢得殺之，使若吳為自死文，所以彊守禦也。書伐者，明持兵入門，乃得殺之。」[223]其次，根據張猛對《左傳》中「門」字用作謂語時的歸納：

　　謂語「門」指進攻者攻到了門內，或是防守者在門內抵抗。因

---

217 楊伯峻：《春秋左傳注》（修訂本），頁1124。

218 《左傳》，卷7，頁127。

219 《左傳》，卷17，頁291。

220 清‧顧棟高輯，吳樹平、李解民點校：《春秋大事表》，頁754。

221 楊伯峻、徐提編：《春秋左傳詞典》，頁366認為此為「鄭國內池」；陳克炯：《左傳詳解詞典》，頁256亦同此說。另外清‧焦循撰，郭曉東，孫德彩點校：《群經宮室圖》，頁376亦認為周氏之汪為城內之地。

222 黃聖松：〈《左傳》「郭」、「郭」考〉，頁68。

223 漢‧何休解詁，唐‧徐彥疏：《春秋公羊傳注疏》，卷21，頁262。

此，此時的門（都門、邑門、大門、小門）是開著的。如果關著門，即使進攻者攻到了門前，也不用謂語「門」。[224]

依此，《左傳》成公八年：「鄭伯將會晉師，門于許東門，大獲焉。」[225]當也是入許國東門後才能大獲。那麼回頭來看《左傳》僖公三十三年的記載，當時楚軍持兵攻打桔柣之門，而後子瑕入桔柣之門時，馬車翻覆於周氏之汪，所以才讓外僕將之擒獲。接著再來看〈桓公十五年〉的內容。祭仲在得知雍糾的計謀後，仍然依其計畫進往，但事先做了準備，所以躲過殺害，並在郊上將雍糾殺死，此亦證明周氏之汪當位處於南郊。且祭仲陳雍糾之屍亦為了示眾，[226]若是置於遠郊門外的南里，似難達到示眾之用。爾後鄭厲公在周氏之汪載著雍糾的屍體出奔往蔡國去，其出奔之門當是離周氏之汪最近的桔柣之門。綜上所論，桔柣之門即《孟子》〈梁惠王下〉的「郊關」，[227]故郊的最外界即是一國之境。

（二）郊之內界

郊的內界即一國之城或郭，《荀子》〈哀公〉：「君出魯之四門以望魯四郊。」[228]《左傳》襄公八年：「焚我郊保，馮陵我城郭。」杜注：「郭外曰郊。」[229]《國語》〈魯語上〉：「海鳥曰『爰居』，止於魯

---

224 張猛：《左傳謂語動詞研究》（北京市：語文出版社，2003年2月），頁152。

225 《左傳》，卷26，頁446。

226 漢・司馬遷撰，瀧川資言考證：《史記會注考證》，卷42，頁2182作：「祭仲反殺雍糾，戮之於市。」地點為市，與《左傳》的記載不同，但也反映了祭仲陳雍糾之尸是用以示眾。

227 清・焦循撰，郭曉東，孫德彩點校：《群經宮室圖》，頁376指出遠郊門也，關門也。

228 清・王先謙撰，沈嘯寰，王星點校：《荀子集解》（北京市：中華書局，2010年1月），卷20，頁543。

229 《左傳》，卷30，頁521。

東門之外三日。」²³⁰《莊子》〈至樂〉作:「昔者海鳥止于魯郊。」²³¹楊寬說:「在郭城以外,有相當距離的周圍地區,叫做『郊』或『四郊』。」²³²故郭城以外,邊境以內,即為一國之郊。而郛在上文的討論中,往往具有外郭的性質,若此,郊當在郛外。且我們看《國語》〈吳語〉中有關越軍攻入吳國的路線更可說明此點:

> 於是越王句踐乃命范蠡、舌庸,率師沿海泝淮以絕吳路,敗王子友於姑熊夷。越王句踐乃率中軍泝江以襲吳,入其郛,焚其姑蘇,徙其大舟。²³³

《左傳》哀公十三年作:

> 越子伐吳,為二隧,疇無餘、謳陽自南方,先及郊。……乙酉,戰,彌庸獲疇無餘,地獲謳陽。越子至,王子地守。丙戌,復戰,大敗吳師,獲大子友、王孫彌庸、壽於姚。丁亥,入吳。²³⁴

將兩段史料拿來對照,姑熊夷即吳郊,越軍先敗王子友於郊,然後才進入吳郛,可見郊在郛之外。但若為邊鄙采邑之郭,其郭本身就在郊上,如魯國的成邑即是如此。

---

230 徐元誥撰:《國語集解》(修訂本),頁154。

231 清·郭慶藩撰,王孝魚點校:《莊子集釋》(北京市:中華書局,2008年12月),卷6,頁621。

232 楊寬:《古史新探》(上海市:上海人民出版社,2016年),頁139;《西周史》(上海市:上海人民出版社,2003年4月),頁395。

233 徐元誥:《國語集解》(修訂本),頁545-546。

234 《左傳》,卷59,頁1028。

六　結語

郭往往位於一座都城的最外圍，帶有保護都邑的作用，其性質等同於「郭」，僅結構有所差別。過去學者或認為郭必位於郭城之外，其主要的依據是何休《解詁》：「郭，城外大郭」。由於將此句誤讀作「郭城外大郭」，遂從而認定郭必在郭之外。然而郭除了可以在郭之外，宮城之外的大郭其實也算郭，只是其建築構造與郭有所不同而已。郭是四圍城牆，牆上有樓可作為防禦。郭僅是四圍的城垣，牆上無城樓建築。焦循：「入郭則曰『入某郭』，入城則直曰『入』。」[235]此說即將郭與郭等同。不過嚴格講，郭牆僅有四垣建築，因此敵軍也比較容易攻入，而郭牆因其上有城樓，守將可在上方進行抵抗，故敵軍比較不易攻入。

春秋時代，各國為了加強邊防的安全，一般也會設有采邑以作防護，如晉獻公即在邊疆設置蒲邑和二屈，以防備狄人。[236]且為了加強這些邊界采邑的防禦，往往會加築一道郭牆來加強防衛，如魯國的成郭，但此郭牆僅包覆著該都邑。其次，郭大都出現在戰爭頻仍或外患較多的國都及邊邑上，從這點來看，郭既然有保護都城的作用，當以人工夯土牆或石牆為主。

至於郭城外之土閬，實際上是隍，即護城河，其旁邊坡上樹以荊棘，除了作為防護用，亦可用來鞏固堤防，與郛性質不同。

郛往往具有外郭的性質，故郊當在郛外。以越國攻進吳國闔閭城的路徑來看，吳郊就位處闔閭都城郭之外。至於邊鄙采邑之郛，本身就位於郊上，如魯國成邑之郛。

---

235 清・焦循撰，郭曉東，孫德彩點校：《群經宮室圖》，頁378。

236 《左傳》，卷10，頁177。

第二章

《左傳》之闕、觀、樓臺等建物考論

摘要

　　古代雙闕就是為了表政治威權的象徵，此禮儀建築從春秋時代就已出現。過去經書往往將觀與闕視為同一種建物，但仔細分析《左傳》中的觀和闕，兩者其實仍有不同之處。魯國的兩觀上有樓，可以讓人登臨，遊覽，視朔使用，實用性較強。東周王室的闕是屬於不可登臨的樣式，與漢代以後所見的闕是相同的，比較著重禮儀性質。此外過去學者常將闕、觀、門臺等建物混為一談，但仔細分析，這些建物其實仍有差異。門臺依其字面解釋當為門上之臺，過去或認為門臺與闕是同一類建築，實則古代門建築與闕有二種組合：門臺建物或位於雙闕之後，或與闕連成一組建物，若是前者，其與闕具體指稱的部位並不相同。邾子門臺應屬依兩側之臺而興建的樣式，似今日的門樓。此外，「闕西辟」所指為何？過去學者或直接將之解為「西闕」，但此解「辟」字將無著落，筆者認為闕西辟當指闕西偏的建築，指西塾而言。

關鍵詞：闕、左傳、觀、門臺、闕西辟

一 前言

　　《左傳》中記載宮室建築材料相當多，清人沈淑曾搜集相關的資料，[1]但未對其內容作更進一步的分析。清人焦循《群經宮室圖》雖對《左傳》的宮室作過深入分析，但有關觀、闕及門臺之界定還不夠清楚，甚至將這些建築直接視為相同建物看待。[2]筆者認為這些建物雖然類似，但當有所區別，不然何以用不同的詞彙來指稱。

　　本文首先就《左傳》中的兩觀與觀臺位置作區別。其次就觀與闕之內容作分析。過去的解釋大都將觀與闕視為同一種建物，不過若以相關的文獻考察，實際情況當非如此。且從歷史研究的觀點來看，觀建築是早於闕建築，因此筆者認為兩者確實是相近的，但在細部上仍有差異。就魯國的觀來看，其性質偏重實用性，而周王室的闕則偏重禮儀性質，與秦漢以後的闕建築相同，兩者當有所區別。其次，有關東周王室的「闕西辟」所指為何？過去學者或直接將之解為「西闕」，但先秦時代的闕，其上是否可以登人，仍有很多的疑點。且若解成西闕，「辟」字又當如何解釋？這些疑點也是本文所要進一步探究的。再者，有關《左傳》的「門臺」一詞，過去學界往往也將它與闕等同，但何以「門臺」又可稱闕，其與闕的差異又為何？諸如此類的課題容有爭議，這都是本文要進一步釐清的地方。最後本文就《左傳》中的幾個與臺相關的建物問題進行分析。

1　清·沈淑：《左傳器物宮室》，收入《〈左傳〉研究文獻輯刊》第15冊（北京市：國家圖書館出版社，2011年12月），頁83-92。

2　清·焦循撰，郭曉東，孫德彩點校：《群經宮室圖》，收入《雕菰樓經學九種》，頁393-394。

二　魯國「兩觀」和「觀臺」位置分析

　　在魯國可見兩觀與觀臺二詞，這二種是屬於同一種建物，抑或有所區別？今試論之。《左傳》僖公五年：「五年春王正月辛亥朔，日南至。公既視朔，遂登觀臺以望。」杜注：「觀臺，臺上構屋，可以遠觀者也。」至於其位置則沒有細談。孔穎達說：「辛亥朔者，月一日也。日南至者，冬至日也。天子班朔於諸侯，諸侯受而藏之於大祖廟，每月之朔，告廟受而行之。諸侯有觀臺，所以望氣祥也。公既親自行此視朔之禮，遂以其日往登觀臺之上，以瞻望雲及物之氣色，而書其所見之物，是禮也。」[3]另外，《春秋》定公二年：「雉門及兩觀災。」杜注：「雉門，公宮之南門。兩觀，闕也。」孔穎達疏：

> 是魯之雉門，公宮南門之中門也。〈釋宮〉云：「觀謂之闕。」
> 郭璞曰：「宮門雙闕。」《周禮》〈大宰〉：「正月之吉，縣治象
> 之法于象魏，使萬民觀治象。」鄭眾云：「象魏，闕也。劉熙
> 《釋名》云：『闕在門兩旁，中央闕然為道也。』然則其上縣
> 法象，其狀魏魏然高大，謂之象魏；使人觀之，謂之觀也。」
> 是觀與象魏、闕，一物而三名也。觀與雉門俱災，則兩觀在雉
> 門之兩旁矣。[4]

有關兩觀的位置，孔疏指出「在雉門之兩旁」後，學者爭議不大，但觀臺的位置就有不同的看法。基本上可分為二說：其一認為觀臺在宗廟中，服虔說：「人君入大廟視朔告朔，天子曰靈臺，諸侯曰觀臺，在

3　《左傳》，卷12，頁205。
4　《左傳》，卷54，頁943。

明堂之中。」[5]蔡邕說：「以周清廟論之，魯太廟皆明堂也。」[6]第二種說法是將觀臺視同「兩觀」，在雉門兩側，如金鶚指出：

> 觀臺者，觀之臺也。孫炎注《爾雅》謂：「闍者，積土如水渚，可以望氣祲。」是諸侯觀望雲物即在門臺，其上故宜有樓。《禮運》謂孔子出游於觀之上，以有樓故可游。先儒謂諸侯有二臺，一曰時臺、一曰囿臺。時臺亦曰觀臺，以觀臺為臺名（《五經異義》及服虔《左傳》注皆云然），非也。[7]

段玉裁亦言：

> 凡觀與臺，在於平地，則四方而高者曰臺，不必四方者曰觀。其在門上者，則中央闕然，左右為觀，曰兩觀。《周禮》之象魏，《春秋經》之兩觀，《左傳》僖五年之觀臺也。[8]

楊伯峻指出：

> 以魯制言之，象魏也，闕也，觀也，三者蓋異名而同物。天子

---

5 漢・鄭玄注，唐・孔穎達疏：《禮記注疏》，卷29，頁544。清・洪亮吉撰，李解民點校：《春秋左傳詁》（北京市：中華書局，2008年7月），卷7，頁277亦同此說。清・陳曙著，黃銘等點校：《公羊逸禮攷徵》，收入《春秋公羊禮疏》（外五種）（上海市：上海古籍出版社，2015年8月），頁732：「時臺即觀臺，在廟中，與文王之靈臺異。」

6 漢・蔡邕：〈明堂論〉，收入《全上古三代秦漢三國六朝文》（北京市：中華書局，1991年），頁902。

7 清・金鶚：《求古錄禮說》，卷3，頁201。清・孫詒讓著，汪少華點校：《周禮正義》，卷32，頁1548：「《左氏》『觀臺』，當即雉門兩觀之臺。」清・陳曙著，黃銘等點校：《公羊逸禮攷徵》，頁732：「觀謂游觀之觀，與僖五年觀臺在廟中者不能苟同。」

8 漢・許慎撰，清・段玉裁注：《說文解字注》，第12篇，頁1021。

　　諸侯宮門皆築臺，臺上起屋，謂之臺門，臺門之兩旁特為屋高
出于門屋之上者，謂之雙闕，亦謂之兩觀，定二年：「雉門及
兩觀災」、「新作雉門及兩觀」是也。觀即因門臺為之，故亦稱
為觀臺。觀乃樓類可登者也。然自來注《左傳》者不以觀臺為
兩觀之臺，而以為在太廟中。以其可以望氣，故謂之觀臺，亦
謂之靈臺，哀二十五年《傳》：「衛侯為靈臺於籍圃」是也。[9]

楊伯峻之說似有調和二種說法的作用。以上二說，何者正確？筆者認
為「觀臺」不同於「兩觀」之說應當是正確的，且「觀臺」位置當在
太廟中，以下作進一步論述。

　　（一）《說文》〈至部〉：「臺，觀四方而高者也。从至，从高省，
與室屋同意。」段注：「毛《傳》曰：『四方而高曰臺。』傳意高而不
四方者，則謂之觀，謂之闕也。」[10]其明確指出臺和觀兩種建築結構
之不同，那麼此處之「觀臺」既然以臺為名，其結構未必同於兩觀。

　　（二）《國語》〈楚語〉：「先君莊王為匏居之臺，高不過望國
氛」，韋昭注：「匏居，臺名。氛，祲氣也。」[11]關於匏居之臺，學者
認為此臺「為接待各國諸侯的高級外交場所」，[12]其地點在南郢或其城
郊不遠處，[13]從這裡也顯示：觀望雲氣所在之地是以臺為名。

　　（三）沈文倬指出周代「宮中還有臺」，[14]如魯國的泉臺，孔穎達
說：「蛇自宮出而毀其臺，則臺在宮內。人見從宮而出，毀臺并毀其

9　楊伯峻：《春秋左傳注》（修訂本），頁302-303。

10　漢・許慎撰，清・段玉裁注：《說文解字注》，第12篇，頁1017。

11　徐元誥撰：《國語集解》（修訂本），頁494。

12　石泉主編：《楚國歷史文化辭典》（武漢市：武漢大學出版社，1997年6月），頁366。

13　高介華、劉玉堂：《楚國的城市與建築》（武漢市：湖北教育出版社，1996年8月），
　　頁250。

14　沈文倬：〈周代宮室考述〉，收入《菿闇文存》，頁818。

宮也。」[15]秦的章臺宮，因其宮內有章臺而得名。[16]齊國的遄臺，《水經注》〈濟水〉：「胡公徙薄姑。城內有高臺。」熊會貞指出此高臺即遄臺。[17]這些以臺為名的建物往往都是在宮城中，那麼此處的觀臺，在宮中的可能性是較高的。觀臺的主要功能是作為觀望用，故因此稱觀臺。

（四）根據學者的研究，「諸侯路寢與廟在基本結構上也是相同的」。[18]春秋時代的路寢也有臺這樣的建築，《晏子春秋》〈內篇〉：

> 景公登路寢之臺，不能終，而息乎陛，忿然而作色，不說，曰：「孰為高臺，病人之甚也？」[19]

此臺就位處路寢，且還可以「望國」。依此，路寢有臺，那麼與路寢結構相似的宗廟，或許也有一座觀臺存在。論者或許質疑路寢有臺，未必代表宗廟祭祀場所也有臺，這裡筆者舉一條魯國的例子來說明。《水經注》〈泗水〉：「殿之東南，即泮宮也。在高門直北道西。宮中有臺。」楊守敬認為此臺即〈僖公五年〉的「觀臺」，[20]李零只注此臺為「泮宮臺」。[21]姑且不論此臺是否即觀臺，但泮宮中有臺是可以肯定的。《禮記》〈禮器〉：「故魯人將有事於上帝，必先有事於頖宮。」

---

15 《左傳》，卷20，頁346。

16 王學理：《秦物質文化通覽》（北京市：科學出版社，2015年6月），頁205。

17 不過熊會貞認為其位置未必在薄姑城中，可能在臨淄城內，引見北魏・酈道元，楊守敬，熊會貞疏：《水經注疏》，頁761。

18 陳緒波：《《儀禮》宮室考》（上海市：上海古籍出版社，2017年5月），頁149。

19 吳則虞編，吳受琚、俞震校補：《晏子春秋集釋》（增訂本），卷2，頁111。

20 北魏・酈道元，楊守敬，熊會貞疏：《水經注疏》，頁2112；清・洪亮吉撰，李解民點校：《春秋左傳詁》，卷7，頁277亦同此說。

21 李零：〈讀《魯國之圖碑》〉，收入《周行天下——從孔子到秦皇漢武》（北京市：生活・讀書・新知三聯書店，2016年6月），頁136。

《釋文》：「頖，本或作『泮』。」[22]泮宮雖屬郊之學，但亦作為祭祀上帝的地方，也算祭祀之所，此可旁證祭祀之所其內可以有臺存在。

（五）《左傳》僖公五年原文作：「公既視朔，遂登觀臺以望。」根據禮書記載，諸侯視朔之地在太廟，[23]楊伯峻亦言：「諸侯于每月初一以特羊告廟，謂之告朔，亦謂之告月。告朔畢，因聽治此月之政，謂之視朔，亦謂之聽朔。」[24]後文「遂登觀臺以望」，是「視朔」後的承接動作，[25]此段未記載僖公出廟門前往兩觀，不像《禮記》〈禮運〉強調仲尼「出遊於觀之上」，孔疏：「謂出廟門往雉門，雉門有兩觀。」[26]且按照陳緒波所繪製的諸侯五廟圖，[27]兩觀與宗廟之間皆有一段路程，起碼要穿過廟廷、廟門及閤門才能到達雉門。因此這裡的「遂登觀臺以望」之說，不太像出廟門穿過一段路途，再登上兩觀之描述，可見僖公與孔子的行進路線並不相同。故僖公並未出廟門，其所登之臺當是在太廟內部。

（六）學者或根據文獻及考古發掘的材料推論魯國的宗廟位於雉門和庫門之間（圖一）。[28]學者所指稱之宗廟區即位於周公廟村與小北關之間的四組夯土基址（圖中□處）。若宗廟位於此區，基本上也是得出廟門才能到達位於九號古道的雉門兩觀處。附帶說明，學者或將

22　漢・鄭玄注，唐・孔穎達疏：《禮記注疏》，卷24，頁467。

23　漢・鄭玄注，唐・孔穎達疏：《禮記注疏》，卷29，頁545：「諸侯玄端以祭，裨冕以朝，皮弁以聽朔於大廟，朝服以日視朝於內朝。」孔穎達疏：「凡每月以朔告神，謂之告朔，即《論語》云『告朔之餼羊』是也。則于時聽治此月朔之事，謂之聽朔，此〈玉藻〉文是也。聽朔，又謂之視朔，文十六年『公四不視朔』是也。」

24　楊伯峻：《春秋左傳注》（修訂本），頁615。

25　「遂」字表示先後相承，見周法高：《中國古代語法》（造句編上）（臺北市：中央研究院歷史語言研究所，1993年4月），頁293。

26　漢・鄭玄注，唐・孔穎達疏：《禮記注疏》，卷21，頁412。

27　陳緒波：《〈儀禮〉宮室考》，頁354。

28　谷建輝：《曲阜古城營建形態演變研究》（濟南市：山東大學中國古代史博士論文，2013年5月），頁35。

汾宮定在南東門處，但可以明顯的看出此地下方並未發現規模較大的夯土遺址，因此汾宮是否位於此，仍有待考古的檢驗。

綜上所論，筆者認為「觀臺」不同於「兩觀」，且「觀臺」位置當是在宗廟內部。

圖一　曲阜古城圖

《曲阜古城營建形態演變研究》，頁 34。

三　《左傳》中的闕、觀考

《左傳》及相關文獻中對於「闕」之記載僅有一條，但與「觀」有關的材料卻有多條，如表一所列。

表一　《左傳》及其他文獻所見闕、觀材料

《左傳》文獻		
「闕」材料		**國別**
《左傳》莊公二十一年	鄭伯享王于闕西辟	東周
「觀」材料		**國別**
《春秋》定公二年	夏五月壬辰，雉門及兩觀災。 冬十月，新作雉門及兩觀。	魯國
《左傳》哀公十七年	衛侯夢于北宮，見人登昆吾之觀。	衛國
其他文獻		
「觀」材料		**國別**
《禮記》〈禮運〉	昔者仲尼與於蜡賓，事畢，出遊於觀之上，喟然而嘆。	魯國
《孔子家語》〈始誅〉	孔子為魯司寇，攝行相事，有喜色。……於是朝政七日而誅亂政大夫少正卯，戮之於兩觀之下，尸于朝三日。	魯國

傳統上大都認為闕和觀是同一類型之建物，《爾雅》〈釋宮〉：「觀，謂之闕。」《說文》〈門部〉：「闕，門觀也。」段玉裁注：

〈釋宮〉曰：「觀謂之闕。」此觀上必加門者，觀有不在門上者也。凡觀與臺，在於平地，則四方而高者曰臺，不必四方者曰觀。其在門上者，則中央闕然，左右為觀，曰兩觀。《周禮》之象魏，《春秋經》之兩觀，《左傳》〈僖五年〉之觀臺

也。若中央不闕，則跨門為臺，《禮器》謂之「臺門」，《左傳》謂之「門臺」是也。此云「闕，門觀也」者，謂門有兩觀者偶闕。[29]

焦循云：「是觀也，闕也，一物也。」[30]近代學者基本上亦本於此說，[31]黃金貴則指出闕和觀兩者仍有差異，並認為「『觀』與『闕』決不是異名同物，等義無別」。[32]闕和觀是否為一物，且兩者若是同一種建物何以要用二種名稱來指稱，其間的差異處又為何？這些都是有待進一步釐清的地方。

筆者認為在解釋名物時，應先從字本身的意思來探究，如此才能正確認識此建物之命名原則。其次透過考古實物亦有助於探究此問題。目前先秦遺留下來的觀及闕遺跡幾乎未見，因此若要以考古資料來直接研判先秦時代的觀與闕之形制，是有困難的。不過漢代留存下來的闕遺址或圖像就相當多，這可以補足文獻上的不足。筆者認為在《左傳》中，觀與闕二種性質確實接近，但其建築構造與功能仍有些許區別，前者比較重實用性質，後者僅具有禮儀意義，以下再就兩者之差異性作進一步論述。

（一）觀看視角之差異。古注在解釋闕和觀的關係時，其說法皆是闕可讓萬民由下往上觀看，故才又謂之「觀」，如《毛詩》孔穎達《疏》引孫炎說：「宮門雙闕，舊章懸焉，使民觀之，因謂之觀。」[33]

---

29 漢・許慎撰，清・段玉裁注：《說文解字注》，第12篇，頁1021。

30 清・焦循撰，郭曉東，孫德彩點校：《群經宮室圖》，收入《雕菰樓經學九種》，頁393。

31 孫機：《漢代物質文化資料圖說》（增訂本）（上海市：上海古籍出版社，2008年5月），頁210。

32 黃金貴：《古代文化詞義集類辨考》（新一版）（北京市：商務印書館，2016年3月），頁658。

33 漢・毛亨傳，漢・鄭玄箋，唐・孔穎達疏：《毛詩注疏》，卷4之4，頁180。

毛奇齡亦說：「又稱觀者，以兩闕懸象使人觀之，謂之觀也。」[34]描述的視角是採仰角的方式來敘述。然而我們來看古書對「觀」的描述。《釋名》〈釋宮〉對「觀」的解釋：「觀也，於上觀望也。」[35]觀的特點是人可從上往下觀望也，故謂之。其所描述是採用俯瞰的方式，且基本上是人登臨其上才能用俯瞰的角度，顯見兩者建物之描述視角並不同。至於《三輔黃圖》〈雜錄〉：「闕，觀也。周置兩觀以表宮門，其上可居，登之可以遠觀，故謂之觀。」[36]似有調和二者角度不同的作用，但基本上仍是用俯瞰的角度來描述觀。觀與闕名稱雖近似，但兩者在敘述時之視角並不相同，性質仍有差異，故陳立言：「觀與闕同在一處，而非一物。」[37]此說相當有見地。

（二）性質、位置不同。固然就魯國的情況來看，二觀當位於雉門兩側，但其他以觀為名的建築就未必局限於門側。如《左傳》哀公十七年：「衛侯夢于北宮，見人登昆吾之觀。」杜預《注》：「衛有觀在於昆吾氏之虛，今濮陽城中。」[38]《括地志》〈濮陽縣〉：「昆吾臺在縣西百步顓頊城內，周迴五十步，高二丈，即昆吾墟也。」[39]高士奇指出：「今開州東二十五里有古顓頊城，城中有古昆吾臺，相傳夏昆吾氏所築，春秋時屬衛。」[40]依此，昆吾之觀即昆吾臺。又像秦的「祈年觀」可名為「祈年宮」。[41]《左傳》哀公元年：「宮室不觀」，杜

---

34 清・毛奇齡：《春秋毛氏傳》，收入《皇清經解春秋類彙編》（一）（臺北市：藝文印書館，1986年6月），頁292。

35 任繼昉：《釋名匯校》，頁301。

36 何清谷：《三輔黃圖校釋》（北京市：中華書局，2005年6月），卷6，頁387。

37 清・陳立撰，劉尚慈點校：《公羊義疏》，卷66，頁2513。

38 《左傳》，卷60，頁1045。

39 唐・李泰等著，賀次君輯校：《括地志輯校》，卷3，頁148。

40 清・高士奇：《春秋地名考略》，頁341。

41 明・董說著，繆文遠訂補：《七國考訂補》（上海市：上海古籍出版社，1987年4月），卷4，頁328。

預注：「觀，臺榭。」[42]楊伯峻解釋此句為：「宮室不築樓臺亭閣。」[43]因此，《左傳》中的觀，其性質可以類臺或宮，未必如闕一樣必定是在門側，張衛星認為「文獻記載中的『闕』應為獨立於門之外的建築。從春秋戰國以至於秦漢時代已為定制。」[44]但觀並沒有這樣的定制。

（三）命名原則不同。《釋名》〈釋宮〉：「闕，在門兩旁，中央闕然為道也。」[45]闕之所以為名，是因其「中央闕然」，其位於門道之兩側，兩側皆為高大的建物，故才顯得中央闕然（如圖二）。觀的重點是人可以登臨其上觀看，因此即便只有一座亦可稱觀。在漢畫像中，亦見類似觀的建築，其在房樓旁側有單獨一棟歇山式樓觀，上有人登臨其上（圖三↓處）。一般的闕大都是位於大門左右兩側，中央較低故謂之。若僅是一側有闕，那麼就難以形成所謂的「中央闕然」之意，故陳立言：「闕則宜皆有二」，[46]此說是正確的。

圖二　漢代雙闕圖
《中國漢畫像石全集》第 7 卷，頁 161。

---

42 《左傳》，卷57，頁992。

43 楊伯峻：《春秋左傳注》（修訂本），頁1608。

44 張衛星：《禮儀與秩序：秦始皇帝陵研究》（北京市：科學出版社，2016年9月），頁191。

45 任繼昉：《釋名匯校》，頁300。

46 清・陳立撰，劉尚慈點校：《公羊義疏》，卷66，頁2514。

圖三　郫縣石棺畫像

《中國漢畫像石全集》第 7 卷，頁 96-97。

　　（四）功能不同。在《左傳》中，只見觀、觀臺或臺可登，《楚辭》〈大招〉：「觀絕霤只。」王逸注：「觀，猶樓也。」[47]孫詒讓說：「觀即樓類可登者也。」[48]《左傳》哀公十七年：「衛侯夢于北宮，見人登昆吾之觀。」《禮記》〈禮運〉：「昔者仲尼與於蜡賓，事畢，出遊於觀之上，喟然而嘆。」不見闕上可登的相關記載。且若闕上可登，也有臺樓可以止息，何以鄭厲公要「享王於闕西辟」，而不直接寫「西闕」就好（關於「闕西辟」問題，詳下文）。《國語》〈楚語〉：「先君莊王為匏居之臺，高不過望國氛，大不過容宴豆，木不妨守備，用不煩官府，民不廢時務，官不易朝常。」[49]說明臺的作用可以「望國氛」，同於還可以「容宴豆」。值得注意的是，這條史料所用的

---

47 引自宋・洪興祖：《楚辭補注》（北京市：中華書局，2008年11月），頁223。

48 清・孫詒讓注，汪少華點校：《周禮正義》，卷4，頁148。

49 徐元誥：《國語集解》（修訂本），卷17，頁494。

建築名稱是用臺，不用闕，顯見春秋時代的闕是否具有登臨或宴饗之作用，仍有很多疑點。論者或以《毛詩》〈鄭風〉〈子衿〉：「挑兮達兮，在城闕兮」來證明先秦的闕確實可登臨。關於此句，毛《傳》：「挑達，往來相見貌。乘城而見闕。」鄭《箋》：「國亂，人廢學業，但好登高見於城闕，以候望為樂。」孔穎達《疏》：「如《爾雅》之文，則闕是人君宮門，非城之所有，且宮門觀闕不宜乘之候望。此言『在城闕兮』，謂城之上別有高闕，非宮闕也。乘城見於闕者，乘，猶登也。故箋申之『登高見於城闕，以候望為樂』。」[50]《毛傳》釋「挑達」為「往來相見貌」，不過根據胡承珙及陳奐的意見，原本當作「往來貌」。[51]就詩文來看，「挑達」只是敘述這位女子往來徘徊貌，[52]無從看出女子必乘城而見闕。且若解為女子立於城闕下方徘徊以等待心儀的男子，也未嘗不可。其次，關於「城闕」形制，先秦文獻並沒有太多的記載，僅此處這一條材料。因此清代學者對此有不同的見解，如馬瑞辰認為：「城闕即南城缺處耳」，[53]胡承珙亦說：「城『闕』當作『欮』，闕，其假借字，非象闕之闕也。」[54]退一步講，誠如孔疏所言的，詩人亦非登上城闕，而只是「乘城見於闕者」，故先秦時代的城闕是否可以讓人登臨其上，此條材料仍不足以證明。

值得說明的是，漢代畫像或出現城門上有樓之建築圖，如函谷關東門畫像的建築圖（圖四），一些學者或視此為城闕圖，但嚴格講這類建築也只能視為城樓。其樓並非位於闕臺上，而是位於城門上。

---

50 漢・毛享傳，漢・鄭玄箋，唐・孔穎達疏：《毛詩注疏》，卷4之4，頁180。

51 清・胡承珙撰，郭全芝校點：《毛詩後箋》（合肥市：黃山書社，2014年9月），卷7，頁424；清・陳奐：《詩毛氏傳疏》（臺北市：臺灣學生書局，2017年9月），卷7，頁231。

52 余培林：《詩經正詁》（臺北市：三民書局，2005年2月），頁169認為「此女子自謂於城闕徘徊以俟男子，舊云指男子往來，恐誤。」

53 清・馬瑞辰，陳金生點校：《毛詩傳箋通釋》，卷8，頁281。另外漢・許慎撰，清・段玉裁注：《說文解字注》，第5篇下，頁404亦主此說。

54 清・胡承珙撰，郭全芝校點：《毛詩後箋》，卷7，頁425。向熹：《詩經詞典》（修訂本）（北京市：商務印書館，2014年6月），頁416則兼收這二種說法。

圖四 函谷關東門畫像及摹本

《中國建築史》，頁 37。

蕭默說：「近人曾有認為傳為東漢物的咸谷關東門畫像石的形象就是
城闕，其實它只是並立而相連的兩座有樓的城門，並不是雙植於門前
的闕，故不能為據。」[55]此說是合理的。

從以上論述來看，筆者認為闕和觀雖然相似，但兩者仍有差異
點。至於《史記》〈魯周公世家〉：「煬公築茅闕門」，[56]孫詒讓說：
「《史記》〈魯世家〉：『築茅闕門。』即《春秋》〈定二年〉經之雉門
兩觀也。」[57]但此記載僅見於《史記》，未見於其他文獻。朱駿聲說：

> 愚按煬公至定、哀五百歲，廢置不一，《春秋》所書雉門兩觀
> 未必即其遺址，茅闕廢而里黨因以闕名，正未可知。且據閻
> 說，闕黨非闕里，何亦以闕稱是？或託名幖識，皆別有取義，
> 亦難肊斷也。[58]

依此，茅闕門是否即《春秋》之兩觀，目前還難以斷定，但也反映漢
人在看待闕和觀時，往往將兩者視為同一類建築，甚至是混用不分。
至於闕與觀何以會混用無別？以下對此進行試說。

（一）一般闕的結構可分為闕座、闕身、闕樓、闕頂（如圖
五），且闕臺大都是實心的石製建築，此即漢代常見的闕。其中闕頂
往往是由仿木屋頂、遮檐板和椽子及介於闕頂與闕身之間雕刻由枋
子、斗栱層組成，學者研判這部分即文獻「觀」的表現。[59]就漢代所
見的闕臺，上部大都屬實心結構，若將此部分建成臺樓形式，周圍繞
以柵欄，那就成了可登臨遠望之觀。因此有學者認為下部當即闕，上

---

55 蕭默：《敦煌建築研究》（北京市：建築工業出版社，2003年3月），頁90。

56 漢‧司馬遷撰，瀧川資言考證：《史記會注考證》，卷33，頁1824。

57 清‧孫詒讓，梁運華點校：《札迻》（北京市：中華書局，2006年12月），卷7，頁211。

58 清‧朱駿聲：《說文通訓定聲》，頁708。

59 姚軍：〈漢闕與漢代建築〉，《中國漢闕全集》（北京市：中國建築工業出版社，2017
年7月），頁37。

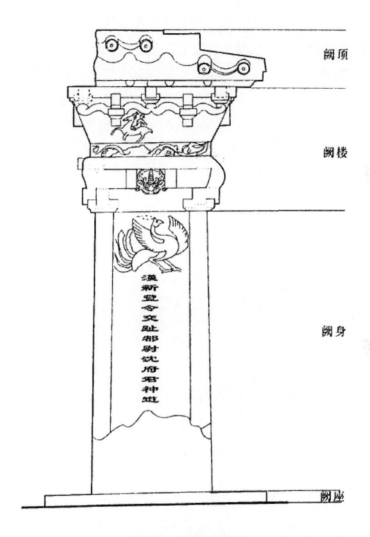

闕頂

闕樓

闕身

闕座

圖五　闕結構圖
《中國漢闕全集》，頁 31。

部即為觀，屬同一建築，但功能不同，名稱不同，[60]此推測是有可能
的。焦循曾云：「闕亦是臺上起屋，但列於兩旁，中央反卑，如闕

---

60 姚軍：〈漢闕與漢代建築〉，收入《中國漢闕全集》，頁39。

然，故曰闕。」[61]若臺上起屋，似人可以登臨其上，同於觀。就漢代常見的建築實物來看，闕身上部確實類屋簷建築，然而這一類的建築往往僅具裝飾作用，也未像觀還具有登臨其上以進行觀望的功能。且就漢代的闕實物來看，若人真要登臨其上，還得在旁側架個梯子才能站到闕的最高處（圖六），但這種登臨模式與觀的情況完全不同，孔子「出遊於觀之上」恐怕也不是這樣的遊法。申茂盛亦指出：「從功能上

圖六　漢代闕臺登臨方式

圖片出自：http://blog.sina.com.cn/s/blog_4d3f1acf0102vnlr.html。

61　清‧焦循撰，郭曉東，孫德彩點校：《群經宮室圖》，收入《雕菰樓經學九種》，頁393。

講，觀具有登高望遠的功能，而闕不具備此功能」，[62]黃金貴亦認為闕的基本形制似柱狀高臺上的重檐亭樓，但人不可上登遊觀，[63]段清波亦言：「闕沒有登高望遠的功能，而觀最主要的功能就是登而望之，古代文獻中尚未見到登闕望遠的記載。」[64]這些說法皆是正確的。

論者或許質疑漢闕與東周闕的樣貌未必相同，且兩者在時代上似有差距。根據《史記》〈秦始皇本紀〉：「秦每破諸侯，寫放其宮室，作之咸陽北阪上。」瀧川資言考證：「放，依倣也，建如舊制也。」[65]《後漢書》〈皇后紀〉：「秦并天下，多自驕大，宮備七國。」[66]考古發掘亦可證實此事，如「咸陽宮城東西兩側的一些大型建築基址之中，發現了具有關東六國文化特點的遺物。」[67]依此，秦的咸陽宮室建築當也融入了六國的一些宮室特色。而漢朝不論在都城規劃及陵寢形制基本上是「漢承秦制」，[68]楊寬說：「後來西漢都城長安在東門造闕，該即沿襲咸陽的制度。」[69]「西漢長安城的佈局結構，不是憑空設計出來的，還是從戰國和秦代都城模式的基礎上形成的。」[70]由此而論，漢朝的闕建築內容承自秦朝，而秦的建築內容融入了六國的特色，因此我們可以合理的推測漢代的闕建築也當有六國的特色在裡頭。且從西漢初期到後期的雙闕建築樣式來看，其間差別不會太大。

---

62 申茂盛、馮丹：〈秦漢帝王陵門闕建築比較研究〉，《秦始皇帝陵博物館》2015（西安市：陝西師範大學出版社，2015年10月），頁121。

63 黃金貴、黃鴻初：《古代文化常識》（北京市：商務印書館，2018年1月），頁195。

64 段清波：《秦始皇帝陵園考古研究》（北京市：北京大學出版社，2011年3月），頁155。

65 漢·司馬遷撰，瀧川資言考證：《史記會注考證》，卷6，頁338。

66 宋·范曄撰，唐·李賢注：《後漢書》，卷10，頁399。

67 劉慶柱主編：《中國古代都城考古發現與研究》，頁253-254。

68 梁云：〈「漢承秦制」的考古學觀察與思考〉，《遠望集——陝西省考古研究所華誕四十周年紀念文集》（西安市：陝西人民美術出版社，1998年10月），頁533-543；《戰國時代的東西差別——考古學的視野》，頁219-220。

69 楊寬：《中國古代都城制度史研究》，頁106。

70 楊寬：〈西漢長安布局結構的探討〉，《文博》1984年1月，頁19。

如徐州北洞山楚王墓，其墓葬年代為西漢初年。[71]在墓道的左右兩邊有對稱的雙闕遺址（圖七），土墩南北長一點四二、殘高一點六五米。土墩上部砌有土坯，但頂部已毀。[72]古代事死如事生，死後的建築基本上是仿照生人宮殿而建。故像這樣高度的闕，若真要登臨其上進行遠眺，顯然在高度上是有限的，可見其所著重的仍只是禮儀性質而已。

圖七　北洞山楚王墓道前雙闕遺址

改自《徐州北洞山西漢楚王墓》，彩版三。

（二）觀建築有時位於門之兩側，如魯國的兩觀即位於雉門兩側。其位置與闕正好相同，加之其外形構造確實與闕幾乎無別，僅上部可登臨，這也是兩者常混用不分的原因。但觀除了位於大門兩側之

71 劉瑞、劉濤：《西漢諸侯王陵墓制度研究》（北京市：中國社會科學出版社，2010年7月），頁550。

72 徐州博物館：《徐州北洞山西漢楚王墓》（北京市：文物出版社，2003年11月），頁6。

外，比較常見的是出現在宮中或庭中，此為闕所無的現象。在漢畫或漢代兵馬俑中即可見到闕和臺同時出現的情況，如臨淄山王村漢代兵馬俑中（西漢中期），位於俑坑南端的闕門有二座，皆是樓閣式子母闕（圖八）。而在俑坑北端院內西側正對的大門則有一座三層的樓臺（圖九、圖十，考古報告稱其為「戲樓」），依「觀即樓類可登者」的界定，此樓臺的性質亦可視為觀。此樓臺就單獨一座存在庭院中，無需兩兩對稱，但大門的闕則得兩兩對稱。[73]闕之上雖亦有屋之形，但基本上呈現封閉的形式，且人是無法登臨觀望。不像觀，其上部是採用開放式的形式。值得留意的是，這一批兵馬俑器具幾乎仿造原物，[74]

圖八　雙闕
《臨淄山王村漢代兵馬俑》，頁 245、247。

73　山東省文物考古研究所、臨淄區文物管理局：《臨淄山王村漢代兵馬俑》（北京市：文物出版社，2017年3月），頁64、67。

74　楊泓稱此為「莫府」建築的真實情況，見氏著：〈讀《史記・李將軍列傳》兼談兩漢「莫府」圖像和模型〉，《故宮博物院院刊》2019年2期，頁15。

圖九　戲樓整體圖 　　　　圖十　戲樓頂部圖
《臨淄山王村漢代兵馬俑》，　《臨淄山王村漢代兵馬俑》，
　　　頁 249。　　　　　　　　　　頁 250。

凡是可以讓人進入或登臨其上的，在其下方都會開個類門的小口（見
圖九），又如寢房，（考古編號 YK:58）即於下方開有類門的小口，但
闕就是沒有這樣的小口設計，更可說明其在漢人的認定中屬人不可進
入之建築。顯見觀與闕的位置不但不同，在性質上也有所差異。故楊
鴻勛說：「無論在功能內容上還是形式上，觀和闕都有所不同，從建
築學的意義上講，兩者應予區分。」[75] 此說當可信。

　　至於觀與闕之樣式，何者最早出現？根據考古發掘，觀的樣式當
是最早出現的。在殷墟宮殿乙二十一基址，其位置在宏大的宮殿建築
群前面，學者研究此或即門觀建築（詳下文討論）。根據學者所復原
的建築立面結構示意圖來看，其性質與後來的觀臺較為相近，功能也

75 楊鴻勛：《楊鴻勛建築考古學論文集》（增訂版），頁205。

是作為瞭望、警戒使用（圖十一）。

圖十一　乙二十一基址原復建築立面圖

《殷墟宮殿區建築基址研究》，頁 249。

　　且就文字的發展情況來看，觀也是比較早出現，商代晚期器〈邎父癸方彝蓋〉（《集成》9890）：

　　　　癸未，王在圓🔲，王賞邎貝，用作父癸寶尊。

過去或將「🔲」當二字看待，釋為萑京。[76]周忠兵指出此字當分析為從京、萑聲，可讀為觀臺之「觀」。[77]觀出現的時間是在商代晚期，其時代正好符合考古發掘的材料。而文字上使用「闕」字也確實比較晚，目前出土文獻可見的闕字，最早為戰國時代，茲表列於下。

76　謝明文：《商代金文的整理與研究》（上海市：復旦大學中國語言文學系博士論文，2012年5月），頁532。

77　周忠兵：〈釋金文中「觀臺」之「觀」〉，《古文字研究》第31輯（北京市：中華書局，2016年10月），頁138。

秦	秦印文字編 229	秦印文字編 229			
漢	銀雀山漢簡 簡81	馬王堆帛書 十六經 58下	居延新簡 EPF22:465A	漢代瓦當	張家山 算144

從表中可見，闕字主要是集中在戰國秦漢時代，出現的時代明顯晚於觀。蕭默說：

> 先是，作為軍事防衛用途的觀，高聳於眾屋之上，形象突出，上有甲兵巡衛，很能向人民顯示出統治階級的威風，所以觀也就同時具有精神威懾的作用。為了更好地服務於這一需要，突出它的精神震懾作用，就把觀移建到宮門或城門的門外，兩觀雙植和二出、三出的形制也就應運而生了，這就是正式的闕。[78]

此說值得重視。筆者認為早期稱此類建築物是用「觀」來敘述，且確實也具有觀望的功能，之後禮儀色彩加入這一類的建築物後，其作用已不再具有觀望的作用，僅是作為區分等級的性質。魯國曲阜都城建於西周早期，[79]西周時期的曲阜城原本無外郭牆，[80]僅賴洙水為屏

---

78 蕭默：《敦煌建築研究》，頁89。
79 許宏：《大都無城：中國古都的動態解讀》，頁78。
80 許宏：《大都無城：中國古都的動態解讀》，頁76。

障，到了兩周之際為了加強都城的防衛才又建外牆。[81]其觀建築大概建於西周時期，此時的觀建築基本上承襲商人的建築樣式，可以讓人登樓遠觀或作為軍事防禦使用。反觀東周所在的王城，其建築時間是春秋以後，學界普遍的看法是東周王城為春秋以後之建築，即平王至考王時的遺跡，甚至也包括了東西周後，西周桓公及其後西周君的遺址。[82]此時的王城已建有外牆作為保護，而門側的這一類建築已不具有觀望或軍事防衛作用，反而較重視禮儀性質，故王城闕之建築，其作用當不同於觀，實用性降低，甚至也無法讓人登臨其上。

　　《白虎通》〈雜錄〉:「門必有闕者，闕者所以飾門，別尊卑也。」[83]闕基本上比較著重禮儀性質，這也就是漢代的王公貴族大門皆有闕，甚至貴族墓葬中亦有闕，但基本上，其樣式大都屬不可登臨的情況。至於魯國之兩觀，或視為「僭於天子」，[84]不過孔穎達則說:「兩觀為僭，禮無其文。」[85]魯國的兩觀約建於西周時代，[86]在雉門兩側。最初魯國還沒有外郭牆時，兩觀具有偵望敵人，防衛宮室安全的功能。後來加築了外郭牆後，其都城的防禦重心就移到郭牆上，而兩觀的功能不再作偵望敵人用，僅是作為登臨眺望。在先秦文獻中，魯國兩觀皆未用闕來稱之，而稱觀、象魏，性質當與東周王室的闕不同。另外值得說明的是，近年在魯國遺址東南門大門兩側發現闕臺建築，闕臺東西對峙，時代可早至春秋時期。[87]此闕臺當是在外城牆完成之前後

---

81 韓輝、劉延常、徐倩倩、趙國靖:〈曲阜魯故城考古新發現與初步認識〉，《保護與傳承視野下的魯文化學術研討會論文集》，頁66。

82 徐昭峰:〈成周與王城考略〉，《考古》2007年11月，頁67。

83 清・陳立，吳則虞點校:《白虎通疏證》(北京市:中華書局，2007年10月)，卷12，頁596。

84 漢・何休解詁，唐・徐彥疏:《春秋公羊傳注疏》，卷24，頁302。

85 《左傳》，卷54，頁943。

86 魯定公二年又「新作雉門及兩觀」，起因於當年發生火災，故不得不重新作，見《左傳》，卷54，頁943。

87 韓輝、劉延常、徐倩倩、趙國靖:〈曲阜魯故城考古新發現與初步認識〉，《保護與傳承視野下的魯文化學術研討會論文集》，頁59。

修築的，若此更可說明在雉門的兩觀與東南門之闕臺屬不同建物。其次，闕的位置一般都在門側，但觀未必都在門側，可以在宮城內，其性質類似樓臺，且有時僅有一座。但闕則往往要有兩座，如此才可以呈現中央闕然的樣貌，此也是觀未必具備的條件。至於《三輔黃圖》〈雜錄〉：「人臣將朝，至此則思其所闕。」[88]此闕義已屬衍生義，非原始之闕義。

至於闕何時具有類似觀的作用，約在西漢中期以後產生了闕形門之後，「有些闕具備了登高望遠的作用，同時，闕、觀的概念開始出現一定程度的混淆。」[89]但至少在先秦時代，闕和觀二者仍屬不同性質的建物。

附帶說明《逸周書》〈程寤〉中的「闕」問題。逸篇〈程寤〉：「文王去商在程，正月既生魄，大姒夢見商之庭產棘，小子發取周庭之梓樹于闕間，化為松柏棫柞。」[90]關於〈程寤〉的時代，學者或認為此篇是出自「西周晚期或春秋初期的史官之手」。[91]那麼以此來論，似乎可以認定「闕」建築很早就出現。但此材料亦見於清華簡〈程寤〉篇，為了便於討論，茲將相關的文句逐錄於下（以下用通行字寫出）：

> 惟王元祀正月既生霸，太姒夢見商廷唯棘，迺小子發取周廷梓樹于𣥺間，化為松柏棫柞。[92]

---

88 何清谷撰：《三輔黃圖校釋》，頁387。

89 段清波：《秦始皇帝陵園考古研究》，頁158。

90 黃懷信、張懋鎔、田旭東：《逸周書彙校集注》（修訂本），卷2，頁183。

91 晁福林：〈從清華簡《程寤》篇看「文王受命」問題〉，《夏商西周史叢考》（北京市：商務印書館，2018年2月），頁675。

92 釋文參考季旭昇主編：《清華大學藏戰國竹簡（壹）讀本》（臺北市：藝文印書館，2013年11月），頁36。

其中與「闕」相對應的字作「」（乇），學者或認為此字釋為兩「闕」之「闕」亦有可能。[93]不過，「乇」字常見於西周金文中，依用字習慣，當讀為「厥」。[94]且正如前文所述的，「闕」字大概在戰國秦漢時代才出現，在此之前，尚未見過相關的記載。若此，逸文〈程寤〉之「闕」字，其實就是乇（厥）之通借字。程浩認為：「諸書所引皆作『闕間』，大概是由於漢代收入《逸周書》的那版《程寤》在此處已經出現了誤讀。」[95]筆者認為早期此字當作「乇」，後來才以音近的「闕」字來取代「乇」。但此「闕」字也絕非很早就出現，而是漢代以後才誤入的。至於「乇（厥）」在漢代何以誤成「闕」，諸家皆未論，筆者在這裡作一個推測。兩者除了音相同之外，[96]造成訛誤之因或許與漢代畫像中柏樹常立於兩闕之間有關。漢代畫像中常見闕中有柏樹的圖像，劉增貴認為「闕上樹柏」應是「墓門」或鬼廷的象徵。[97]恰巧簡文後文所接的正是「松柏械柞」，後來遂將「厥」字誤成了「闕」字，以便與後文的「松柏械柞」作聯繫。綜上所述，〈程寤〉之「闕」原本當為「厥」字，與「兩闕」之「闕」沒有直接的關係。

---

93 季旭昇主編：《清華大學藏戰國竹簡（壹）讀本》，頁43。

94 陳初生編：《金文常用字典》修訂再版（西安市：陝西人民出版社，2004年1月），頁1037。

95 程浩：《「書」類文獻先秦流傳考——以清華藏戰國竹簡為中心》（北京市：清華大學歷史學博士論文，2015年6月），頁117。

96 闕為溪母月部，厥為見母月部，聲屬喉音，韻部相同。聲韻依郭錫良：《漢字古音手冊》（增訂本）（北京市：商務印書館，2010年8月）。

97 劉增貴：〈漢代畫像闕的象徵意義〉，《中國史學》第10期（2000年），頁107。佐竹靖彥：〈漢代墳墓祭祀畫像中的亭門、亭闕和車馬行列〉，《中國漢畫研究》第1卷（桂林市：廣西師範大學出版社，2005年5月），頁69則進一步認為墳墓祭祀畫像中的門闕帶有陰陽的雙重性質。

四　論「門臺」問題

　　《左傳》中有關「門臺」的記載僅有一處，定公三年：「邾子在門臺，臨廷。閽以缾水沃廷，邾子望見之，怒。」杜注：「門上有臺。」[98]門臺或作臺門，段玉裁說：

　　　　若中央不闕，則跨門為臺，《禮器》謂之「臺門」，《左傳》謂之「門臺」是也。[99]

《禮記》〈禮器〉孔疏：「兩邊築闌為基，基上起屋曰臺門。」[100]門臺依字面解釋，當如杜注所指門上有臺。錢玄即依此解釋：「門上築臺架屋，謂之臺門。」[101]楊伯峻言：「蓋即今之門樓」，又說「諸侯三門，唯雉門有觀臺，似今之城門樓。」[102]《爾雅》〈釋宮〉：「四方而高曰臺，陝而脩曲曰樓。」邢昺疏：「四方而高者名臺，即上闌也。脩，長也。凡臺上有屋狹長而屈曲者曰樓。」[103]依邢昺的說法，臺的特點是四方而高，而臺上之屋則稱樓。因此若跨兩側之臺而建，就可稱門臺，故申茂盛等認為「門上建築沒有闕口的稱為臺門」。[104]但清

98　《左傳》，卷54，頁943。

99　漢・許慎，清・段玉裁：《說文解字注》，第12篇上，頁1021。

100　漢・鄭玄注，唐・孔穎達疏：《禮記注疏》，卷23，頁451。又卷25，頁487孔疏作：「兩邊起土為臺，臺上架屋曰臺門。」

101　錢玄：《三禮通論》（南京市：南京師範大學出版社，1996年10月），頁176；《三禮辭典》（南京市：江蘇古籍出版社，1998年3月），頁1011：「兩邊起土為臺，臺上架屋，謂之臺門。」

102　楊柏峻：《春秋左傳注》（修訂本），頁1530。陳克炯：《左傳詳解詞典》，頁1237則解為：「宮門外的樓觀。」其意也認為門臺與闕不太相似。

103　晉・郭璞注，宋・邢昺疏：《爾雅注釋》（臺北市：藝文印書館，2013年3月），卷5，頁75。

104　申茂盛、馮丹：〈秦漢帝王陵門闕建築比較研究〉，《秦始皇帝陵博物館》2015年，頁122。

人陳奐或將「門臺」直接與闕畫上等號，他說：「門觀即門臺，於此縣象魏焉，所謂闕也。」[105]門臺與闕雖然皆屬門的建築之一，但具體指稱仍有差異。包世榮言：「跨門為臺，故曰臺門，亦曰門臺。臺與闕，每門皆有之。」[106]朱駿聲說：「中央空際為路則謂之闕，亦曰兩觀，即《周禮》之象魏也。臺門則無隙。」[107]雖沒有具體指出臺門與闕當分屬不同建物，但依朱駿聲的說法，似認為若僅是兩邊有建物，中間有空際的情況，只能稱闕；但若在兩側的建物上搭建臺類建築，就得稱臺門。筆者認為闕和門臺雖算門建築，但具體情況仍有些微的差異，以下就此進行論述。

　　將臺門與闕相聯結是源自於何休《解詁》：「禮：天子諸侯臺門，天子外闕兩觀，諸侯內闕一觀。」[108]何休先述臺門，再敘述闕，並依等級的不同而有兩觀或一觀之區別。由於先秦的闕與臺門遺址很難再見到原貌，因此筆者乃借漢代的雙闕建築結構來作進一步的補充說明。

　　（一）闕往往是獨立於前，雙闕後有門樓建築。〈西京賦〉云：「圜闕竦以造天，若雙碣之相望。」[109]兩兩成對，此為漢闕常見形制。漢人在雙闕後常築有門樓建築，如山東濟寧一幅畫像（圖十二），圖像中兩側皆有闕，闕上無可站立之臺。畫像中的門是緊閉的，門上有臺有屋，有三人端坐其上。在河南鄭州的一幅畫像磚中（圖十三），門臺與其旁的雙闕建築有明顯的區分，其中門前還有二人持戟守衛著。需要說明的是，像這一類的圖像看似闕在門樓建築之

---

105 清‧陳奐：《詩毛氏傳疏》，卷7，頁232。

106 清‧包世榮：《毛詩禮徵》，收入《續修四庫全書》第69冊（上海市：上海古籍出版社，2002年5月），頁237。

107 清‧朱駿聲：《說文聲訓定聲》，頁708。

108 漢‧何休解詁，唐‧徐彥疏：《春秋公羊傳注疏》，卷24，頁302。

109 梁‧蕭統編，唐‧李善注：《文選》（上海市：上海古籍出版社，1986年8月），卷2，頁57。

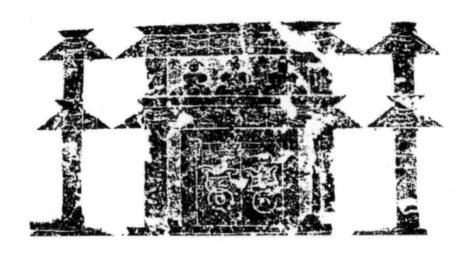

圖十二　山東濟寧門闕圖像

《山東漢畫像石匯編》，頁 54。

圖十三　河南鄭州漢畫像磚

《中國漢畫造型藝術圖典》（建築），頁 259。

兩側，實際上當是兩闕在前頭，中間的門樓是位於闕的後面，只是在漢畫中往往以平行的方式來呈現。[110]

　　（二）闕與中間的臺連在一起。之所以闕與門臺易混淆，實則有些門建築確實是依靠兩闕來搭建，如四川博物院的門臺圖（圖十四），畫中的臺即依靠著兩邊的闕來興建，下部懸空，其下有一位門吏把守著。[111]又如四川新津的一幅漢畫，其中間類房的建築是依兩側之闕搭建（圖十五），這或許是闕與門臺易混之因。孔疏說：「兩邊起土為臺，臺上架屋曰臺門。」錢玄據此畫出的臺門圖亦皆屬這一類的建築（圖十六）。[112]

圖十四　四川博物院漢畫像

《中國漢畫造型藝術圖典》（建築），頁 238。

---

110 此說承蒙劉增貴先生告知，謹此致謝！

111 佐竹靖彥：〈漢代墳墓祭祀畫像中的亭門、亭闕和車馬行列〉，頁55認為漢畫闕門前之吏是亭長的形象。

112 錢玄：《三禮辭典》，頁1011。

圖十五　四川新津漢畫像石棺

《中國漢畫造型藝術圖典》（建築），頁 233。

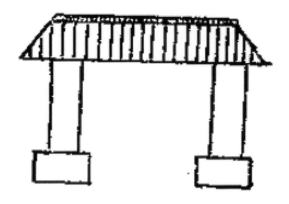

圖十六　臺門圖

《三禮辭典》，頁 1011。

　　綜上所述，門臺建物或位於雙闕之後，或依兩闕形成一組建物，若是前者，其與闕具體指稱的部位其實不相同。過去的經師將門臺等同於闕，其實並不正確。至於邾子門臺當屬第二種情況，當時的闕建築尚未特別彰顯，甚至獨立於門前，因此邾子之門臺可能類似錢玄所畫的這種臺門建築。論者或許質疑說像這種門臺建築如何讓人站立其上進行遠望。筆者認為門臺上部並非僅有「　　　　（霤）」建築而已，其上可能還有一些樓類建築可以讓邾子站立其上，如漢畫常見的多功能門樓就是這種樣貌（圖十七、十八）。固然春秋時代的門臺樣貌未必與漢畫所描繪的一致，但我們從中也可見古代的門臺建築當非僅僅只是一個面，其上可能還有一些附屬建物能讓人站立，故邾子可立於上以望見閽人用餅水沃廷。

圖十七　鄒城門樓圖

《中國漢畫造型藝術圖典》（建築），頁 233。

圖十八　山東嘉祥樓閣圖
《中國畫像石全集》第 2 卷，圖 142。

　　接著筆者來討論邾子門臺所在之處。要探究此問題，得先解決「沃廷」之「廷」所在的位置，才能探究這裡的門臺位置。楊伯峻認為：「雉門內為治朝，外為外朝，此廷蓋外朝廷。」[113]不過其在《春秋左傳詞典》又說：「廷，同庭，堂階之前，門屏內之地。」[114]陳克炯認為廷同於庭，指「堂階前的院子。」[115]依後二說，似認為此廷是路門以內之庭。到底哪一種說法才是正確的？關於廷，戴震說：「凡朝君臣咸立於庭」，其下自注：「古字『庭』，本作『廷』，所謂朝廷。」並認為古代當有三朝：

113 楊伯峻：《春秋左傳注》（修訂本），頁1530。
114 楊伯峻、徐提編：《春秋左傳詞典》，頁312。
115 陳克炯：《左傳詳解詞典》，頁452。

君臣日見之朝，謂之內朝。或謂之治朝，或謂之正朝，在路門
外庭。《記》或謂之外朝，與路寢庭之朝連文為外內也。斷獄
蔽訟及詢非常之朝，謂之外朝，在中門外庭。以燕以射，及圖
宗人嘉事之朝，謂之燕朝，在路寢庭。[116]

但此說仍無法清楚判斷《左傳》此處之「廷」所指何處？金鶚指出：

凡言庭者，皆廟寢堂下也。〈聘禮〉云：「公揖入，立于中
庭。」又云：「擯者進中庭。」又云：「宰夫受幣于中庭」，又
云：「大夫降中庭」，此謂廟堂下之庭也。〈燕禮〉云：「賓入及
庭」，又云：「司正洗角觶，奠于中庭。」（案：此句少了「南
面坐」三字）此謂路寢堂下之庭也。若治朝、外朝皆無堂，則
亦無庭，而名之曰廷，所謂朝廷也。庭與廷字有別，《說文》
云：「庭，宮中也。」「廷，朝中也。」庭有堂，故其文从广；
廷無堂，而但為平地，故其文从廴。然則路門以外，不得謂之
庭矣。鄭注〈文王世子〉云：「外朝，路寢之門外庭。」非
也。（江慎修云：「治朝、外朝皆平地為庭。」戴東原云：「古
字『庭』，本作『廷』」又云：「外門至中門百步之庭曰外朝，
中門至路門百步之庭曰內朝」，皆沿鄭說之誤。）[117]

筆者認為金鶚區分文獻的廷與庭是相當有見地的。《左傳》此處寫成
「廷」，當不能指路門以內，堂階之前的庭，只能是雉門或路門以外
的廷。至於究竟屬哪一個廷，根據《周禮》〈天官〉〈閽人〉：「閽人掌
守王宮之中門之禁。」鄭注：「中門，於外內為中，若今宮闕

---

116 清・戴震：〈三朝三門考〉，收入《戴震集》（上海市：上海古籍出版社，2015年2
月），頁31。

117 清・金鶚：《求古錄禮說》，卷5，頁313-314。

門。」[118]雖然其他二門亦有管制,「但中門之禁較嚴」,[119]因此《左傳》此處的閽人所沃之「廷」應是中門之外的外廷,即雉門之外廷,為外朝。那麼郲子門臺所在位置當位於雉門,即雉門的臺。

五 論《左傳》之「闕西辟」——兼談卜辭的「庭阜」、「阜辟」問題

(一)《左傳》之「闕西辟」問題

《左傳》莊公二十一年:「享王于闕西辟,樂備。」「闕西辟」可以作為享之處所,那麼此地點到底是什麼樣的建築?杜預《注》:「闕,象魏也。樂備,備六代之樂。」孔穎達《疏》:

> 闕西辟者,辟是旁側之語也。服虔云:「西辟,西偏也。」當謂兩觀之內道之西也。[120]

不過孔《疏》所謂「兩觀之內道之西也」,具體位置究竟為何,仍不夠清楚。焦循認為:「即觀之在西者,蓋享於其上也。」[121]竹添光鴻亦說:「鄭伯既不敢致天子於己之館而享,又不可入天子廟堂而為主,是以於西闕也。」[122]以上二位皆將「闕西辟」直接定為「西闕」。李貽德對服虔說作進一步解釋:「西偏,言西闕旁也。」[123]江永

---

118 漢・鄭玄注,唐・賈公彥疏:《周禮注疏》,卷7,頁114。闕字依頁120校勘記訂正。

119 清・金鶚:《求古錄禮說》,卷5,頁320。

120 《左傳》,卷9,頁161。

121 清・焦循撰,郭曉東,孫德彩點校:《群經宮室圖》,收入《雕菰樓經學九種》,頁394。

122 竹添光鴻:《左氏會箋》,頁300。

123 清・李貽德:《春秋左傳賈服注輯述》,收入《續經解春秋類彙編》(三)(臺北市:藝文印書館,1986年6月),頁2817。

則進一步說：「服虔云：『西辟，西偏也。』當謂兩觀之內道之西也。是有兩觀，則東西有兩宮室可設享而舞樂，不止門上作臺也。」[124]其意認為鄭伯享禮之地點未必在兩觀，且將享禮設定在宮室中，筆者認為此說較合理，以下針對此說加以補充。

前年王子頹享五大夫，其樂舞規模為「樂及徧舞。」[125]隔年鄭厲公傚效王子頹也「樂備」，杜預注：「備六代之樂也。」依此，一般舉行饗禮，同時也要有一組樂人備樂，那空間起碼不能太小。且依孔子對享禮的界定，還需要具備犧、象尊及嘉樂，杜預注：「犧、象，酒器，犧尊、象尊也。嘉樂，鍾、磬也。」[126]但一般闕上的空間並不夠大，如果又要同時擺上這些禮器及樂器，如何順利進行？因此饗禮設於門闕上之說恐怕是有問題的。

其次，「闕西辟」也不能指西闕，若指西闕，那麼「辟」字將無著落。「辟」依孔疏解為旁側之意，那麼「闕西辟」只能解作闕西旁側，至於所指的點為何？古代饗禮一般是在宗廟等地舉行，孔穎達說：

> 謂享燕正禮，當設於宮內，不得違禮而行，妄作於野耳，非謂祭祀之大禮也。諸侯相見之禮，享在廟，燕在寢，不得行於野。[127]

惟此次的享禮是由鄭公舉行享燕天子，故不能在周王室宗廟舉行。[128]那麼「闕西辟」當指何處？沈欽韓認為「西偏，西塾也。」[129]筆者認

124 清‧江永：《鄉黨圖考》，收入《皇清經解四書類彙編》（臺北市：藝文印書館，1986年6月），頁239。

125 《左傳》，卷9，頁161。

126 《左傳》，卷56，頁977。

127 《左傳》，卷56，頁977。

128 曹建墩：《先秦禮制探賾》（天津市：天津人民出版社，2010年10月），頁372。

129 清‧沈欽韓：《春秋左氏傳地名補注》，收入《《左傳》研究文獻輯刊》第13冊（北京市：國家圖書館出版社，2011年12月），頁61。

為此說是可信的。故此次饗禮舉行之地當在門塾，即闕西旁之塾，以下針對此說作進一步的補充。

首先，《左傳》所見的饗禮，除了一些具體地點不明之外，大部分的地點都是在宮室內。周聰俊說：「饗在野當是權宜，在廟是禮常也可知。」[130]值得注意的是〈昭公七年〉記載楚靈王在「新臺」享魯公，杜預《注》：「章華臺也。」[131]但根據考古發掘，章華臺有可能即湖北龍灣東區一號宮殿遺址群。[132]章華臺屬楚國的一座離宮，[133]基本上就是以宮為臺名。[134]若此，楚王享昭公的章華臺，仍位於宮殿中。

其次，塾的位置一般都位於門側，《爾雅》〈釋宮〉：「門側之堂謂之塾。」孫詒讓說：

> 凡門內外皆有左右塾，塾當門臺之旁。[135]

至於門塾之結構，任啟運指出：

> 左右曰塾，塾有堂有室，內為內塾，外為外塾，中以墻別之。[136]

陳緒波進一步說：

---

130 周聰俊：《饗禮考辨》（臺北市：文史哲出版社，2011年1月），頁87。

131 《左傳》，卷44，頁762。

132 湖北省潛江博物館：《潛江龍灣：1987-2001年龍灣遺址發掘報告》（北京市：文物出版社，2005年10月），頁461。

133 黃紅軍：〈從西漢華容縣與楚章華臺的關係探討潛江縣放鷹臺遺址即古章華臺的所在地〉，收入《楚章華臺學術討論會論文集》（出版社不詳，1988年5月），頁43。

134 明‧董說著，繆文遠訂補：《七國考訂補》，頁344。

135 清‧孫詒讓，〈臺下說〉，收入《籀廎述林》（北京市：中華書局，2010年4月），卷2，頁58。

136 清‧任啟運，《朝廟宮室考》，收入《續經解三禮類彙編》（一）（臺北市：藝文印書館，1986年6月），頁858。

塾為門側之堂，按堂屋之制推知，有堂則當有室，且室居堂後。[137]

且依漢代陽陵（景帝陵）東闕門的情況，外塾在闕臺旁，而內塾在闕臺後，其內塾與闕之間還有道牆，[138]門塾即在闕旁。根據禮經記載，西塾可作為存放卜筮之物的地方，[139]亦可作陳放燔俎之用。[140]但門塾的功能不只如此，從出土文獻的記載來看，門塾還可作為舉行飲酒禮，這裡茲舉商人的情況來說明。《合集》30284、30285：「于庭門聶舍，王弗每。」「門聶」，裘錫圭讀為「門塾」。[141]此條即是商王在庭門塾舉行飲酒禮。而飲酒禮本來也屬於享禮的一種，《左傳》莊公二十二年：

（敬仲）飲桓公酒，樂。公曰：「以火繼之。」辭曰：「臣卜其晝，未卜其夜，不敢。」

孔疏引服虔云：「臣將享君，必卜之，示戒慎也。」[142]李貽德說：「案《禮》〈郊特牲〉曰：『大夫而饗君，非禮也。』然齊桓賢敬仲，欲至其家，敬仲或辭不得，故設享禮以待桓公耳。」[143]姑且不論臣享君於

137 陳緒波：《〈儀禮〉宮室考》，頁307。
138 漢陽陵考古隊：〈漢陽陵帝陵東闕門遺址發現內塾〉，網址：http://www.sxhm.com/index.php?ac=article&at=read&did=6102，檢索日期：2016年12月1日。
139 漢・鄭玄注，唐・賈公彥疏：《儀禮注疏》（臺北市：藝文印書館，2013年3月），卷15，頁520。
140 漢・鄭玄注，唐・賈公彥疏：《儀禮注疏》，卷14，頁494。
141 裘錫圭：〈釋殷墟卜辭中與建築有關的兩個詞──『門塾』與『𠂤』〉，《裘錫圭學術文集（甲骨文卷）》（上海市：復旦大學出版社，2012年10月），頁300。
142 《左傳》，卷9，頁163。
143 清・李貽德，《春秋左傳賈服注輯述》，頁2818。

當時是否合禮與否，[144]但從注可知，此次的君臣飲酒禮，服虔就以「饗」來稱之。若此，「闕西辟」解為闕西偏，其地為門側之西塾，鄭厲王在此舉行享禮，這可能性應該是有的。

再者，根據目前發掘的西周及春秋時代之塾建築，若辦理饗禮，其大小規模應不成問題。如西周宮室鳳翔甲組建築的門塾，其東門塾東西長八米，南北寬六米，[145]學者認為其性質「不是宗廟，是生活居住之所」。[146]又如秦鳳翔馬家莊一號建築之南門就有門塾建築，根據考古發掘報告描述：

> 東半塾內東西面闊200、南北進深155釐米。東半塾東牆厚80-90、殘高38釐米；南牆殘厚55、殘高40-46釐米；西牆即東塾之東牆。西半塾內面闊190、復原進深165釐米。西半塾東牆與西塾之西牆共用，南牆已蕩然無存，西牆厚70-85、殘高37釐米。[147]

其門塾位於整座建築的南部，「由東半塾、東內塾、門道、西內塾、西半塾五部分組成」，[148]若此，用此門塾的空間來辦理饗禮，似比在門觀上舉辦饗禮來得寬闊些。

---

144 宋・魏了翁著、王鍔、瞿林江整理：《禮記要義整理與研究》（北京市：高等教育出版社，2016年1月），卷11，頁212稱此為「亂世非正法也」。不過清・于鬯：《香草校書》（北京市：中華書局，2006年7月），卷37，頁758則說：「竊謂此不必泥。〈郊特牲〉所記亦一家之說，未必大夫果不可享君。」

145 陝西周原考古隊：〈陝西岐山鳳雛村西周建築基址發掘簡報〉，《文物》1979年10月，頁29。

146 郭明：〈周原鳳雛甲組建築「宗廟說」質疑〉，《中國國家博物館館刊》2013年11月，頁15。

147 陝西省雍城考古隊：〈鳳翔馬家莊一號建築群遺址發掘簡報〉，《文物》1985年2月，頁2。

148 耿慶剛、孫戰偉、耿朔著：《華彩未央——陝西考古宮殿》（西安市：陝西人民出版社，2016年12月），頁58。

　　綜上所論，筆者認為《左傳》之「闕西辟」當指闕西旁的一處空間，其地點當指西塾。

（二）論卜辭的「庭阜」、「阜辟」

　　上引《合集》30284卜辭時，同一片內容又有：「于阜西禽，王弗每。」有學者認為此「阜」與闕有關，因此在此也附帶討論這個問題。為了便於討論與「阜」有關的建築物「庭阜」及「阜辟」，茲將相關內容迻錄於下：

（1）于阜辟尋。　　　　　　　　　　　　　　　　《懷》1391

（2）王其尋二方白于阜辟。　　　　　　　　　　《合集》28086

（3）癸酉卜，殼貞：旬亡囚。王二曰：勹。王占曰：俞！有

　　　求有夢。五日丁丑，王賓中丁![字]，陷才庭阜。十月。[149]

　　　　　　　　　　　　　　　　　　　　　　　　《合集》10405

「阜」在卜辭中究竟代表什麼建物，歷來解說也很多，先來看「阜」在文獻上的解釋。《說文》〈阜部〉：「大陸也。山無石者。」段注引李巡說：「高平曰陸。謂土地豐正名為陸，陸土地獨高大名曰阜，阜冣大名為陵。」[150]考察「阜」在文獻上的解釋，不外乎有大陵、土山、大山、小山、丘類等訓解，[151]大都屬自然景觀。雖然阜與陵、山性質相似，但在高度上仍有差異。《孫臏兵法》〈地葆〉：「五地之勝，曰：山勝陵，陵勝阜，阜勝陳丘，陳丘勝林平地。」所謂陳丘，張震澤解

---

149 此條釋文參考黃天樹：〈殷墟甲骨文「有聲字」的構造〉，《黃天樹古文字論集》（北京市：學苑出版社，2006年8月），頁283。本書稿審查委員指出：「![字]」字或釋為勹（酌），可備一說。

150 漢・許慎撰，清・段玉裁：《說文解字注》，第14篇下，頁1270。

151 宗福邦，陳世鐃，蕭海波：《故訓匯纂》（北京市：商務印書館，2007年9月），頁2413。

釋說：「蓋如堂途之丘，既高於平地，又平易便行。」[152]依此，阜的高度次於陵，但高於陳丘，基本上大概屬丘陵這樣的高度。至於放在卜辭文例中又當如何解釋？裘錫圭認為阜為堆的古字，用來指稱人工堆築的堂基一類建築。[153]但不論阜，或堆，在文獻中皆未用來指稱建築物，反而「堆」可用來指稱丘阜高大貌。[154]筆者認為卜辭的「阜」不必限定為建築物名稱，可指土堆或小山丘，[155]或指殷墟所在的臺地。根據考古發掘顯示，安陽殷墟宮殿區所在的位置正位於臺地上（圖十九），杜金鵬指出：

> 殷墟宮殿區北部有兩個臺地，其中東面的臺地南北狹長，主要的宮殿建築就建造在這個高地上。可見，商王宮室是坐落在南北長、東西窄的高地上面，甲組建築和乙組早期建築，位於這個臺地的頂部，更南面的宮殿和宗廟、社壇建築之地勢，則逐步趨低。因此，從南往北看，連片的宮室鱗次櫛比，依次遞高，巍峨壯觀。商王從其王宮向南看，則俯視全城，一覽無餘。可以想像，當時整個都城的人們，舉首即可看到王宮建築的風彩。[156]

依此，宮殿區所在的位置其實是位於高地上，那麼可以想見當時庭中的地勢可能也未必是平整的，或有一塊高地或土崗。

---

152 張震澤：《孫臏兵法校理》（北京市：中華書局，2010年4月），頁75。

153 裘錫圭：〈釋殷墟卜辭中與建築有關的兩個詞——『門塾』與『𡉈』〉，頁302。

154 漢・班固撰，清・王先謙補注：《漢書補注》，卷57，頁4097顏師古注：「堆，高阜也」。

155 張興照：《商代地理環境研究》（北京市：中國社會科學出版社，2018年8月），頁60指出阜字本義解作山崗或土崗為宜。

156 杜金鵬：《殷墟宮殿區建築基址研究》（北京市：科學出版社，2010年11月），頁427。

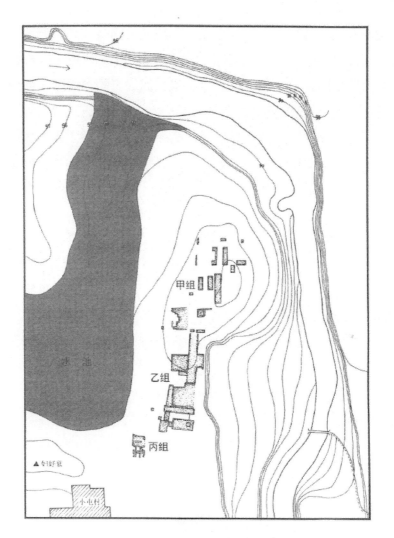

圖十九　殷墟宮殿地形圖

《殷墟宮殿區建築基址研究》，頁 428。

　　至於例（3）之「庭臯」當如何解釋？朱鳳瀚認為「庭臯」為庭前臺階，[157]但將「臯」解為臺階在文獻中也找不到相關的訓解，故此

157　朱鳳瀚：《中國國家博物館館藏文物研究叢書》（甲骨卷）（上海市：上海古籍出版社，2007年7月），頁170。

說也未必合適。韓江蘇認為「庭阜」即魏闕，同時他認為殷墟宮殿區的乙二十一號建築物即是「庭阜」。[158]依韓江蘇的說法，庭阜是指魏闕，為殷墟宮殿區乙二十一號建築。但根據學者的復原圖，此建築下層為方形單室，上層為亭式平臺（圖十一）。[159]且依其性質而言，「上層建築可登高瞭望，或是哨兵警衛之處。下層有屋室，或是傳達人員居所。」[160]那麼此棟建築物基本上就是以警衛或瞭望為其主要功能，但商王祭祀時何以要到此建築上，著實讓人懷疑。上文已指出，阜不必特指某個建築物，可以是土堆、小山丘或臺地。「陞庭阜」之「陞」字，學者或解為跌倒意，[161]若此「陞庭阜」，即可解為在庭中的土堆或小山丘跌倒，文意上也說得通，不必局限於某個建物。

　　接著筆者來討論例（1）例（2）之「阜辟」問題。許進雄認為「阜辟」即階壁。[162]上文已指出，「阜」不必特指某個建築物，可以指土堆、小山丘或臺地，那麼這裡的「阜辟」當如何解釋？筆者認為這裡的「辟」或即「辟池」。西周早中期的〈唐伯父鼎〉（《新收》698）：「王奉辟舟」，劉雨認為「辟」即辟池，為天子辟雍之地。[163]在殷墟宮殿遺址甲、乙組建築西側正好有一座大型水池，其性質為王宮池苑性質（上圖十九黑色水池部分）。[164]「阜辟」可能是指臺地上的

---

158 韓江蘇：〈甲骨文「阜辟」乃後世「象魏」考〉，收入《殷墟甲骨文編》（北京市：中國社會科學出版社，2017年4月），頁1333。

159 杜金鵬：《殷墟宮殿區建築基址研究》，頁249。

160 杜金鵬：《殷墟宮殿區建築基址研究》，頁266。

161 朱鳳瀚：《中國國家博物館館藏文物研究叢書》（甲骨卷），頁170。王宇信等編：《甲骨文精粹釋譯》（昆明市：雲南人民出版社，2004年5月），頁1515則譯作「企歪傾困斜在庭院的丘阜」，與朱鳳瀚的解釋不同。

162 許進雄：《懷特氏等收藏甲骨文集》（多倫多：皇家安大略博物館，1979年6月），頁74。

163 劉雨：〈伯唐父鼎的銘文與時代〉，《金文論集》（北京市：紫禁城出版社，2008年5月），頁315；袁俊傑：《兩周射禮研究》（北京市：科學出版社，2013年11月），頁160亦同此說。

164 杜金鵬：《殷墟宮殿區建築基址研究》，頁412。

辟池，為天子辟雍之地，商王當在此舉行尋祭。《屯南》60：「于大學尋。」《禮記》〈王制〉：「大學在郊。天子曰辟廱，諸侯曰頖宮。」[165]尋祭地點就位於大學，與此處之「阜辟」可相參照。

六　《春秋》、《左傳》中其他「臺」建築問題探究

《春秋》、《左傳》中有許多與臺有關的建物，如表二。本節不打算對各臺作分析，僅就三處的臺問題來進行分析。

表二　《春秋》、《左傳》與其他相關古籍中「臺」資料

《春秋》、《左傳》文獻與「臺」相關的材料		國別及其他
《春秋》莊公三十一年	築臺于郎。	魯國郎臺
《春秋》莊公三十一年	築臺于薛。	魯國薛臺
《春秋》莊公三十一年	築臺于秦。	魯國秦臺
《左傳》莊公三十二年	初，公築臺，臨黨氏。	魯國莊公臺
《左傳》僖公五年	公既視朔，遂登觀臺以望，而書，禮也。	魯國觀臺
《左傳》僖公十五年	穆姬聞晉侯將至，以大子罃、弘與女簡璧登臺而履薪焉。	秦國
《左傳》僖公十五年	乃舍諸靈臺。	秦國靈臺
《左傳》文公十六年	秋八月辛未，聲姜薨。毀泉臺。	魯國泉臺

---

165 漢・鄭玄注，唐・孔穎達疏：《禮記注疏》，卷12，頁236。

《春秋》、《左傳》文獻與「臺」相關的材料		國別及其他
《春秋》文公十八年	丁丑,公薨于臺下。	魯國
《左傳》宣公二年	晉靈公不君,厚斂以彫牆,從臺上彈人,而觀其辟丸也。	晉國
《左傳》襄公十七年	宋皇國父為大宰,為平公築臺。 今君為一臺,而不速成,何以為役?	宋國
《左傳》襄公二十三年	范氏之徒在臺後,欒氏乘公門。	晉國
《左傳》襄公二十五年	侍人賈舉止眾從者而入,閉門。甲興,公登臺而請,弗許;請盟,弗許。	齊國崔杼家之臺
《左傳》昭公七年	楚子成章華之臺,願以諸侯落之。	楚國章華臺
《左傳》昭公七年	楚子享公于新臺,使長鬣者相。	楚國章華臺
《左傳》昭公二十年	齊侯至自田,晏子侍于遄臺,子猶馳而造焉。	齊國遄臺
《左傳》昭公二十五年	九月戊戌,伐季氏,殺公之于門,遂入之。平子登臺而請曰。	魯國季孫氏之武子之臺
《左傳》定公十二年	公與三子入于季氏之宮,登武子之臺。費人攻之,弗克。	魯國季孫氏之武子之臺
《左傳》定公十四年	夫人見其色,啼而走,曰:「蒯聵將殺余」,公執其手以登臺。	衛國
《左傳》哀公八年	邾子又無道,吳子使大宰子餘討之,囚諸樓臺,栫之以棘。	邾國
《左傳》哀公十四年	公與婦人飲酒于檀臺。	齊國檀臺
《左傳》哀公十五年	迫孔悝於廁,強盟之,遂劫以登臺。	衛國孔悝家之臺
《左傳》哀公二十五年	衛侯為靈臺于藉圃,與諸大夫飲酒焉。	衛國靈臺

其他文獻與「臺」相關的材料		國別
《國語》〈周語中〉	民將築臺於夏氏。	陳國夏氏家之臺
《國語》〈楚語〉	靈王為章華之臺，與伍舉升焉，曰：「臺美夫！」	楚國章華臺
《國語》〈楚語〉	先君莊王為匏居之臺，高不過望國氛，大不過容宴豆。	楚國匏居臺
《國語》〈齊語〉	昔吾先君襄公築臺以為高位，田、狩、罼、弋，不聽國政。	齊國襄公臺
《國語》〈吳語〉	今王既變鯀、禹之功，而高高下下，以罷民於姑蘇。	吳國姑蘇臺
《呂氏春秋》〈慎小〉	衛莊公立，欲逐石圃，登臺以望，見戎州而問之曰：『是何為者也？』	衛國
《公羊傳》宣公六年	靈公為無道，使諸大夫皆內朝，然後處乎臺上，引彈而彈之，己趨而辟丸，是樂而已矣。	晉國
《穀梁傳》宣公二年	靈公朝諸大夫而暴彈之，觀其辟丸也。	晉國
《晏子春秋》〈內篇問上〉	景公登路寢之臺，不能終，而息乎陛，忿然而作色，不說，曰：「孰為高臺，病人之甚也？」	齊國路寢之臺

（一）《春秋》文公十八年「公薨於臺下」問題

　　關於《春秋》文公十八年之「公薨於臺下」，此臺位於何處，《左傳》並沒有進一步解經，《穀梁傳》文公十八年亦僅言：「臺下，非正也。」[166]故後來學者對於此臺的位置探究也有不同的說法。清代學者

---

166 晉・范寧集解，唐・楊士勛疏：《春秋穀梁傳注疏》，卷11，頁112。

基本上有二種說法：其一即認為此臺當即泉臺，位置在宮中。[167]另外就是認為「臺下」是門臺下的塾，孫詒讓說：「凡門內外皆有左右塾，塾當門臺之旁，而門臺之屋，高出兩塾之上，故塾亦通謂之臺下。文公薨於臺下者，蓋適居路門內之塾也。」[168]許子濱分析諸家說法後得出：「『公薨於臺下』，只能說是薨於宮中的臺下，甚或是孫詒讓所說的門塾，但不能坐實為某個臺。」[169]筆者認為許子濱之說基本上是合理的，至於孫詒讓之「門塾」說，筆者則對此進行補充。門塾基本上是位於門道兩側，且以早期的宮殿建築來看，門塾之上是有屋頂結構。如商代偃師商城三號宮殿，谷飛說：

> 我們將三號宮殿南門塾的屋頂復原為以南北兩面坡為主體的四面坡式，在門塾夯土臺基南側約1米處有一條石板鋪成的散水（在晚期之時其西端明顯寬出門塾臺基之西緣），這為我們判斷屋頂結構提供了很好的佐證。[170]

其南門塾早期的結構如圖二十所示，塾的位置正好在屋頂結構之下。但到晚期，「門塾夯土臺基上只保留了原先的中門道，東西側門改設在了南廡之上，在側門門道的南部與南廡南緣木骨牆一線的位置上各有一組門柱用以安門。」（圖二十一）[171]塾之上皆有屋頂結構，整體結構類似前文所說的門臺建築。但若是與門臺有關的建築不應只省略

---

167 清・顧棟高著，吳樹平、李解民點校：《春秋大事表》，卷7，頁729。

168 清・孫詒讓撰，雪克點校：〈臺下說〉，收入《籀廎述林》，卷2，頁58。

169 許子濱：〈《春秋》「公薨於臺下」清人諸說綜論〉，《《春秋》《左傳》禮制研究》（上海市：上海古籍出版社，2012年6月），頁501；《楊伯峻《春秋左傳注》禮說斠正》（香港：中華書局，2017年11月），頁285-286。

170 谷飛：〈偃師商城宮城第三號宮殿建築基址的復原研究〉，《中原文物》2018年3月，頁79。

171 谷飛：〈偃師商城宮城第三號宮殿建築基址的復原研究〉，頁80。

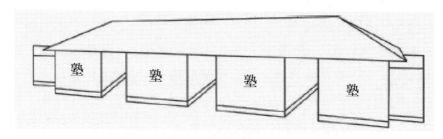

圖二十　偃師三號宮城早期門塾復原圖

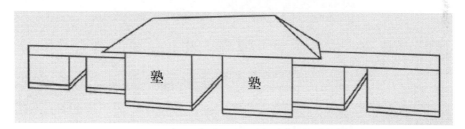

圖二十一　偃師一號晚期門塾復原圖

作「臺」，若此將無法明確知道文公所在的位置就是在門臺。再者，若死者是在某門附近，一般會直接標出其門，如《左傳》僖公三十年：「周歂先入，及門，遇疾而死。」[172]昭公二十五年：「九月戊戌，伐季氏，殺公之于門。」[173]有時更具體指出門下地點，如《左傳》定公九年：「秋，齊侯伐晉夷儀。敝無存之父將室之，辭，以與其弟，曰：『此役也，不死，反，必娶於高、國。』先登，求自門出，死於霤下。」杜預注：「既入城，夷儀人不服，故鬥死於門屋霤下也。」[174]不會僅用臺下來指稱。因此筆者認為此處的「臺」當是在公宮之中。宮室中有臺樓建築在春秋時代是常見的情況，如莊公曾築臺臨近黨氏，一般稱為黨氏臺，高士奇認為其地位處「曲阜縣東北八里處」。[175]又如晉國有靈公臺，《左傳》宣公二年：「晉靈公不君，厚斂以彫牆，從

<hr>

172　《左傳》，卷17，頁284。

173　《左傳》，卷51，頁893。

174　《左傳》，卷55，頁968。

175　清・高士奇：《春秋地名考略》，頁92。

臺上彈人，而觀其辟丸也。」[176]《公羊傳》宣公六年作：「靈公為無道，使諸大夫皆內朝，然後處乎臺上，引彈而彈之，已趨而辟丸，是樂而已矣。」依照《公羊傳》的說法，此臺「似在內朝側」。[177]不惟天子、諸侯有臺，勢力龐大的大夫亦有之，如齊國崔杼家亦有臺；魯國季武子有武子之臺；宋國孔悝家室亦有臺；陳國人民也在夏徵舒家築臺（皆見表二）。因此，此臺當位於公宮中，至於具體指的是哪座臺，史料有闕，則無法作進一步詳論。

（二）〈僖公十五年〉之「靈臺」及其相關問題

靈臺在《左傳》共出現二次，一次在秦國，一次在衛國。在秦國，此靈臺是作為囚禁晉惠公之處。關於秦靈臺位置，杜預注：「在京兆鄠縣，周之故臺，亦所以抗絕，令不得通外內。」[178]洪亮吉說：

> 《括地志》雍州長安縣有靈臺，高二丈，周回百二十步。今按：杜注云：「所以杜絕令不得通外內。」或即以此。[179]

朱駿聲認為「靈臺在長安北四十里，高二十丈，周一百二十步，文王經始之故臺也。」[180]沈欽韓進一步指出：「《長安志》：『周酆宮在鄠縣東三十五里。』《西安府志》：『酆宮又東二十五里，酆靈囿之地，中有靈臺』。」[181]不過從周代一直到秦代，其間相隔幾百年，若說秦之靈臺為周靈臺之原貌，似也不太可能。趙超認為：「秦國又增設了靈

---

176 《左傳》，卷21，頁364。

177 清・陳立著，劉尚慈點校：《公羊義疏》，卷45，頁1698。

178 《左傳》，卷14，頁232。

179 清・洪亮吉撰，李解民點校：《春秋左傳詁》，卷7，頁295。

180 清・朱駿聲：《春秋左傳識小錄》，收入《續修四庫全書》125（上海市：上海古籍出版社，2002年4月），頁851。

181 清・沈欽韓：《春秋左氏傳地名補注》，頁95-96；清・江永：《春秋地理考實》，頁58亦認為靈臺在鄠宮東二十五里的靈囿中。

臺的附屬建築，或是對其原有館舍進行了擴建。」[182]雖屬推測，但說法基本合理。基本上，此臺位於秦代的苑囿之中，而與一般位於宮室中的臺有別。值得注意的是，穆公攄晉惠公回國時，「穆姬以大子罃、弘與女簡璧登臺而履薪焉」，這裡亦出現臺這一類的建物。根據《國語》〈晉語〉記載，穆公攄晉惠公後即歸至於王城，因此推知穆姬所登之臺當在王城之中。秦之王城即大荔城，[183]即今陝西省大荔縣朝邑鎮。[184]此王城其實相當接近晉國，如王城左上方的輔氏就屬晉邑，[185]馬保春說輔氏在黃河西邊，臨近黃河。[186]故秦國或是基於此考量，不將晉惠公安置在離晉國較近的地點，而將晉惠公安置於鄠縣東三十五里的靈臺，現在筆者將這二處分別標示於圖二十二，[187]可以看出穆姬所登之臺與後來囚禁晉惠公之靈臺位置不同。

圖二十二　王城與靈臺位置圖

---

182 趙超：〈西安西周靈臺遺址的保護與開發〉，網址：http://www.hylae.com/list.asp?id=1154。

183 徐元誥：《國語集解》（修訂本），頁311。

184 黃鳴：《春秋列國地理圖志》，頁239。

185 《左傳》，卷24，頁409：「秋七月，秦桓公伐晉，次于輔氏。」杜注：「晉地。」

186 馬保春：《晉國地名考》，頁103。

187 靈臺的位置參考黃鳴：《春秋列國地理圖志》彩版地圖標記。

　　至於穆姬「履薪登臺」到底有何用意？杜注：「古之宮閉者，皆居之臺以抗絕之。穆姬欲自罪，故登臺而荐之以薪，左右上下者皆履柴乃得通。」[188]劉文淇說：「此言登臺履薪，是自囚之事。」[189]不過楊伯峻則認為：「履薪蓋積薪其下而履之，示欲自焚。」[190]究竟哪一種說法較合適？這裡對此作進一步的說明。

　　一、楊伯峻在注解此說時只留意「履薪」一詞，卻沒有留意穆姬此時已登於臺上，故學者認為此解「或背於古代制度而未得其實。」[191]其實，宋人呂祖謙已指出穆姬履薪登臺事與《左傳》哀公八年邾子被囚諸樓臺之事相同。[192]依此說，古代不論是囚禁有罪之人，或是自囚，皆可置之於臺上。

　　二、古代亦見將女性罪人囚於臺上之例。《列女傳》記載虞姬因受讒言，齊威王「乃閉虞姬於九層之臺，而使有司即窮驗問。」[193]後半段的審訊模式當是秦漢以後才有的制度，[194]但前面將女性犯人閉於臺之事，則符合春秋時代的制度。以此來看，古代確實有將女子囚於臺的情況。

　　三、春秋常見焚巫以求雨之禮，但尚未見自焚以救人的情況。雖然後世的「坐薪」確實可與「自焚」作連結，但基本上仍是用於求雨的場合，《後漢書》〈獨行傳〉記載戴封為西華令時，「其年大旱，封

188　《左傳》，卷14，頁231。

189　清・劉文淇：《春秋左氏傳舊注疏證》，頁320。

190　楊伯峻：《春秋左傳注》（修訂本），頁358。

191　葛志毅：〈「登臺履薪」解——兼論周代凶禮〉，《歷史教學》第11期（1990年11月），頁49，又收入《先秦兩漢的制度與文化》（哈爾濱：黑龍江教育出版社，1998年8月），頁96-104。

192　宋・呂祖謙：《春秋左氏傳續說》，收入《呂祖謙全集》第7冊（杭州市：浙江古籍出版社，2008年1月），頁360。

193　清・王照圓：《列女傳補注》（上海市：華東師範大學出版社，2012年4月），卷6，頁256。

194　關於秦漢的鞫訊問題詳見拙文：〈秦漢時代的鞫獄措施及其相關問題探究〉，《清華學報》新46卷第2期（2016年6月），頁239-277。

禱請無獲，乃積薪坐其上以自焚。」[195]此處之坐薪亦是為了解除大旱。但反觀此處，穆姬若為了救其兄弟而自焚，實於古禮無徵。葛志毅說履薪即「寢苫」、「席薪」之意，「本是居喪思哀之制，後則用於處置罪囚之法。」[196]此說是可從的。這種自囚請罪之事亦見晉公子重耳。《左傳》僖公二十三年記載重耳如秦，重耳因對懷嬴不禮，懷嬴對之言：「秦、晉，匹也，何以卑我？」重耳乃「降服而囚」。關於「降服而囚」，杜預注：「去上服，自拘囚以謝之。」[197]韋昭認為「自囚以聽命。」[198]顯見當時常用這種自囚的方式來請求他命，穆姬履薪登臺之舉亦屬自囚，惟多了履薪的儀式而已。

　　四、學者或據後文「若晉君朝以入，則婢子夕以死；夕以入，則朝以死。唯君裁之。」以此認定自焚之說是可信的。但若將此句解為穆姬為自囚而自殺，甚至只是用誇張的口吻來逼迫秦穆公說自己將「朝入夕死」亦屬可能，不一定非得解成自焚。

　　綜上所述，穆姬履薪於臺上當屬自囚，為其替惠公謝罪之措施。且此樓當在王城中，晉惠公被囚之樓則是在靈臺之中，兩者位置有所不同，一個是在城邑中，一個是在靈臺之中。

（三）〈哀公十七年〉衛國「臺」的位置問題

　　《左傳》哀公十七年：「公登城以望，見戎州。問之，以告。公曰：『我，姬姓也，何戎之有焉？』翦之。」[199]這一段史料亦見《呂氏春秋》〈慎小〉：「衛莊公立，欲逐石圃，登臺以望，見戎州而問之曰：『是何為者也？』」[200]有關戎州位置，江永指出：「衛之城外有己

---

195 南朝宋·范曄，唐·李賢等注：《後漢書》，卷81，頁2684。

196 葛志毅：〈「登臺履薪」解——兼論周代凶禮〉，頁50。

197 《左傳》，卷15，頁253。

198 徐元誥：《國語集解》（修訂本），頁333。

199 《左傳》，卷60，頁1046。

200 戰國·呂不韋編，陳奇猷校釋：《呂氏春秋新校釋》，卷25，頁1689。

氏人居之,謂之戎州。」[201]沈欽韓言:「公自城上見己氏之髮美,則逼近衛郊,方能審諦。」[202]史念海亦認為「戎州就在濮陽城外。」[203]可知戎州的位置離衛都(濮陽城)不遠。[204]至於此臺的位置在哪?筆者認為此臺當位處宮城中,就如同季孫氏宮中有武子之臺,[205]《水經注疏》〈泗水〉:「阜上有季氏宅,宅有武子臺,今雖崩夷,猶高數丈。」[206]高士奇說:「今曲阜縣東有臺,相去二百五十步,高三丈五尺,即武子之臺。」[207]齊景公在路寢亦建有高臺,故可望見國都。[208]即便是戰國時代亦可見到類似的宮中建築,如清華簡七《趙簡子》:「宮中三臺,是乃侈已。」[209]相同的,衛莊公所登的臺就在宮城內部。加上衛國郛牆本身並不高,《左傳》昭公二十年記載衛靈公逃出國都的情況:「齊氏射公,中南楚之背,公遂出。寅閉郭門,踰而從公。」[210]此郭門就是郛之門,因郛高度不高,故華寅可「踰而從公」。「公登城以望」,此「城」指宮城而言。[211]哀公十七年亦記載:「晉復伐衛,入其郛,將入城。」顯見,「城」在此篇皆是指郛牆之內的宮城建築,與清華簡《趙簡子》的「宮中」意是相同的。沈文倬

---

201 清‧江永:《春秋地理考實》,頁180。

202 清‧沈欽韓:《春秋左氏傳地名補注》,頁322。

203 史念海:〈西周與春秋時期華族與非華族的雜居及其地理分布〉,《史念海全集》第5卷(北京市:人民出版社,2013年4月),頁563。

204 關於「戎州」的問題詳見本書第三章〈東周特殊「州」制相關問題考論——兼論晉惠公時代的「作州兵」問題〉。

205 《左傳》,卷56,頁980。

206 北魏‧酈道元注,楊守敬、熊會貞疏:《水經注疏》,卷25,頁2106。

207 清‧高士奇:《春秋地名考略》,頁113。

208 吳則虞編,吳受琚、俞震校補:《晏子春秋集釋》(增訂本),頁113。

209 清華大學出土文獻研究與保護中心:《清華大學藏戰國竹簡》(柒),頁107。

210 《左傳》,卷49,頁854。

211 《禮記》,卷21,頁414孔穎達疏:「『城郭溝池以為固』者,城,內城。郭,外城也。」

指出宮室建築物中往往有臺，[212]楊鴻勛亦言：「所謂高臺建築，是依附於高臺的建築組合體。從古文獻來看，高臺建築至東周時期已較普遍，列國統治者以高臺宮室競相誇耀。」[213]如《三輔黃圖》〈長樂宮〉：「鴻臺，秦始皇二十七年築，高四十丈，上起觀宇。」[214]觀宇即築在鴻臺上。學者或許認為衛國的臺也有可能在城牆上，不過一般位於四圍城牆上的建築大都稱作「樓」，[215]或稱「厤襜」，[216]而不用「臺」來稱城牆上的建物，因此衛莊公所登之臺不應位於城牆上。宮中有臺又見於《左傳》定公十四年衛靈公與南子所登的臺。《左傳》定公十四年記載衛莊公蒯聵為太子時欲殺南子，當時南子在其正寢（內宮）接見蒯聵，[217]當南子發覺蒯聵的意謀，乃「啼而走，曰：『蒯聵將殺余。』公執其手以登臺。」此時的衛靈公所在的位置應在路寢，《禮記》〈玉藻〉：「君日出而視之，退適路寢聽政，使人視大夫。大夫退，然後適小寢，釋服。」[218]路寢是治朝聽政之處，[219]故南子當是至路寢見靈公。就常理而言，靈公不太可能帶著南子跑出宮外前往城牆處，而當是與南子在路寢處登臺，故此臺所指的即路寢之臺。路寢有臺可見於齊國，衛國宮內應也有相同的建築。綜上所論，「公登城以望」當指衛莊公登上宮城內的臺，以望見城牆外的戎人。

---

212 沈文倬：〈周代宮室考述〉，《菿闇文存》，頁818。

213 楊鴻勛：《楊鴻勛建築考古學論文集》（增訂版），頁111；王學理：《秦物質文化通覽》，頁221亦持此說。

214 何清谷：《三輔黃圖校釋》，頁149。

215 清・孫詒讓著，孫啟治點校：《墨子閒詁》，卷14，頁504：「城上百步一樓，樓四植。」張國碩：《中原先秦城市防禦文化研究》，頁104。

216 清・孫詒讓著，孫啟治點校：《墨子閒詁》，卷14，頁497。

217 清・胡培翬撰，黃智明點校：〈燕寢考〉，收入《胡培翬集》（臺北市：中研院文哲所，2005年11月），頁327：「內宮即夫人正寢，……是夫人有聽事之朝也。」

218 漢・鄭玄注，唐・孔穎達疏：《禮記注疏》，卷29，頁545。

219 張一兵：《明堂制度研究》（北京市：中華書局，2005年8月），頁176。

七 結語

「皇上尊嚴，萬姓載依。國都攸處，建設端闈。表樹兩觀，雙闕巍巍。」[220]古代建立雙闕就是為了表政治威權的象徵，[221]此禮儀建築從春秋時代就已出現。過去經書往往將觀與闕視為同一種建物，但仔細分析《左傳》中的闕和觀，兩者其實仍有不同之處。魯國的兩觀上有樓，可以讓人登臨，遊覽，視朔使用，實用性較強。東周王室的闕是屬於不可登臨的樣式，與漢代以後所見的闕是相同的，比較著重禮儀性質。闕的位置一般都在門側，且需要有兩座，如此才可以呈現中央闕然的樣貌。但《左傳》中的觀建物未必得在門側，可以在宮城內，其性質近似樓臺，因此有時僅有一座。

過去學者或將門臺與闕視為同一種建物，但仔細分析，兩者其實仍有差異。門臺的建物或位於雙闕之後，或依兩闕形成一組建物，若是前者，其與闕具體指稱的部位其實不相同。過去的經師將門臺等同於闕，其實並不正確。至於郕子門臺當屬第二種情況，可能類似錢玄所畫的這種門臺建築。其次，郕子門臺所在位置當位於雉門，即雉門的臺。閽人所沃之「廷」應是中門之外廷，即外朝。

《左傳》莊公二十一年之「闕西辟」，過去經師或認為是西闕，筆者認為即便闕上有臺，用上部的空間來辦理饗禮是不足夠的。因此「闕西辟」當解為闕西旁的一個空間。對照門側的建築，此空間當僅有西塾可以對應。至於甲骨的「阜」字，當解作土堆或小山丘，或指殷墟所在的臺地。因此「庭阜」是指庭中的土堆或臺地。「阜辟」是臺地上的辟池，為天子辟雍之所在。

《春秋經》文公十八年之「公薨於臺下」，此臺當位於宮中，至

---

220 唐‧歐陽詢編：《藝文類聚》（上海市：上海古籍出版社，1999年5月），卷62，頁1117引後漢李尤〈闕銘〉。

221 王子今：《門祭與門神崇拜》（西安市：陝西人民出版社，2006年4月），頁303。

於孫詒讓認為臺下包括塾之說則不夠精確。《左傳》僖公十五年之「靈臺」為囚晉惠公之處，《太平御覽》〈人事部〉作：「秦穆夫人與太子罃、弘與女簡璧登臺，舍之靈臺，荐之以棘。」[222]此是將穆姬所登之臺與晉惠公所囚之臺混為一談。靈臺位於靈囿之中，與穆姬所登之臺並不相同。至於穆姬「履薪登臺」屬自囚的行為，為替晉惠公謝罪以求他命，與自焚無關。《左傳》哀公十七年記載衛莊公登城看到都城外的戎州，根據《呂氏春秋》的記載，衛君所登的當為「臺」建築。春秋時代，諸侯宮中常有臺建築，以此而論，莊公所登的臺當也是在宮城中。

---

222 宋・李昉等：《太平御覽》，卷469，頁2284。

第三章
東周特殊「州」制及相關問題考論
──兼論晉惠公時代的「作州兵」問題

摘要

　　「州」作為行政單位在漢代以後是相對明確的，然而以「州」作為行政區域名並非在西漢時代才突然出現，在這之前的東周時代，亦見以「州」為名的單位。東周文獻中除了九州大名之外，個別出現一些以「州」為名的單位。經本文考察，其性質可歸納為以下幾點：一、戎人所居之地。二、邊界之州。三、接近宗廟，出於防禦性質而設置的特殊州。四、安置外國人士，為了與本國有所區隔的地區。五、都城中特殊區域，用來安置士農工商之州。六、都城中特殊區域，有些用以作朝宿邑。其次，透過對東周州制的歸納結果再來重新探究晉惠公時代之「作州兵」性質。本文認為真正承擔州兵義務的只能是國人中的士。「作州兵」有可能是類似齊國的模式，將士「州處」訓練，藉以提升整體的作戰能力。

關鍵詞：州、東周、晉惠公、作州兵、士

一　前言

　　《說文》〈川部〉:「州,水中可尻者曰州。水周繞其旁,从重川。昔堯遭洪水,民尻水中高土,故曰九州。」段玉裁注:「俗作『洲』。」[1]就商周文字來看,州字作「」(《合集》00659)、「」(〈榮作周公簋〉,《集成》4241,西周早期)、「」(〈郘州戈〉,《集成》11074,春秋晚期),其字形正好像水中可居之形。「州」或作「洲」,《爾雅》〈釋水〉:「水中可居者曰洲。」正因為州本為水中可居之地,且與外界稍有隔離,後來漸漸成為某些特殊區域的名稱。

　　「州」作為行政單位在漢代以後是相對明確的。兩漢的州制歷來學者討論相當多,根據學者的研究,兩漢的州制最早設置的時間點或以為是漢文帝時代,肇因於文帝作為視察區而產生的特殊單位,其目的是作為「朝廷遣使視察以體現其統治權威的區域劃分。」[2]然而以州作為行政區域名並非在西漢時代才突然出現,在這之前的東周時代,亦見以「州」為名的單位,如下表一所示。東周時代的州可包括哪些意思?楊伯峻考察《左傳》提出州有九州及地名兩層意義。[3]陳克炯則認為州有四層意義,除了作國名、周地名、姓氏外,另外一種是作為名詞,表居民組織形式。[4]筆者認為這二位的解釋要互補才能完全滿足《左傳》中與州有關之內容。如《左傳》成公十三年:「白狄及君同州,君之仇讎,而我昏姻也。」此處的「州」基本上不符合陳克炯所說的四層意義,且此處的「州」也不能視為基層組織來看

1　漢・許慎撰,清・段玉裁注:《說文解字注》,第11篇下,頁989-990。

2　辛德勇:〈兩漢州制新考〉,《秦漢政區與邊界地理研究》(北京市:中華書局,2009年9月),頁111。童書業:《童書業歷史地理論集》(北京市:中華書局,2004年9月),頁58則認為州制的實現最早是漢武帝時期;嚴耕望:《中國地方行政制度史——秦漢地方行政制度》(上海市:上海古籍出版社,2007年3月),頁67亦認為是漢武帝。

3　楊伯峻、徐提:《春秋左傳詞典》,頁258。

4　陳克炯:《左傳詳解詞典》,頁436。

待，孔穎達疏：

> 《周禮》〈職方氏〉：「正西曰雍州，其川涇、汭，其浸渭、
> 洛」，皆秦地也；「正北曰并州，其澤藪曰昭餘祁，其川虖池、
> 嘔夷」，皆晉地也。是秦屬雍而晉屬并，白狄蓋狄之西偏，屬
> 雍州也。[5]

楊伯峻亦言：「同州，同在《尚書》〈禹貢〉之雍州。」[6]依此說，此
「州」所指的即古代九州之一的雍州。過去或以為九州的概念是「戰
國時開始醞釀的」，[7]不過李零指出：「『禹跡』和『九州』，有出土發
現為證，不僅絕不是戰國才有的概念，可以上溯於春秋時代，而且還
藉商、周二族的史詩和書傳可以上溯到更早，顯然是一種『三代』相
承的地理概念。」[8]但除了九州大名外，東周時代還出現一些特殊情
況的州名，如表一所列。這些以「州」為名的點其性質及設置原由為
何？此即本文所要探究的核心。顧頡剛認為「『州』字在春秋時是小
區域的名稱。」並認為「州和里正是大小差不多的地方」，[9]基本上此
說是合適的。但何以某些地區需特別設置州，顧頡剛則沒有再作進一
步的說明。近來出土文獻所見的楚國州制，更有其特殊性，甚至還出
現在里之上的州制，諸如此類的問題皆是本文所要再進一步探究之
處。除此，桓公時代齊國臨淄境內所設的州，因其性質特殊，故本文

5　《左傳》，卷27，頁462。清·江永：《春秋地理考實》，頁71亦同此說。

6　楊伯峻：《春秋左傳注》（修訂本），頁864。

7　顧頡剛：〈尚書禹貢注釋〉，《顧頡剛古史論文集》卷9（北京市：中華書局，2010年
　　12月），頁111；〈秦漢統一的由來和戰國人對於世界的想像〉，《顧頡剛古史論文
　　集》卷5，頁36。

8　李零：〈中國古代地理的大視野〉，《中國方術續考》（北京市：中華書局，2006年5
　　月），頁200。

9　顧頡剛：〈州與嶽的演變〉，《顧頡剛古史論文集》卷5，頁44。

也針對此內容來進行討論。另外有關晉惠公時代「作州兵」之對象及
其性質為何，歷來學者也有不同的意見，本文最後亦針對這個問題作
進一步分析。接著筆者就依與三晉、秦、衛、楚、齊等國之特殊州來
分別討論東周各國州制之具體內涵。

表一　東周特殊州名一覽表

東周州名	所屬國家或鄰近國家	出處
陽州	晉國	《古璽彙編》0046
九州之戎	晉國	《左傳》昭公二十二年 《左傳》哀公四年
瓜州	鄰近秦、晉	《左傳》襄公十四年 《左傳》昭公九年
西州	鄰近秦國	《戰國策》〈韓策三〉
外州	衛國	《左傳》哀公十一年 《左傳》哀公二十六年
戎州	鄰近衛國	《左傳》哀公十七年
夏州	楚國	《左傳》宣公十一年 《戰國策》〈楚策一〉
楚國四十二州（詳後文）	楚國	包山楚簡
京州	楚國	嶽麓書院秦簡《為獄等狀四種》案例〇二簡33-34
謝西之九州	楚國	《國語》〈鄭語〉
平州	齊國	《左傳》宣公元年
陽州	魯國、齊國	《左傳》襄公三十一年 《左傳》昭公二十五年 《左傳》定公八年
州	齊國臨淄城內	《國語》〈齊語〉

東周州名	所屬國家或鄰近國家	出處
舒州	齊國	《左傳》哀公十四年
徐州	齊國（田齊）	《戰國策》〈齊策一〉 《戰國策》〈策策一〉 《吳越春秋》〈勾踐伐吳外傳〉

二　與三晉有關的州制內容

與三晉有關的州制見於文獻的材料不多，主要是九州之戎，但此州與戎人有關。另外出土的三晉古璽有「陽州左邑右叔司馬」（《古璽彙編》0046），雖其年代已跨入戰國，但其制度應承自晉國而來，以下就這二個州名問題進行討論。

（一）三晉「陽州」內容

左邑在今山西聞喜縣，隸屬於陽州。[10]左邑是魏國境內的縣，[11]故陽州當是縣以上的單位。但戰國時代主要是以郡、縣作為行政劃分，少見州制，因此筆者推測陽州可能是晉國遺留下來的行政區域名。至於此州制有什麼特點，根據其下轄的左邑或許可以推知一二。在其他璽印中又見「左邑發弩」（《古璽彙編》0113）。李家浩認為設置「發弩」是為了加強秦國的軍事防禦。[12]「右未司馬」，或讀右少司

---

10 葉其峰：〈戰國官璽的國別及有關問題〉，《古代銘刻論叢》（北京市：文物出版社，2012年10月），頁25；曹錦炎：《古璽通論》（修訂本）（杭州市：浙江大學出版社，2017年6月），頁208；程燕：《戰國典制研究——職官篇》（合肥市：安徽大學出版社，2018年8月），頁395-396

11 后曉榮：《戰國政區地理》（北京市：文物出版社，2013年3月），頁79。

12 李家浩：〈先秦文字中的「縣」〉，《著名中年語言學家自選集——李家浩卷》（合肥市：安徽教育出版社，2002年12月），頁24。

馬，[13]或讀為「右校司馬」，[14]但不論何種讀法，「右ㄓ司馬」屬軍職是
可以肯定的。由此可推測，管轄左邑的陽州也是位處軍事要地。加上
左邑相當接近晉國宗廟曲沃一帶（如圖一），因此可以推知陽州理當
是出於保護晉國宗廟曲沃而設置的一個特殊州制。曲沃作為晉國的
「宗邑」，[15]即晉國先君宗廟，故晉獻公派太子申生主曲沃，因為要
「威民而懼戎」。[16]此安排雖然為外變的說辭，但也可看出當時曲沃的
重要性。陽州接近曲沃，理當是出於軍事防衛之目的而設置的州。

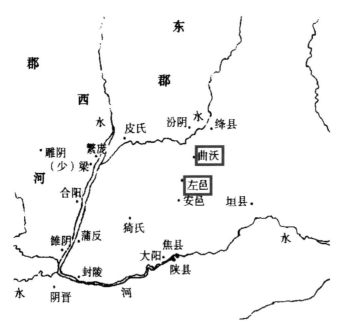

圖一　左邑與曲沃位置圖
《戰國政區地理》，頁 102。

13 何琳儀：〈楚官肆師〉，收入《安徽大學漢語言文字研究叢書　何琳儀卷》（合肥
　　市：安徽大學出版社，2013年5月），頁155。陳光田：《戰國璽印分域研究》（長沙
　　市：嶽麓書社，2009年5月），頁190。
14 李家浩：〈十一年皋落戈銘文釋文商榷〉，《考古》1993年8月，頁759。
15 《左傳》，卷10，頁177。
16 《左傳》，卷10，頁177。

陽州左邑右叔司馬 《古璽彙編》0046	左邑發弩 《古璽彙編》0113

（二）九州之戎

　　九州之戎，顧名思義可知此「九州」是專門安置戎人而設置。至於哪些戎人會安置在「九州」之中，今試論之。《左傳》昭公二十二年：「冬十月丁巳，晉籍談、荀躒帥九州之戎及焦、瑕、溫、原之師，以納王于王城。」杜預注：「九州戎，陸渾戎，十七年滅，屬晉。州，鄉屬也。五州為鄉。」[17]又云：「九州戎在晉陰地陸渾者。」[18]依杜預的說法，此州的人員組成主要是陸渾戎，並且為鄉屬。晉滅了陸渾戎之後，就將之編成了九州。清人顧棟高亦言：「允姓之戎居於瓜州，在州西五百二十六里，即小戎也。後遷中國為陸渾之戎，亦曰陰戎，亦曰九州戎。」[19]晁福林更言：

　　　　所謂「九州之戎」，即陸渾之戎……陸渾戎被晉編為九州，每
　　　　州2500家，則九州當為22500家，依每家5口人計算，陸渾戎當
　　　　時蓋有11萬多人。此後「陸渾之戎」不再活躍於政治舞臺，偶

17　《左傳》，卷50，頁874。

18　《左傳》，卷57，頁1000。

19　清‧顧棟高著，吳樹平、李解民點校：《春秋大事表》，頁2691。

有所見，也以「九州之戎」相稱，蓋已漸次與華夏族融合。[20]

但後人對於杜預的說法並非全然接受，清人全祖望指出：「至哀四年，陸渾之滅已久，而九州之戎仍見於傳，則其非陸渾可知。」[21]近人陳槃就指出：「九州之地區相當遼廣，故其種姓、部落不一。然則陸渾之戎者，九州戎之一種。謂九州戎不過陸渾戎一種，則固不可也。」[22]余太山亦云：「陰地陸渾又屬九州，故陸渾戎亦九州戎之一支。」[23]筆者認為九州之戎當視為一個大族群，而陸渾戎僅為其中的一支族群是比較合適的說法。根據《左傳》的描述，當時陸渾戎被晉軍荀吳偷襲後，其被擊潰的部族人員有三種發展：[24]一、陸渾子奔楚。二、其眾奔甘鹿，周大獲。三、荀吳獻俘於文宮。其中「甘鹿」一地，杜注只言「周地」，高士奇指出：「河南府宜陽縣有鹿蹄山，甘水所出，甘鹿疑以此得名。」[25]高士奇的說法是可信的。依據考古發掘的情況，甘鹿當是「甘水河、鹿蹄山一帶。東周時期此地為甘公封地，是周王朝西南邊境，與陸渾戎接壤。」[26]（圖二）因此真正被荀吳帶回的只是其中一部分的俘虜，並非陸渾戎全體。這群俘虜當然有可能被編入所謂的「九州之戎」中。《左傳》昭公二十二年：「庚申，單子、劉蚡以王師敗績于郊，前城人敗陸渾于社。」[27]陳槃就指出：

---

20 晁福林：《春秋戰國的社會變遷》（北京市：商務印書館，2011年9月），頁338-339；金景芳：《中國奴隸社會史》（上海市：上海人民出版社，2003年），頁263亦主此說。

21 清·全祖望撰，朱鑄禹集注：《經史答問》，收入《全祖望集彙校集注》（上海市：上海古籍出版社，2000年12月），頁1923。

22 陳槃：《春秋大事表列國爵姓及存滅表譔異》（臺北市：中央研究院歷史語言研究所，1997年6月），頁1060。

23 余太山：《古族新考》（北京市：商務印書館，2012年6月），頁128。

24 《左傳》，卷50，頁874-875。

25 清·高士奇：《春秋地名考略》，頁55。

26 吳業恆：〈河南伊川徐陽墓地的族屬〉，《大眾考古》2017年6月，頁32。

27 《左傳》，卷50，頁874-875。

「陸渾戎已于五年前為晉所滅，則此殆其餘眾而統于九州之戎者。」[28]
此說是可信的。

圖二　陸渾戎活動中心，及晉滅陸渾戎示意
〈河南伊川徐陽墓地的族屬〉，頁 32。

其次，九州之戎多次協助晉軍打戰，[29]若說九州之戎全都由陸渾
戎所組成，其部族被晉軍所俘虜的人數還有十一萬之多，並可以在晉
軍的指揮下忠誠參加各次戰役，實在難以想像。至於陸渾戎可能屬允
姓之戎的一支，《左傳》昭公九年：

> 故允姓之姦居于瓜州，伯父惠公歸自秦，而誘以來，使偪我諸
> 姬，入我郊甸，則戎焉取之。戎有中國，誰之咎也？[30]

28　陳槃：《春秋大事表列國爵姓及存滅表譔異》，頁1060。

29　《左傳》，卷50，頁874；卷57，頁1000。

30　《左傳》，卷45，頁779。

而考古也證實陸渾戎確實接近東周王室所在的王城，因此陸渾戎與允姓之戎可能屬同一種族群。陸渾以其居住地稱之，允姓當是陸渾戎國君之姓。當然允姓之戎所包括的族群不只陸渾戎而已，陸渾戎理應是允姓戎之分支。

　　至於九州之戎可包括哪些戎族？「九州之戎」一詞最早出現的時間點是昭公二十二年，在此之後的《左傳》文獻中，除了見到「戎蠻」外，[31]晉國南鄙的其他諸戎幾乎未見。從這裡或可作進一步的推測，當時晉人已將一些與晉國接近的南鄙諸戎整併入九州之戎中，且可能依照其原來族群屬性來作區分。孫戰偉言：「分布在中原的諸戎，雖然與周王室關係多有不和，但多歸順臣服晉國，接受晉國的調遣和領導，這與晉國對戎懷柔政策有密切相關。」[32]依此，筆者認為所謂的九州包括了以下這些族群：

伊川地區	伊洛地區	伊洛地區	伊洛	伊洛	伊洛	晉南鄙	晉南鄙	近楚國
陸渾戎	揚戎	拒戎	泉戎	皋戎	伊、雒之戎	姜戎	茅戎	陰戎
允姓之戎								

　　至於何以將九州之戎界定為以下這些戎族，茲將理由說明於下。

　　（一）陸渾戎是從瓜州一帶遷來伊川縣徐陽村，但在伊雒地區不只陸渾戎一族而已，還有其他的戎人族群。《左傳》成公六年：「晉伯宗、夏陽說、衛孫良夫、甯相、鄭人、伊雒之戎、陸渾、蠻氏侵宋，以其辭會也。」杜注：「蠻氏，戎別種也。」[33]這裡可以明顯的看出陸

31　《左傳》，卷57，頁999。

32　孫戰偉：〈《春秋》與《左傳》中所見的戎及相關問題〉，《文博》2017年3月，頁42。

33　《左傳》，卷26，頁441。

渾戎不同於伊雒之戎，故《左傳》將之分列。又如《左傳》僖公十一年：「夏，揚、拒、泉、皋、伊雒之戎，同伐京師，入王城，焚東門，王子帶召之也。」杜注：「揚、拒、泉、皋皆戎邑，及諸雜戎居伊水、雒水之間者。今伊闕北有泉亭。」[34]竹添光鴻說：「揚、拒、泉、皋四戎邑，如百濮之屬。伊雒之戎其部落之大者，亦稱雒戎。」[35]僖公十一年時，當時的陸渾戎並未遷到伊川一帶，顯見伊雒地區原先已有諸多戎族雜居此地，並非僅有陸渾戎一支而已。《左傳》僖公二十二年：「初，平王之東遷也，辛有適伊川，見被髮而祭於野者，曰：『不及百年，此其戎乎！其禮先亡矣。』」杜注：「披髮而祭，有象夷狄。」[36]若此記載可信，在兩周之際的伊洛一帶已有其他戎狄居住於此。[37]而到了僖公二十二年，即晉惠公十三年，陸渾戎才遷徙至伊川一帶。故可說當陸渾戎遷到此地時，伊洛一帶早已存在眾多戎人族群，因此陸渾戎僅算是伊洛諸戎之一。馬世之指出：魯昭公十七年晉滅陸渾之戎，「與之同時，揚、拒、泉、皋、伊、雒之戎不復見，則姜姓諸戎約於陸渾戎滅亡前後而被翦滅。」[38]依此，這些被滅的諸戎可能也都被併入九州之戎中。

（二）關於茅戎問題，《春秋》成公元年：「王師敗績于茅戎。」杜預注：「茅戎，別種也。」[39]關於茅戎的位置，高士奇說：「《括地志》：『茅城在河北縣西二十里』，今之平陸縣界，此晉邑，也見晉地中。蓋戎人亦附晉邑以居。」[40]楊伯峻指出：「以茅戎在今濟源縣西者。平陸之茅津離洛陽二百五十里，修武離洛陽二百十里，唯苗亭離洛陽最

---

34 《左傳》，卷13，頁222。

35 竹添光鴻：《左氏會箋》，頁454。

36 《左傳》，卷15，頁247。

37 吳業恆：〈河南伊川徐陽墓地的族屬〉，頁31。

38 馬世之：《中原古國歷史與文化》（鄭州市：大象出版社，1998年11月），頁177。

39 《左傳》，卷25，頁419。

40 清・高士奇：《春秋地名考略》，頁623。

近，僅八、九十里，且為周邑，或是此處。」[41]若依楊說，那麼茅戎所在的位置當離洛陽不遠處，晁福林即認為今河南修武一帶，[42]故辛迪將茅戎歸入「晉南之戎」。[43]

（三）九州之戎中，最早歸順晉國當屬姜戎，顧頡剛將姜戎遷晉後的位置標在中條山北麓。[44]黃鳴認為姜戎曾參加殽之戰，故進而推測其位置當在「河南省靈寶市至澠池縣南部殽山地帶」，[45]今從其說。

（四）晉悼公五年時「盟諸戎」，推測除了將無終等山戎納入同盟外，[46]另外散雜在晉南鄙及伊洛一帶的戎人亦納入同盟。何以認定晉人要將南鄙戎人納入同盟？根據《左傳》襄公九年描述晉悼公時期：「三駕而楚不能與爭。」杜注：「三駕，三興師，謂十年師於牛首，十一年師於向，其秋觀兵於鄭東門，自是鄭遂服。」[47]顯見，晉悼公期間與南方的楚國戰爭頻仍，因此若南鄙、伊洛一帶的戎人能歸服或與晉結為同盟，至少不會成為晉國南征的絆腳石。筆者認為當時加入同盟的可能是位處晉楚間伊洛一帶的戎人，如揚戎、拒戎、泉戎、皋戎、伊、雒之戎及茅戎等。到了晉頃公元年時滅了陸渾戎，其被俘虜的餘眾也被編入九州之戎，並設特殊區域（州）來分別安置各戎族，以因應戰時可隨時調度，此或即九州之戎的內涵。

（五）最後是關於陸渾戎與陰戎的關係，這裡也稍作說明。《左

---

41 楊伯峻：《春秋左傳注》（修訂本），頁783。

42 晁福林：《春秋戰國的社會變遷》，頁339。

43 辛迪：〈春秋諸戎及其地域分布考〉，《中國國家博物館館刊》總117期（2013年4月），頁78。

44 顧頡剛：《史林雜誌初編》（北京市：中華書局，1963年2月）「瓜州與九州」附圖。孫戰偉：〈《春秋》與《左傳》中所見的戎及相關問題〉，頁42認為上馬墓地出土與寺注文化相似的器物，因而判斷姜戎居住地在侯馬附近。但古代器物是可以流通的，當地出有這一類的器物，未必就代表姜戎氏必住在其附近。

45 黃鳴：《春秋列國地理圖志》，頁348。

46 《左傳》，卷29，頁506。

47 《左傳》，卷30，頁530。

傳》昭公九年：「周甘人與晉閻嘉爭閻田。晉梁丙、張趯率陰戎伐
穎。」杜注：「陰戎，陸渾之戎。」[48]依杜預的說法，似乎兩者是同一
支戎人。陸渾戎在昭公十七年被消滅後，其餘眾被納編進九州之戎，
而此餘眾曾在晉人伐王子朝之役時，被前城人擊敗，之後基本上就罕
見此族人蹤跡。《左傳》昭公十九年：「楚工尹赤遷陰于下陰。」竹添
光鴻說：「蓋陰地之戎遷於此。」[49]楊伯峻說：「陰謂陰地之戎。」[50]
似乎此陰地之戎有別於陸渾戎。《後漢書》〈西羌傳〉：「是時楚、晉強
盛，威服諸戎，陸渾、伊、洛、陰戎事晉，而蠻氏從楚。」[51]從這一
條史料可以看出二點：其一、陸渾與陰戎分別羅列，顯然兩者當有所
區分。其二、當時的伊、洛一帶諸戎基本上服事晉，也包括了陰戎在
內，此可旁證筆者對九州之戎的推論。關於陰戎與陸渾戎的關係，陳
槃言：「然陰戎與陸渾戎種姓雖同，而居地則有別。陸渾城在今河南
嵩縣北三十里，陰戎則在晉陰地。」[52]有關陰地的位置，杜注：「晉河
南山北，自上洛以東至陸渾」。[53]孔穎達補充說：「陰地者，河南山北東
西橫長其間，非一邑也。」[54]馬保春亦認為陰地並非是一邑，而是一
個區域，其南與楚境相接。[55]馬濤認為陰地在「今湖北省西北部」。[56]
黃鳴認為陰戎在今大河之南，秦嶺與伏牛山之北，自上雒以東至陸
渾。[57]陰地是一個區域名稱，此區域橫跨晉國南部和楚國北方。居住

48 《左傳》，卷45，頁778。

49 竹添光鴻：《左氏會箋》，頁1928。

50 楊伯峻：《春秋左傳注》（修訂本），頁1401。

51 南朝宋・范曄撰，唐・李賢等注：《後漢書》，卷77，頁2873。

52 陳槃：《春秋大事表列國爵姓及存滅表譔異》，頁1058。

53 《左傳》，卷21，頁364。

54 《左傳》，卷57，頁1000。

55 馬保春：《晉國地名考》，頁274。

56 郭濤：〈秦代南郡「陰」地考〉，《中國歷史地理論叢》2015年4月，頁105。

57 黃鳴：《春秋列國地理圖志》，頁328-329。

在陰地的戎自然可稱為陰戎，故陰戎當包括很多的族群在內，若此，最多只能認定陸渾戎是陰戎的一部分，而非全體，兩者仍有所區分。

綜上所述，筆者將九州之戎所在的位置標在下圖。需要說明的是，《中國歷史地圖集》中所標示的陸渾戎位置並不精確，現在根據考古發掘的墓葬位置調整至伊水近洛陽一帶，此外加上晉南鄙的姜戎亦標於圖三。

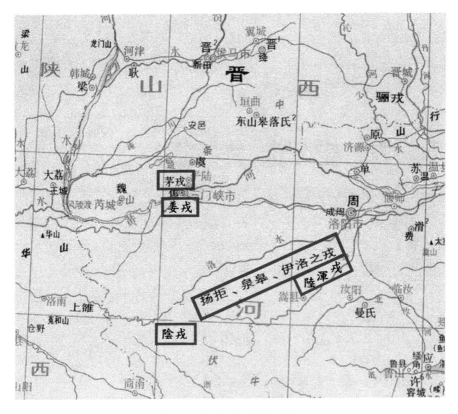

圖三　九州之戎位置圖

值得一提的是，顧頡剛認為九州之戎即瓜州之戎。[58]當然就音理

---

58 顧頡剛：《顧頡剛全集——顧頡剛讀書筆記》卷16（北京市：中華書局，2011年1月），頁306。

上而言，九與瓜是相近的，[59]但將九州限定為瓜州卻沒有太多的證據。瓜州是一個相當模糊的區域（詳後文），為古代稱呼戎人或其他少數民族的原居地。且瓜州戎人遷徙至晉國南方的伊洛一帶時，當地早有其他的戎族居於此，這些戎族當然有可能也是從所謂的瓜州一帶遷徙而來，但有一部分是「華夏族群自我意識的出現，也使他們意識到許多必須排除在華夏之外的人群（戎）的存在。」[60]若屬後者，這些少數民族未必全然是瓜州遷徙而來。因此九州之戎當可包括瓜州來的戎人，但不應僅限於此區域，應當還包括原來就在伊洛一帶的少數部落。

翦伯贊認為瓜州或九州都是地名，即以地名來指稱戎人，[61]然而根據筆者上文的討論，「九州」是指九個戎人族群之居住區，當非一個地名的專稱。

附帶說明的是《國語》〈鄭語〉的「謝西之九州」，韋昭注：「謝，宣王之舅申伯之國，今在南陽。謝西有九州，二千五百家曰州。」[62]這裡的「九州」，不得視為大名中國九州，顧炎武即言：「州有二名……《禹貢》『九州』，大名也……《國語》『謝西之九州，何如』，並小名也。」[63]那麼九州之戎之「九州」是否與「謝西之九州」相關？韋昭所說的「申伯之國」即南申國，根據考證其地理位置在南陽一帶，[64]那麼謝當在今河南南陽一帶。[65]申國在楚文王後已成為楚

59 九為見母幽部，瓜為見母魚部，聲同為喉音，韻屬旁轉。聲韻依郭錫良：《漢字古音手冊》（增訂本）一書。

60 王明珂：《華夏邊緣——歷史記憶與族群認同》（增訂版）（杭州市：浙江人民出版社，2013年11月），頁154。

61 翦伯贊：《先秦史》（北京市：北京大學出版社，1999年5月），頁134。

62 徐元誥：《國語集解》（修訂本），頁469。

63 清・顧炎武著，黃汝成集釋：《日知錄集釋》（上海市：上海古籍出版社，2013年10月），卷22，頁1236。

64 徐少華：〈從叔姜簠析古申國歷史與文化的有關問題〉，《荊楚歷史地理與考古探研》（北京市：商務印書館，2010年11月），頁59；鄭威：〈《靈王遂申》與春秋後期楚國的申縣〉，《江漢考古》2017年5月，頁120。

之申邑，[66]故謝邑一帶在春秋早期以後已在楚國的勢力範圍下。[67]
《左傳》莊公三十年「申公鬬班殺子元」，此時申已稱申公，顯然早
已成為楚之縣了，[68]晉人當無從指揮謝西九州一帶的人。「謝西九州」
一帶有可能原本就存在非華夏民族。楚地靠近晉國的地方，除了有陸
渾戎之外，還有所謂的陰戎、戎蠻、狄戎在此區域活動。《左傳》哀
公四年：

> 單浮餘圍蠻氏，蠻氏潰。蠻子赤奔晉陰地。司馬起豐、析與狄
> 戎，以臨上雒。

杜注：「楚司馬眅也。析縣屬南鄉郡，析南有豐鄉，皆楚邑。發此二
邑人及戎狄。」[69]豐在今河南淅川縣廢治西南。[70]狄戎與此二邑同時
被徵發，居地應接近這二邑。[71]依地圖所示（圖四），析和豐兩處就位
於謝西的範圍。另外，楚國又將陰戎遷至下陰一帶，根據學者的考
證，下陰位於今湖北老河口市北，[72]以上這些地區基本上皆屬謝西區
域。謝西九州此區域屬楚國的統治範圍，當地原本就存在一些戎人，
如狄戎，加上後來楚人又將陰戎安置在下陰，但基本上此區的族群內
容與晉國之「九州之戎」不盡相同。其次，春秋時代戎人未必專屬哪

---

65 徐少華：〈古謝國歷史地理考辨──兼論漢晉棘陽城的位置〉，《武漢大學學報》（哲
　學社會科學版）1994年2月，頁71。

66 清・顧棟高著，吳樹平、李解民點校：《春秋大事表》，頁571。

67 徐少華：〈古謝國歷史地理考辨──兼論漢晉棘陽城的位置〉，頁75。

68 徐少華：《周代南土歷史地理與文化》（武昌市：武漢大學出版社，1994年11月），
　頁30。

69 《左傳》，卷57，頁1000。

70 楊伯峻：《春秋左傳注》（修訂本），頁1627。

71 陳偉、徐少華：〈《左傳》文公十六年伐楚之戎地望辨析〉，《江漢論壇》1988年12
　月，頁74。

72 徐少華：《周代南土歷史地理與文化》，頁284；《荊楚歷史地理與考古探研》，頁
　230。

圖四　楚國「謝西」一帶地形圖

一國，經常游移於大國之間，舒大剛即言：「諸戎先後成為楚、晉爭霸的走卒，也是兩霸的受害者。」[73]原本生存在謝西九州一帶的戎人，當然有可能像蠻戎在楚軍的逼迫下往北逃到晉國陰地。[74]因此有些戎人原本是來自謝西九州一帶，其北徙至陰地後，可能被晉國納入「九州之戎」進行編制，但晉國九州之戎的內涵基本上與「謝西九州」有所不同。

三　與秦、晉鄰近的瓜州

瓜州的地理位置，學界一直有所爭議，在討論之前，我們先來看有關的文獻記載。《左傳》襄公十四年：

> 姜戎氏！昔秦人迫逐乃祖吾離于瓜州，乃祖吾離被苫蓋、蒙荊棘以來歸我先君，我先君惠公有不腆之田，與女剖分而食

---

73 舒大剛：《春秋少數民族分布研究》（臺北市：文津出版社，1994年3月），頁191。

74 《左傳》，卷57，頁1000。

之。……昔秦人負恃其眾,貪于土地,逐我諸戎。惠公蠲其大
德,謂我諸戎是四嶽之裔冑也。毋是翦棄。賜我南鄙之田,狐
狸所居,豺狼所嗥。我諸戎除翦其荊棘,驅其狐狸豺狼,以為
先君不侵不叛之臣,至于今不貳。[75]

杜注:「四嶽之後,皆姜姓,又別為允姓。瓜州,地在今燉煌。」[76]杜
預之說當是來自杜林的說法。[77]江永亦承此說:「陝西肅州之西五百餘
里有瓜州,故城漢燉煌郡之地也。」[78]王雷生認為瓜州在河華地區,
即華山以北西河兩岸。[79]尹盛平、尹夏清則指出:「姜戎氏所在的『瓜
州』與允姓之奸所居的『瓜州』不是同一個地方。」同時進一步指
出:「瓜州有兩處,『姜氏之戎』所在的『瓜州』,顧頡剛先生明確地指
出在汧隴一帶;『允姓之戎』居住的『瓜州』又稱『三危』,在洮河流
域的甘肅省渭源縣境內。」[80]到底杜預的說法正確,抑或近人的推論
較合理?這裡作進一步之論證。根據文獻記載,春秋時代的瓜州組成
人員主要是戎人,因此要探究瓜州的位置,得先確認春秋時代戎人所
處的區域範圍。童書業曾言諸戎「多在今陝西、甘肅兩省境內。」[81]
不過此說過於籠統,尤其是甘肅境內是否有範圍可尋?張寅曾透過考
古發掘來建構戎人的活動範圍(如圖五):

　　西戎文化遺存主要分布在寧夏回族自治區南部、甘肅中東部和

---

75 《左傳》,卷32,頁557-558。

76 《左傳》,卷32,頁557。其注文參569校勘記更改。

77 漢・班固撰,清・王先謙補注:《漢書補注》,卷28下,頁2658。

78 清・江永:《春秋地理考實》,頁110。

79 王雷生:〈瓜州新考〉,《敦煌學輯刊》1993年2月,頁86-87。

80 尹盛平、尹夏清:〈姜氏之戎與寶雞〉,《寶雞文理學院學報》(社會科學版)第37卷
第2期,頁23。

81 童書業著,童教英校訂:《春秋史》(校訂本)(北京市:中華書局,2006年8月),
頁129。

南部以及關中大部，東不過潼關，西到渭河上游，南不過秦
嶺，北至寧夏固原一帶，……遺址點在50處以上。在這一大片
區域中，隴山東西兩側是其中心分布區。[82]

王輝分析戰國時代的戎人墓葬範圍時亦指出：

> 戰國時期西戎文化的分布範圍北至陝北南部、南達渭河中游、
> 西至渭河上游的漳縣、東至陝北洛河流域。其範圍涵蓋了渭河
> 上游及其支流漳河、葫蘆河，涇河及其支流，西漢水上游以及
> 陝北葫蘆河等流域，隴山和子午嶺東西兩側的黃土高原均在其
> 範圍之內。[83]

梁云更指出秦穆公時代的西戎文化分布在「以隴山為中心的甘、寧地
區，環繞在秦國的西、北外圍，包括渭河上游、清水河、涇河上
游。」[84]綜合三位學者的論述，東周時代甘肅境內的戎人墓葬基本上
西僅達渭河上游一帶，不會超過蘭州。如戰國時代的馬家塬西戎墓
葬，其墓葬位置位於張家川回族自治縣縣城桃園村的馬家塬上，[85]基
本上也是在天水附近。張寅進一步認為瓜州的位置「位於隴山東西兩
側的甘肅東部地區應是不會錯的。」[86]既然戎人墓葬不會西達蘭州，
那麼更遑論可達到所謂的敦煌一帶，杜預的說法顯然是不正確的。[87]

---

82 張寅：〈東周西戎考古學文化的初步研究〉，《秦始皇帝陵博物院》2013年（西安
　市：三秦出版社，2013年8月），頁267。

83 王輝：〈近年來戰國時期西戎考古學文化的新發現與新認識〉，《贏秦溯源──秦文
　化特展》（臺北市：國立故宮博物院，2016年7月），頁331-332。

84 梁云：〈考古學上所見秦與西戎的關係〉，《西部考古》2016年2月，頁119。

85 王輝：〈馬家塬戰國墓地綜述〉，《西戎遺珍──馬家塬戰國墓地出土文物》（北京
　市：文物出版社，2014年11月），頁10。

86 張寅：〈東周西戎考古學文化的初步研究〉，頁278。

87 史念海：〈西周與春秋時期華族與非華族的雜居及其地理分布〉，《史念海全集》第5

值得一提的是，《史記》〈匈奴列傳〉張守節《正義》說「烏孫，戰國時居瓜州。」[88]但根據學者的研究，烏孫主要的生活區域是在河西四郡以西之伊犁河流域，[89]即在敦煌以西的區域。從這個例子可以看出，似乎古代在註解少數民族的原始居住區域時，只要是出自華夏以西的區域，或是在甘肅地區，往往以「瓜州」來統稱，顯見瓜州在古代其實是一個相當籠統的區域，並用以特指戎人或少數民族的居住區域。其次，就早期秦人的活動範圍來看，目前可知最西的位置是在禮縣大堡子附近，尚還沒有在河西四郡的範圍內找到相關遺跡。[90]加上秦穆公時代，秦人早已都於關中雍城，更難與敦煌一帶產生連結。綜上而論，若以考古發掘的戎人墓葬區域來看，春秋瓜州之範圍僅限於陝北及甘肅中東部、南部以及關中大部，基本上不太可能遠達至敦煌一帶。[91]至於姜戎所在的「瓜州」是否還可限縮範圍？王占奎指出姜戎所在瓜州當在秦的東北邊境地帶，長武——銅川一線以北的區域，[92]筆者認為此說當可信。當時秦穆公正積極東進，直到殽之戰受挫後才轉而向西戎發展，故秦穆公向東發展時首當其衝即位於其東北邊境的姜戎。再者，若戎人位於秦國的西側，其遭受秦人迫害時理當往西奔竄，秦人也不必強迫他們整批跨過秦境遷往至晉國南鄙。

　　附帶說明的是，目前在黃陵寨頭河戰國墓地發現戎人墓葬，學者認為此墓葬文化包含了大量的晉系文化因素，並進一步對當地的戎人性質作出解釋：

　　卷，頁580認為敦煌在漢武帝時候始隸版圖，春秋時代的秦晉兩國怎麼會遠適異域
　　招來這樣的戎人。

88 漢・司馬遷撰，瀧川資言考證：《史記會注考證》，卷110，頁3768。

89 戴春陽：〈烏孫故地及相關問題考略〉，《敦煌研究》2009年1月，頁41。

90 王學理主編：《秦物質文化通覽》，頁136。

91 梁雲：〈考古學上所見秦與西戎的關係〉，頁123即言：「『瓜州』之地不可考，但不
　　可能在敦煌」。

92 王占奎：〈晉地「姜戎氏」文化線索〉，《文物考古文集》（武昌市：武漢大學出版
　　社，1997年9月），頁204。

「瓜州」戎人自春秋初年遷衍於今延安南部地區，「三家分晉」後，該區域由承襲者魏國繼續管轄，而寨頭河戎人或為這些移民中的一部分。[93]

不過筆者認為此區的戎人可能是尚未遷移到晉南鄙的姜戎後裔，其墓葬位置就在長武——銅川一線以北的區域內（見圖五）。晉惠公時代，當大批的姜戎遷徙後，當地或許還留存部分的戎人，此地雖然成為秦國的勢力範圍，但後來又成為魏國的領地。姜戎不但保留了本族的文化，同時進入了戰國時代也融入了魏國的文化。依此，生活在此區的戎人有可能就是未遷移之姜戎後裔。

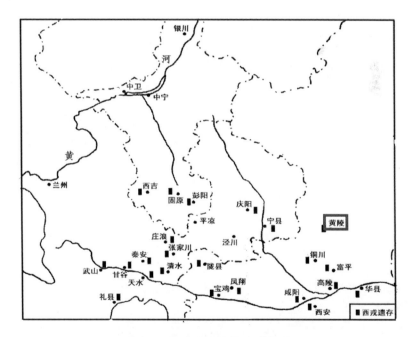

圖五　考古所見西戎遺存圖
〈東周西戎考古學文化的初步研究〉，頁 268。

---

93 陝西省考古研究所、延安市文物研究所、黃陵縣旅遊文物局編：《寨頭河陝西黃陵戰國戎人墓地考古發掘報告》（上海市：上海古籍出版社，2018年10月），頁402。

四 鄰近秦國的西州

　　《戰國策》〈韓策〉:「穆公一勝於韓原而霸西州。」鮑彪云:「西州猶言西方。」[94]不過西方之說過於籠統。《戰國策詞典》解為陝西地區,[95]但何以陝西地區稱西州?仍不夠清楚。何建章認為西州指西戎,[96]此說是可信的。《史記》〈秦本紀〉:「秦用由余謀伐戎王,益國十二,開地千里,遂霸西戎。」[97]《說苑》〈反質〉:「穆公奢主,能聽賢納諫,故霸西戎。」[98]《韓詩外傳》卷八:「夫百里奚、齊之乞者也……見秦繆公,立為相,遂霸西戎。」[99]穆公「霸西戎」一事屢見於文獻的記載,故將西州解為西戎是可信的。依此,西州當即西戎所居之州的簡稱,特指西戎所在的特殊州。

五 衛國之外州及鄰近之戎州

(一) 衛國的外州

　　《左傳》哀公十一年:「初,疾娶于宋子朝,其娣嬖。子朝出,孔文子使疾出其妻,而妻之。……或淫于外州,外州人奪之軒以獻。」杜注:「外州,衛邑。」[100]《左傳》哀公二十六年:「叔孫舒帥師會越皋如、舌庸、宋樂茷納衛侯,文子欲納之。……師侵外州,大

94 鮑彪說引自范祥雍箋證、范邦瑾協校:《戰國策箋證》(上海市:上海古籍出版社,2006年12月),卷28,頁1604。

95 王延棟編:《戰國策詞典》(天津市:南開大學出版社,2002年2月),頁337。

96 何建章:《戰國策注釋》(北京市:中華書局,1996年7月),頁1054。

97 漢・司馬遷,瀧川資言考證:《史記會注考證》,卷5,頁266。

98 漢・劉向撰,向宗魯校證:《說苑校證》(北京市:中華書局,2009年4月),卷20,頁521。

99 屈守元:《韓詩外傳箋疏》(成都市:巴蜀書社,1996年3月),頁729。

100 《左傳》,卷58,頁1018。

獲，出禦之，大敗。」[101]楊伯峻說：「大獲，既勝外州之守衛，又大劫掠民家也。」[102]然而根據這些材料，目前仍無法確切得知外州位置，只知其居民組成大概是以衛民為主。黃鳴認為外州「或在今滑縣境」，[103]待考。

（二）鄰近衛國的戎州

衛國因狄人的包圍，在衛成公六年時遷都至帝丘。《春秋》僖公三十一年：「狄圍衛，十有二月，衛遷于帝丘。」杜注：「帝丘，今東郡濮陽縣，故帝顓頊之虛，故曰帝丘。」[104]根據考古的發掘，帝丘遺址是河南省濮陽縣東南五星鄉的高城遺址。[105]《左傳》哀公十七年：「初，公登城以望，見戎州。問之，以告。公曰：『我，姬姓也，何戎之有焉？』翦之。」杜注：「戎州，戎邑。」[106]依此，此處「州」的意義等同於城邑概念一樣。姚磊說：「戎州，乃戎人居住的城邑，說明戎人並非完全游牧，有一些部落是定居生活的，種植業應有分布。」[107]關於戎州位置，《太平寰宇記》〈河南道〉楚丘縣下記載：「古之戎州，即己氏之邑城也。《九州記》云：『己氏本戎君之姓，蓋昆吾之後，別居戎翟中。周衰入居中國，故此有己氏之邑焉。』漢為己氏縣，屬梁國。」[108]清人顧祖禹《讀史方輿紀要》在山東楚丘城下注：「春秋時戎州己氏之邑。……春秋時楚丘有二，此為曹伯境內之

---

101 《左傳》，卷60，頁1051。「舌」字原作「后」，今依頁1059校勘記改。

102 楊伯峻：《春秋左傳注》（修訂本），頁1728。

103 黃鳴：《春秋列國地理圖志》，頁162。

104 《左傳》，卷17，頁286。

105 袁廣闊、南海森：〈試論濮陽高城東周城址的性質〉，《中原文物》2009年1月，頁45。

106 《左傳》，卷60，頁1046。

107 姚磊：《先秦戎族研究》（武昌市：武漢大學出版社，2016年8月），頁403。

108 宋・樂史撰，王文楚點校：《太平寰宇記》（北京市：中華書局，2007年11月），卷12，頁222。

楚丘,非衛地之楚丘也。」[109]依此說,那麼又有一個戎州位於山東曹國附近。曹國在周初早已從河南滑縣遷至山東定陶,[110]帝丘位於河南濮陽縣一帶,衛靈公即便是站在高臺上,當無法望見山東境內的戎州,[111]兩地相對位置如圖六。江永說:「蓋衛之城外有己氏人居之,謂之戎州,非謂衛侯登衛城能望見曹縣之戎州也。」[112]沈欽韓言:「公自城上見己氏之髮美,則逼近衛郊,方能審諦。」[113]史念海亦認為「戎州就在濮陽城外。」[114]以上三說當可信。故此處的戎州位置只能在河南境內帝丘城附近,即濮陽附近,而非遠在山東城武縣西南的楚丘附近。筆者認為此處的戎州己氏未必與伐凡伯的戎人相同,且杜注亦沒有明言兩者是同一支族群,後人註解時皆將伐凡伯的戎人與戎州視為同一個族群,如顧棟高即言:「隱七年戎伐凡伯于楚丘,在山東曹縣東南四十里。本戎州己氏之邑,凡伯過其地因劫略之。」[115]伐凡伯之戎是否與戎州己氏屬同一個族群,仍有待進一步的探究。

戎州基本上靠近衛國,但又不屬衛國附屬。論者或許質疑若戎州在衛國境內,那麼戎州何以不屬衛國附屬?如舒大剛即言:「在魯僖公三十一年衛成公遷帝丘,濮陽就成了衛國的首都。戎人一部分被征服,成為與衛國附郭的『戎州己氏』。」[116]然而戎州是否為衛人征服後所設置的區域,文獻並沒有直接的證據,故此說仍存在疑點。且己

---

109 清·顧祖禹撰,賀次君,施和金點校:《讀史方輿紀要》(北京市:中華書局,2005年3月),卷33,頁1575。

110 《左傳》,卷6,頁106孔穎達疏引《世族譜》曰:「曹,姬姓,文王子叔振鐸之後也。武王封之陶丘,今濟陰定陶縣是也。」

111 清·江永:《春秋地理考實》,頁180已指出此問題。

112 竹添光鴻:《左氏會箋》,頁2408亦承此說。

113 清·沈欽韓:《左傳地名補注》,頁322。

114 史念海:〈西周與春秋時期華族與非華族的雜居及其地理分布〉,《史念海全集》第5卷,頁563。

115 清·顧棟高撰,吳樹平、李解民點校:《春秋大事表》,頁889。

116 舒大剛:《春秋少數民族分布研究》,頁91。

氏戎人是昆吾後裔，[117]虞夏之時昆吾原在許昌以東地帶活動，後來才
北遷於今河南濮陽西南的顓頊之墟一帶，最後被商湯所伐滅。[118]雖然
昆吾被商湯所伐滅，當地應還留存其遺族，這些人後來形成了戎州，
其比衛人更早居住在此地。[119]其次，早期國家領土規模不是由邊界線
來確定，李峰就指出：「每個諸侯國的範圍又由一群『邑』的分布來
得以確認」，同時他認為「這些邑之間和外圍，分布著森林、荒地，
也可能存在著一些由非周部族長期占據的聚落，尤其是在國家的東部
和北部。」[120]沈長云亦說：「那時各國居民很大程度都還圍繞著幾個有
限的居邑而棲息生活，各居邑呈點狀分布，在居邑之間尚有不少未開
墾或已開墾的『隙地』未有明確的領土歸屬。」[121]甚至「『據點』和
『據點』之間還散布著不屬于王朝、或者還是敵對的許多方國。」[122]
因此戎人當時就是聚集在帝丘邑外圍的隙地，雖然接近衛都帝丘，但
基本上並不屬於衛人所管轄。筆者再舉二例來說明，《左傳》隱公二
年：「公會戎于潛，脩惠公之好也。」[123]杜預說：「陳留濟陽縣東南有
戎城。潛，魯地。」[124]史念海指出：「春秋以前魯國附近已有戎人，
而且和魯國相當和好。」[125]魯國附近的戎人亦不屬魯國所管轄。又如

---

117 唐・杜佑撰，王文錦等點校：《通典》（北京市：中華書局，2012年11月），卷177，
　　頁4664。

118 徐少華：〈論己姓、彭姓諸族的流變和分布〉，《江漢考古》1996年2月，頁75。

119 清・譚澐：《國語釋地》，《《國語》研究文獻輯刊》第七冊（北京市：國家圖書館
　　出版社，2012年8月），頁491：「今大名府開州西南二十里濮陽城，本古昆吾氏之
　　虛，衛成公自楚邱遷於此，故曰衛是也。」

120 李峰：《西周的政體──中國早期的官僚制度和國家》，頁289-290。

121 沈長云：〈驪戎考〉，收入《上古史探研》，頁289。

122 王玉哲：〈殷商、西周疆域史中的一個重要問題〉，收入《古史集林》，頁202。

123 《左傳》，卷2，頁42。

124 《左傳》，卷2，頁41。

125 史念海：〈西周與春秋時期華族與非華族的雜居及其地理分布〉，《史念海全集》第
　　5卷，頁562。

圖六　春秋兩「楚丘」相對位置圖

《周代曹國考》，頁33。

晉國早期「居深山，戎狄之與鄰」，[126]但這些戎狄也不全然在晉國的
管轄下。以此來看戎州和衛國的情況亦當如此，其在衛都帝丘外聚邑
定居，但基本上並不屬衛國所管轄。孫戰偉說：「衛莊公登城即可見
戎州，足可說明戎州距離衛國都城很近，而二者能曾相安無事的存
在，說明應該會有一段較為友好關係。」[127]此說基本上亦認同二者並
沒有隸屬的關係，是並存且各自獨立的狀況。

　　其次，關於「戎州」之「州」的性質，學界主要有二說：其一是
認為州為州黨之名，如宋人羅泌《路史》指出：「曰州者，是其州黨

---

126 《左傳》，卷47，頁823。

127 孫戰偉：〈《春秋》與《左傳》中所見的戎及相關問題〉，頁41。

之名矣。」[128]田昌五甚至認為戎州人是衛國境內的野人。[129]另一說則
視戎州為一個國家,《通典》〈州郡〉:「古之戎州己氏之邑。蓋昆吾之
後,別在戎翟中,周衰入居中國。己氏,戎君姓也,漢曰己氏縣
也。」[130]陳槃說:「戎州姓己而曰戎州己氏,國而繫姓。」又說:「戎
為其國,己為其姓」。[131]依陳槃之見,此戎州雖是戎人所住之邑,但
大多以己氏家族為中心的一個特殊獨立區域。這二說中,筆者認為第
二說較可信。雖然目前還無法確認戎州是否就是春秋一個方國,但基
本上此戎人並不附屬衛人所管轄,故衛君很自然的反應是:「我姬姓
也,何戎之有焉。」至於《史記》〈衛康叔世家〉:「戎州病之。十
月,戎州告趙簡子,簡子圍衛。」似乎戎州之人是依附於晉國之下,
不過梁玉繩早已指出:「而簡子之伐衛與戎州無涉,不得云『戎州告
簡子』也。」[132]其實春秋時代,諸戎雜處在華夏族群之中,戎人未必
附屬哪一個國家。那麼此處的「州」當如何解釋?筆者認為此處的州
意大概同於前文所指出之州義,為特定區域,且與外界有所區隔的一
個地區。且「戎」本來就是華夏族群對於非我族類的稱呼,[133]故「戎
州」的意思即戎人所居住的特殊區域,為華夏之人以其族群屬性來稱
此區域內的人,用以區隔華夏之人。至於州之大小,根據經師的解
釋,此州為戎人己氏所居之邑,那麼其規模大概與一般的都邑差不
多,只不過此區以戎人為主,且以己氏族群為主,故規模可能不大,

---

128 清・沈欽韓:《左傳地名補注》,頁322亦承此說。

129 田昌五:《古代社會斷代新論》(北京市:人民出版社,1982年12月),頁112;趙世
　　超:《周代國野關係研究》(臺北市:文津出版社,1993年12月),頁209;臧知
　　非:《戰國秦漢行政、兵制與邊防》(蘇州市:蘇州大學出版社,2017年8月),頁
　　27皆主此說。

130 唐・杜佑撰,王文錦等點校:《通典》,卷177,頁4664。

131 陳槃:《春秋大事表列國爵姓及存滅表譔異》,頁976、978。

132 清・梁玉繩,賀次君點校:《史記志疑》(北京市:中華書局,2006年7月),卷
　　20,頁944。

133 王明珂:《華夏邊緣——歷史記憶與族群認同》(增訂本),頁149;馮盛國:《兩周
　　時期華夷關係研究》(北京市:中國社會科學出版社,2016年11月),頁140。

大概屬於小邑的規格。童書業曾言小邑是:「一二十家村聚耳。」[134]
戎州的規格也大概離此規格不會太遠。

六　楚國境內之州

(一)夏州

　　春秋時代所見楚國之州有夏州,《左傳》宣公十一年對「夏州」
的記載:

> 楚子為陳夏氏亂故,伐陳……「今縣陳,貪其富也。以討召諸
> 侯,而以貪歸之,無乃不可乎?」王曰:「善哉!吾未之聞也。
> 反之,可乎?」……乃復封陳。鄉取一人焉以歸,謂之夏州。

杜預注:「州,鄉屬,示討夏氏所獲也。」孔疏亦言:「謂之夏州者,
討夏氏,鄉取一人以歸楚,而成一州,故謂之夏州。」[135]依此,此夏
州之「夏」,似為討伐夏徵舒而設置的特殊行政單位。竹添光鴻亦承
此說:「夏州則以夏氏得名。」[136]但筆者認為此說未必合適。根據上
引文獻,楚莊王原本想將整個陳國納入其屬縣,爾後才改各鄉取一人
以歸。故此鄉當然不能僅限於夏氏所屬之鄉,當指陳國境內所有鄉而
言。劉文淇言:「楚蓋俘陳之民,鄉各一人,於楚別立夏州,以旌武
功也。」[137]此說是接近的。所以即便是稱「夏州」,此夏州仍當是整
個陳國的縮影,不應為了旌伐夏氏之功進而只命名為「夏州」。至於

---

134 童書業著、童教英校訂:《春秋左傳研究》(校訂本)(北京市:中華書局,2006年
　　8月),頁165。

135 《左傳》,卷22,頁384。

136 竹添光鴻:《左氏會箋》,頁874。

137 清‧劉文淇:《春秋左氏傳舊注疏證》,頁676。

何以稱「夏州」？其實這也與楚人稱呼中原民族為夏有關。楚武王曾言：「我蠻夷也。今諸侯皆為叛相侵，或相殺。我有敝甲，欲以觀中國之政，請王室尊吾號。」[138] 顯示「楚人最早的意識中，固未嘗以華夏自居。」[139]《尚書》〈舜典〉：「蠻夷猾夏。」偽孔《傳》：「夏，華夏。」睡虎地秦簡《法律答問》簡176：

> 「臣邦人不安其主長而欲去夏者，勿許。」何謂「夏」？欲去秦屬是謂「夏」。

去夏，即離開華夏。[140]《戰國策》〈楚一〉：「陳軫夏人也，習於三晉之事，故逐之，則楚無謀臣矣。」鮑彪曰：「夏，中國也。」[141] 因此，「夏」在古代作為華夏、中國意是相當常見的用法。又如楚人對於征伐中原諸夏之路即稱「夏路」，[142] 那麼「夏州」之「夏」也當跟這個意義有關。鄭威認為：

> 《左傳》「夏州」當理解為「夏人之州」，指的是由陳國鄉民，即楚人眼中的夏人組成的「州」。[143]

---

138 漢・司馬遷撰，瀧川資言考證：《史記會注考證》，卷40，頁2086。

139 史念海：〈西周與春秋時期華族與非華族的雜居及其地理分布〉，《史念海全集》第5卷，頁576。

140 陳偉主編：《秦簡牘合集釋文注釋修訂本（壹）》（武昌市：武漢大學出版社，2016年3月），頁250。史黨社：〈起于「戎狄」——秦與比鄰少數族群的關係新探〉，收入《秦與北方民族歷史文化論集》（北京市：科學出版社，2018年11月），頁95認為「『夏』指的秦境（包括中原諸侯，如魏也都可稱『夏』）」。

141 諸祖耿編撰：《戰國策集注匯考》增補本（南京市：鳳凰出版社，2008年12月），頁767。

142 石泉主編：《楚國歷史文化辭典》，頁331。

143 鄭威：〈「夏州」小考——兼談包山楚簡「路」的性質〉，《出土文獻與楚秦漢歷史地理研究》（北京市：科學出版社，2017年10月），頁55。

陳國原本是帝舜之後，其文化水平相較楚文化其他區域中算是比較先進的。[144]此州可以算是一種特殊的編制，用來定位非楚人的中原（華夏）居民，這也可以看出當時楚人仍以自己的文化來自居，不同於華夏。不過夏州的編制基本上是用來安置陳國人，管理的人當即楚人。[145]根據徐少華的研究，陳國的範圍「東至今安徽亳縣、渦陽一帶，南達潁水與頓、項、養、胡等國為鄰，西至今西華縣以西與許國相望，北約在扶溝、太康一線與鄭、宋相交。」[146]依此，春秋時代的陳國「疆域不過一縣之大」（如圖七所示）。[147]前文提及，夏州的組成是陳國各鄉取一人組成的，加上陳國境內的鄉數也不可能太多，故此夏州的規模應當不會太大，約與一般的小邑相同。

---

144 徐少華：《周代南土歷史地理與文化》，頁194。

145 張金光：《戰國秦社會經濟形態新探》（北京市：商務印書館，2013年3月），頁267
    認為夏州可謂「勝國之州」。

146 徐少華：《周代南土歷史地理與文化》，頁194。

147 陳絜：〈再論包山楚簡「州」的性質與歸屬〉，《中國古代社會高層論壇文集：紀念
    鄭天挺先生誕辰一百一十周年》（北京市：中華書局，2011年8月），頁263。

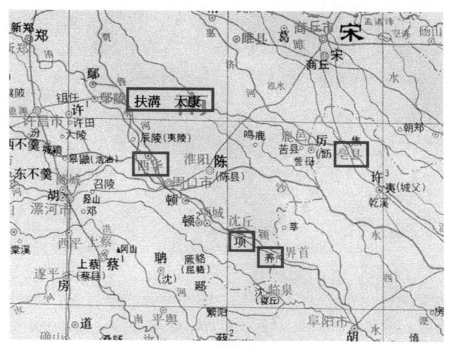

圖七　陳國範圍圖

至於夏州位置在哪？在《戰國策》〈楚策〉中亦見夏州一地：

> 楚，天下之強國也。大王，天下之賢王也。楚地西有黔中、巫
> 郡，東有夏州、海陽，南有洞庭、蒼梧，北有汾陘之塞、郇
> 陽。[148]

關於此處的夏州，學者有不同的意見，但比較常見的說法是此夏州即
《左傳》之夏州。《史記》〈蘇秦列傳〉張守節《正義》說夏州是「大
江中州也。夏水口在荊州江陵縣東南二十五里。」瀧川資言補充說：
「夏州在今湖南夏口縣北。」[149]江永認為「夏州蓋在北岸江漢合流之

148　范祥雍箋證、范邦瑾協校：《戰國策箋證》，卷14，頁787。
149　漢・司馬遷撰，瀧川資言考證：《史記會注考證》，卷69，頁2916。

間，其後漢水遂有夏名。」[150]沈欽韓採《一統志》之說：「夏州在漢陽府漢陽縣北。」[151]依此，似乎夏州離楚莊王時代的都城有一段距離。另外一種說法即認為楚國的「州」應在楚都附近，陳偉曾指出：「州大致分布于楚都一帶。」[152]鄭威亦指出：「楚莊王從陳國每個鄉取一人帶回楚國之後設立的『夏州』，即夏人之州，不知性質是否與之近似，或也在郢都附近，以便于中央政府的管理。」[153]不過若以第一說來考察，其實就楚國在管理上亦非難事。根據清華簡《楚居》的記載，楚莊王在若敖之亂後即遷徙至為郢，[154]為郢即鄢郢，地位於今宜城郭家崗遺址，[155]此地正好是位於漢水的上游。《史記》〈楚世家〉：「於是王乘舟將欲入鄢。」張守節《正義》：「王自夏口從漢水上入鄢也。」[156]故若從鄢舟行順流而下，可以很順利的到達其下游的入江處──即夏州所在之處（見圖八），如此楚國要對夏州進行管理亦非難事。加上夏州所處的位置也相當特殊，鮑彪引車胤云：「夏口城上有洲，曰夏州。」[157]根據張守節的說法，此州為「大江中州也。」高士奇引盛弘之曰：「夏洲首尾長七百里，地在今漢陽府界。」[158]依此，夏州當是位處江中之一塊沙洲，為一塊與外界有所隔離的特殊區

150 清・江永：《春秋地理考實》，頁88。

151 清・沈欽韓：《春秋左氏傳地名補注》，頁152；繆文遠：《戰國策新校注》（成都市：巴蜀書社，1998年9月），頁431亦採此說。

152 陳偉：《包山楚簡初探》（武昌市：武漢大學出版社，1996年8月），頁91；《楚簡冊概論》（武漢市：湖北教育出版社，2012年10月），頁133。

153 鄭威：〈「夏州」小考──兼談包山楚簡「路」的性質〉，《出土文獻與楚秦漢歷史地理研究》，頁55。

154 清華大學出土文獻研究與保護中心：《清華大學藏戰國竹簡》（壹）（上海市：中西書局，2010年12月），頁181。

155 趙平安：〈《楚居》「為郢」考〉，《文字・文獻・古史──趙平安自選集》（上海市：中西書局，2017年6月），頁338。

156 漢・司馬遷撰，瀧川資言考證：《史記會注考證》，卷40，頁2104。

157 諸祖耿編撰：《戰國策集注匯考》（增補本），頁745。

158 清・高士奇：《春秋地名考略》，頁382。

域。

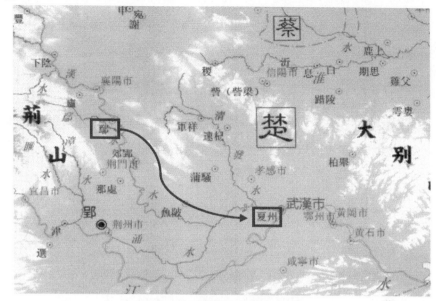

圖八　夏州與楚都相對圖

（二）京州

嶽麓書院秦簡《為獄等狀四種》案例〇二簡33-34：「荊邦人，皆居【033正】京州。相與亡，來入秦地，欲歸義。行到州陵界中，未詣吏，悔。」[159]整理小組僅言：「京州，疑為楚國地名，未詳。」周波認為京州應在州陵之東或南，並進一步認為「今嘉魚、蒲圻、咸寧附近地區既多州渚，又處鄂東南山地丘陵地帶，或即京州地望所在。」[160]晏昌貴指出京州當在今湖南東北、湖北東南、長江以南的丘陵山地，西起湖南岳陽、平江、瀏陽，向東包括湖北通城、通山、陽

---

159 釋文參陳松長主編：《嶽麓書院藏秦簡（壹－參）釋文修訂本》（上海：上海辭書出版社，2018年6月），頁142。

160 周波：〈說楚地出土文獻中的「京州」與「京君」〉，《出土文獻研究》（第14輯）（上海市：中西書局，2015年12月），頁157。

新等地。[161]依據簡文的敘述，京州所在的地點離州陵地不遠（今將京州可能的位置圖示於九），故闞等人可「行至州陵界」。至於州陵的位置，后曉榮指出：

> 考古調查表明，湖北洪湖市的大城濠古城就是古城遺址，城址為長方形，東西500米，南北280米，面積14萬平方米，時代從戰國末至漢代州陵縣。[162]

若依周波的說法，那麼「京州」之州與夏州情況類似，都屬沙洲的性質，與外界有所區隔。與外界區隔的情況大都是外國人士，推測若闞等人可能原非楚人，故想「相與亡，來入秦地，欲歸義。」至於周波認為包山楚簡的京君與京州有關，筆者認為此說目前證據還不足。一般與封君有關的州，會以「封君之州」這樣的名稱出現（詳下），不會只省略作「京州」。至於楚國何以要在此地設置京州，筆者認為有可能是被楚國所滅之外族，並且設州進行管理。朱繼平指出楚國對於安置伐滅之異國最常使用的方式即「存其國祀，由楚王在其地設置縣公，實行政由楚出之制。」[163]不過目前限於材料，此說仍有待進一步之檢視。

---

161 晏昌貴：《秦簡牘地理研究》（武昌市：武漢大學出版社，2017年12月），頁93。

162 后曉榮：《秦代政區地理》（北京市：社會科學文獻出版社，2009年1月），頁403-404。

163 朱繼平：《從淮夷族群到編戶齊民——周代淮水流域族群衝突的地理學觀察》（北京市：人民出版社，2011年），頁202。

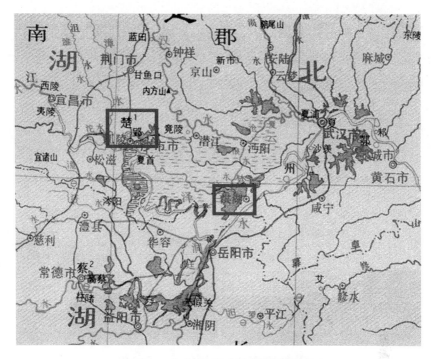

圖九　京州與楚都相對位置圖

（三）包山楚簡及有關材料中的楚國州制

　　戰國楚國州制大量見於包山楚簡及一些璽印資料中，有些州甚至是以封君來命名，茲將楚簡及璽印所見之州名表列於下。[164]

　　關於這些州的性質，學者認為當為食稅州。[165]不過陳絜認為這些州的大小「與當時『邑』、『里』之類的基層聚落及社區，未必具有本

---

164 本表之分類依陳絜：〈再論包山楚簡「州」的性質與歸屬〉一文之分法。釋文則參考陳偉等著：《楚地出土戰國簡冊》（十四種）（武昌市：武漢大學出版社，2016年3月）；至於封君位置則參考鄭威：《楚國封君研究》（武漢市：湖北教育出版社，2012年9月）一書。

165 羅運環：〈論包山簡中的楚國州制〉，《出土文獻與楚史研究》（北京市：商務印書館，2011年10月），頁207；鄭威：〈吳起變法前後楚國封君領地構成的變化〉，《歷史研究》2012年1月，頁27。

質性的差別，起碼在規模上不可能相去過遠。」陳絜進一步認為「這些所謂的官吏、貴族與封君之州，其中的絕大部分，極有可能是各級官僚京城宅邸所在之社區的名號以及各個封君在王都的『朝宿邑』，還有一小部分則可能屬於某人管轄的社區。」[166]筆者認為陳絜之說是合理的，尤其是這些州所在的位置大都離王都不會太遠，像一些冠以封君名的州有時與中央官吏左尹往往有關聯，如包山楚簡簡128（以下用通行字寫出）：[167]

> 左尹與郊公賜、正婁忕、正命口、王私司敗邊、少里喬與尹習、郊路尹犀、發尹利之命謂：漾陵宮大夫司敗察漾陵之州里人陽鋪之不與其父陽年同室。

此案例是左尹對所屬的七位司法官員下指令說：經過漾陵宮大夫的調查，漾陵州里人陽鋪不跟他的父親同室。[168]其中漾陵屬楚封君，根據學者的研究，其地位於河南桐柏縣月河鎮為中心的地區，[169]離楚都有段距離。若州是位於封邑內，基本上不應速度快到調查後六日就可命令當事人陽鋪前來楚都之庭，故陳偉認為包山楚簡的州離楚都不遠處，[170]這個說法是可信的。那麼這些位於國都附近的州何以用封君之名，學者認為此為封君在楚都附近領有的食稅之州。不過如此多的食稅之州圍聚在王都內部，著實令人可疑，故陳絜質疑說：「如果將各類『州』都考慮在內，王城之內幾乎變成了各級貴族的私有領域，不

---

166 陳絜：〈再論包山楚簡「州」的性質與歸屬〉，頁273。
167 陳偉主編：《楚地出土戰國簡冊》（十四種）（武昌市：武漢大學出版社，2016年3月），頁68。
168 張伯元：《包山楚簡案例舉隅》（上海市：上海人民出版社，2014年10月），頁121。
169 鄭威：《楚國封君研究》，頁122。
170 陳偉：《包山楚簡初探》，頁89。

敢說王都已被瓜分殆盡，但『私有』比例應該是非常之高了。」[171]此
說正點出了問題之所在，換言之，在楚王城內部居然有高達四十二個
州的稅收由他人領去，而封君還在封邑中「直接徵收所屬封邑的賦
稅」，[172]又可在楚都內部享有食稅之州，若此等同於領取二地的賦
稅，似不合理。羅運環曾舉《商君書》〈境內〉：「故爵五大夫，皆有
賜邑三百家，有賜稅三百家。」[173]以此來論證古代確實有賜邑又賜稅
的情況。不過必須指出的是這裡的「有賜稅三百家」，當讀為「又賜
稅三百家」。[174]「又賜稅三百家」是已爵為五大夫之人若攻城圍邑有
戰功者才可獲得的額外獎賞。換言之，五大夫保證有稅邑三百家，若
有戰功，可以再得賜稅三百家，因此賞賜的前提是爵必須為五大夫者
才享有。但楚國的情況是否也可如此看待？仔細檢視楚簡的州制，就
會出現「楚國的俸祿制度是異官異爵而同祿，普通貴族、縣廷佐吏、
縣公到卿一級的官員，甚至於出任王官的各地封君，作為官俸的食稅
之邑基本均為一州。」[175]如莫囂（簡181）在楚國掌管軍政大權，當屬
上卿，但復令（簡165）為楚國的縣令，[176]兩者地位不同，所得食稅
卻皆為一州。若食稅是其戰功所得，階級不同，得到的獎賞卻皆為一
州，顯然有違常理，也與秦國的制度設計不同。因此筆者認為將楚都
內的封君之州視為「朝宿邑」，當比視為食稅之州更合理些。

　　至於「膚人之州」，學者有不同的意見，或以為是盧工聚居之
地；[177]或以為是膚當為盧戎，後為楚人所滅。[178]若屬前者，其情況與

---

171 陳絜：〈再論包山楚簡「州」的性質與歸屬〉，頁275。

172 何浩：〈戰國時期楚封君初探〉，《江漢論壇》1984年5月，頁106。

173 蔣禮鴻：《商君書錐指》（北京市：中華書局，2006年11月），卷5，頁117。

174 朱丹寧：《秦官爵授予問題若干考察》（南京市：南京師範大學中國語言文學碩士
論文，2014年3月），頁44。

175 陳絜：〈再論包山楚簡「州」的性質與歸屬〉，頁275。

176 徐少華：〈復器、復國與楚復縣考析〉，《中央研究院歷史語言研究所集刊》第80卷
第2期，（2009年6月），頁205。

177 陳偉：《包山楚簡初探》，頁93；《楚簡冊概論》，頁135。

齊都內部的州處一樣（詳下文）。若屬後者，其情況似與前文所談的夏
州情況相似，但此州又在楚國都城附近，與夏州的位置又有所不同。
到底屬於哪一種，筆者認為前者的可能性較大。一般戎人所在之州不
會安置在離都城那麼近的地方，如晉國的九州之戎，楚國下陰一帶的
陰戎，基本上皆離都城有段距離。其次，楚國對於安置伐滅之異國最
常使用的方式即「存其國祀，由楚王在其地設置縣公，實行政由楚出
之制。」[179]以下筆者舉二例來說明：其一，己氏蓼國（即西蓼）原本
位於河南唐河縣南的湖陽鎮及蓼陽河一帶，[180]其被楚國滅了之後，其
遺族仍居住在舊國故邑附近，[181]非遷徙至楚都境內。其二，嬴姓鍾離
國，《水經注》〈淮水〉引應劭說「縣故鍾離子國也，楚滅之以為
縣。」[182]徐少華修正其說為：「楚在拓境至鍾離一帶後，為了控制其地
的局勢，於鍾離設縣治民，同時仍然保留鍾離國的君統和族祀於該地
或附近地區，作為附庸及緩衝地帶以應對吳和中原列國。」[183]那麼鍾
離國即便成為楚國的附庸，仍在當地生存，並沒有整批遷徙至都城。
故當楚人滅了盧戎之後，其遺族也應在原地生活，並被設邑管理，[184]
不會將之整批遷徙至楚國都城內。綜上所述，膚人之州為盧工聚居之

---

178 徐少華：《荊楚歷史地理與考古探研》（北京市：商務印書館，2010年11月），頁240。
179 朱繼平：《從淮夷族群到編戶齊民——周代淮水流域族群衝突的地理學觀察》，頁
   202。
180 《左傳》，卷7，頁122：「楚屈瑕將盟貳、軫，鄖人軍於蒲騷，將與隨、絞、州、
   蓼伐楚師。」杜注：「蓼國，今義陽棘陽縣東南湖陽城。」楊伯峻：《春秋左傳注》
   （修訂本），頁130：「在今河南省唐河縣南稍西八十里。」徐少華：〈古蓼國歷史
   地理考異〉，《荊楚歷史地理與考古探研》，頁31指出西蓼在「今河南唐河縣南的湖
   陽鎮及蓼陽河一帶。」
181 田成方：〈釁士父鬲、蓼子郪盌與己姓蓼國〉，《華夏考古》2015年3月，頁139。
182 北魏·酈道元注，楊守敬、熊會貞疏：《水經注疏》，頁2535。
183 徐少華：〈童麗公諸器與古鍾離國歷史和文化〉，收入《鍾離君柏墓》（北京市：文
   物出版社，2013年9月），頁494。
184 清·顧棟高著，吳樹平、李解民點校：《春秋大事表》，頁598：「後滅于楚，為盧
   邑。」

地，其主要是對王室或國家提供專門服務的地方。[185]

至於包山楚簡以外的州名，因材料簡略，目前無法得知其具體情況，故僅錄出，不再探究。

表二　包山楚簡及相關材料所見州名

一、包山楚簡封君之州		
州名	簡號或出處	備註（封君位置）
邸昜君之州	27、32	安徽臨泉縣城西與鮦城鎮之間
鄗君之睿州	68	湖北老河口市
新埜（野）君之州	172-173	河南新野縣南
鄢君新州	180	安徽六安市北
坪（平）夜（輿）君之州	181	河南新蔡縣西北
鄾君之州	189	今鍾祥至潛江一帶以東，隨州至信陽一帶以南，大別山以西，幕阜山以北的範圍內
坪陵君之州	192	河南新蔡縣西偏北
二、包山楚簡官吏（含宮室、縣公）之州		
州名	簡號或出處	備註（封君位置）
邔司馬之州	22、30	官吏
邔司馬豫之州	24	官吏
福昜（陽）宰尹之州	37	官吏
辻大命珊之州	74	官吏
霝（靈）里子州	42	官吏

---

185 陳偉：《楚簡冊概論》，頁135。

秦大夫怡之州	141	官吏
囂醡尹之州	165	官吏
刻寢令之州	166	官吏
莫囂之州	181	官吏
右司馬愓之州	182	官吏
株昜莫囂州	189	官吏
新游宮中醻之州	34	宮室
游宮州	190	宮室
鄝令之州	165、189	縣令
登公之州	58	縣公
郹思公之州	163	縣公
橑郢公之州	185	縣公

三、包山楚簡官署之州		
州名	簡號或出處	備註（封君位置）
大臧之州	72	
少臧之州	80	
膚（盧）人之州	84	
司衣之州	89	

四、包山楚簡以個人名號作限定語的州		
州名	簡號或出處	備註（封君位置）
邵無割（害）之州	95	
賓撫之州	164	
登（鄧）軍之州	173	
大猷之州	174	
競賈之州	180	
矗里子之州	42、180	

卲上之州	181	
朳券之州	183	
邘競之州	189	
五、包山楚簡其他的州		
州名	簡號或出處	備註（封君位置）
宣王之屯州	58	
喜人之州	163-164	
鄝族之州	181、191	或簡稱「應族州」
王西州	184、191	
笶州	190	
六、包山楚簡材料以外的州		
芋州	益陽兔子山遺址九號井簡7.44[186]	
南州	《新收》1323	
李是之州	《鴨雄綠齋藏中國古璽印精選》007	
安州[187]	《阜陽博物館文物集萃》，頁133	
右州	《古璽匯編》185	
西州	《古璽匯編》316	
北州	《古璽匯編》5554	
滹州	《古璽匯考》，頁169	

---

186 湖南省文物考古研究所：〈湖南益陽兔子山遺址九號井發掘簡報〉，《文物》2016年5月，頁45。蔣偉男已指出此與楚國的制度相同，見氏著：〈益陽兔子山九號井簡牘文字補釋〉，武漢大學簡帛研究中心：http://www.bsm.org.cn/show_article.php?id=2588。

187 安州二字從施謝捷：《古璽匯考》（合肥市：安徽大學博士論文，2006年5月），頁169釋。

另外戰國時代楚國又見有一種州名是在里之上的組織，〈鄁駒壺〉（《新收》1323，戰國時代）：「南州莅里鄁駒」，[188]南州似在里之上，與前文所論似有不同。筆者認為此州的編制或許比較大一點，其下可能管轄著許多里，與楚簡常見的一般州制不同。銀雀山漢簡《守法守令等十三篇》簡937-938：「五十家而為里，十里而為州。」[189]「南州」之州制當與此相似。綜上所論，楚國州制包括三種情況：一種是與里相近的州，都城內的封君之州屬「朝宿邑」；第二種是在里以上的州制，為一般性的基層組織；第三種是安置外國人士的特殊州制。

七 齊國的州制

齊國亦見以州命名的組織，其中包括了國都臨淄境內的州及邊界之州。其中臨淄都城境內的州屬國都內的獨特區域，專門聚集士、工、商，不與外人雜居，避免士「見異物而遷」而設計的特殊州制，下節論及「州兵制」時再就此部分詳論。此節筆者只針對邊界之州來進行討論。

（一）姜齊之州——舒州

《左傳》哀公十四年：

> 庚辰，陳恒執公于舒州。公曰：「吾早從鞅之言，不及此。」[190]

關於舒州的地理位置，杜預《集解》沒有說明。《史記》〈齊太公世

---

188 釋文參考孫合肥：《安徽商周金文彙編》（合肥市：安徽大學出版社，2016年10月），頁572。

189 銀雀山漢墓竹簡整理小組編：《銀雀山漢墓竹簡》（壹），頁146。

190 《左傳》，卷59，頁1033。

家〉:「庚辰，田常執簡公于徐州。」裴駰《集解》:「《春秋》作『舒
州』。賈逵曰:『陳氏邑也』。」此舒州位置在哪？學界有很多的看
法，但大致上以《史記》〈田敬仲完世家〉張守節《正義》:「齊之西
北界上地名，在勃海郡東平縣也。」[191]之說最合適，不過張守節之
「東平縣」當為「東平舒縣」之誤。[192]江永進一步補充說:「東平舒
在今順天府大城縣界，此齊之極北，與燕界者也。」[193]舒州本身為陳
氏采邑下的一個屬邑，其大小應與一般采邑相當。且此地位處燕、齊
交界處，因此其軍事地位應當是相當重要的。出土文獻亦見此地曾製
作兵器，如《集成》11074〈郂州左庫戈〉:「豫州左庫造」，[194]董珊指
出此處的「郂（豫）州」即《春秋》哀公十四年之舒州。[195]雖然目前
還無法確認舒州內部組成情況，但可以知道此區位處邊鄙，當負有軍
事防禦的性質，且此區也確實出有地方製造兵器的證據，故舒州或可
視為因處軍事重地而設置的特別區域（圖十）。

---

191 漢・司馬遷撰，瀧川資言考證:《史記會注考證》，卷46，頁2369。

192 渤海郡下僅有東平舒縣，詳見周振鶴、李曉杰等編:《中國行政區劃通史——秦漢
　　卷》（上海市:復旦大學出版社，2016年11月），頁499；何浩:〈舒州、徐州與田嬰
　　封薛——齊史雜識之一〉，《管子學刊》1991年3月，頁60。

193 清・江永:《春秋地理考實》，頁178。

194 關於此器的時代，學界有不同的看法，此依據《集成》原先的界定。吳國昇編
　　著:《春秋文字字形表》（上海市:上海古籍出版社，2017年9月），頁493亦收為春
　　秋器。

195 董珊:《戰國題銘與工官制度》（北京市:北京大學中國語言文學系博士論文，
　　2002年5月），頁194。

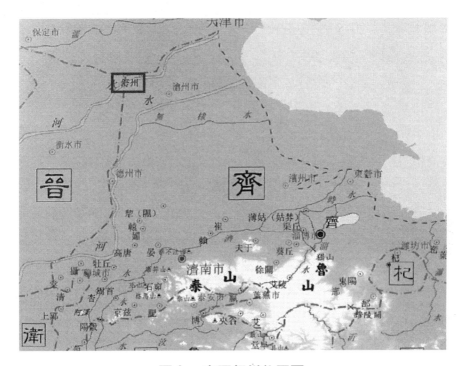

圖十　齊國舒州位置圖

(二) 姜齊之州 —— 平州和陽州

　　《春秋》宣公元年：「公會齊侯于平州。」杜注：「平州，齊地，
在泰山牟縣西。」[196]江永說：「今萊蕪縣西有平州城，屬濟南府，今
按：萊蕪今屬泰安府。」[197]高士奇說：「臣謹按晉牟縣在今萊蕪縣東
二十里，詳見牟國。魏收〈志〉：牟縣有平州城，魯邑也。……今平
州城在萊蕪縣西。」[198]現在筆者依據學者的說法將平州標示於圖上
（圖十一）。依地圖來看，此地正好位處齊魯交界之處，加上平州與牟
國皆位於萊蕪縣境內，兩者的位置也很接近。《左傳》宣公九年：

---

196 《左傳》，卷21，頁360。
197 清・江永：《春秋地理考實》，頁81。
198 清・高士奇：《春秋地名考略》，頁144。

「秋，取根牟，言易也。」杜預說：「根牟，東夷國也。今琅邪陽都
縣東有牟鄉。」[199]不過《路史》〈後紀八〉記載：「根牟者，侔也，魯取
之。」[200]陳槃亦認為「牟與根牟果為一事，則宣九年為魯所滅」。[201]因
此宣公九年之後，平州基本上就位於齊、魯交界處，故平州理應是位
處國與國之交界而設置的特別區域，可能具有軍事防禦的性質。

　　陽州本屬魯邑，後來在定公八年前，已歸入齊國所有。[202]江永引
《彙纂》說：「在東平西北齊、魯境上之邑也。」[203]楊伯峻亦說：「陽
州，在今山東東平縣北境，蓋齊、魯交界邑。」[204]平州與陽州的情況
應與前文所討論的舒州相當，皆位處國與國之交界處，可能皆是因應
邊防軍事而設置的特別區域。

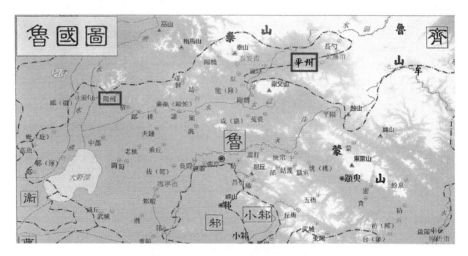

圖十一　平州、陽州位置圖

---

199 《左傳》，卷22，頁380。

200 中國野史集成・續編委會：《中國野史集成續編》第一冊（成都市：巴蜀書社，
　　2000年1月），頁148。

201 陳槃：《春秋大事表列國爵姓及存滅表譔異》，頁495。

202 《左傳》，卷55，頁963：「八年春王正月，公侵齊，門于陽州。」

203 清・江永：《春秋地理考實》，頁124。

204 楊伯峻：《春秋左傳注》（修訂本），頁1454。

（三）田齊之州 —— 徐州

　　《戰國策》〈齊策〉：「楚威王戰勝於徐州，欲逐嬰子於齊。」關於徐州，過去有三說：[205]或以為即齊北境之舒州；或以為薛邑；或以為魯東之鄒城。第一說可能性不大，此地靠近齊燕交界，若楚國要戰勝齊國於此，也得跨過黃河一路北上才能到達此地，然而當時楚國的作戰區域僅在泗水流域一帶。第二說，學者已有許多分析，陳偉即指出：「從漢代以前的文獻資料考察，薛邑、徐州應為二地。」[206]因此第三說的可能性是有的。段玉裁說：「玉裁謂楚所取之徐州，即鄒地，疑非薛。齊湣王三年，已封田嬰於薛，不能至魯頃公十九年，魯尚有薛也。」[207]此地曾分別由齊國、魯國管轄，梁玉繩說：「徐州即舒州，自來屬齊，其屬魯也蓋在齊湣王之世。」[208]此說認為徐州分別由齊、魯管轄是對的，但將徐州視為齊北境之舒州則不確。陳偉指出這裡的徐州可能是泗水東岸的下邳城，[209]依此，今圖示於下（圖十二）。從圖中可見，此地位於洙水與沂水的交界處附近，《戰國策》〈秦策四〉：「郢威王聞之，寢不寐，食不飽，帥天下百姓，以與申縛遇於泗水之上，而大敗申縛。」鮑彪指出此即「楚威七年伐齊，敗之徐州。」[210]若此，徐州當離泗水不遠處。田齊時代的南境即達泗水流域，[211]加上當時泗水一帶分布著許多國家，《史記》〈張儀列傳〉：「舉

205 引見范祥雍箋證、范邦瑾協校：《戰國策箋證》，卷8，頁487。

206 陳偉：〈薛邑與徐州辨析〉，《燕說集》（北京市：商務印書館，2011年11月），頁62。

207 漢・許慎撰，清・段玉裁注：《說文解字注》，第6篇，頁520。

208 清・梁玉繩：《史記志疑》，卷18，頁891。

209 陳偉：〈薛邑與徐州辨析〉，《燕說集》，頁60。

210 諸祖耿編撰：《戰國策集注匯考》（增補本），頁417引。

211 諸祖耿編撰：《戰國策集注匯考》（增補本），頁381：「齊南以泗為境，東負海北倚河而無後患。」周振鶴、李曉杰著：《中國行政區劃通史（總論先秦卷）》（上海市：復旦大學出版社，2017年9月），頁478亦言齊國「南境則達泗水流域」。不過此書將薛邑定為徐州，與本文所論不同。

宋而東指，則泗上十二諸侯盡王之有也。」司馬貞曰：「謂邊近泗水
之側，當戰國之時有十二諸侯，宋、魯、邾、莒之比也。」[212]那麼位
於泗水附近的徐州，其地理位置正處於諸國交界處，當屬位處邊界而
設置的特別區域。

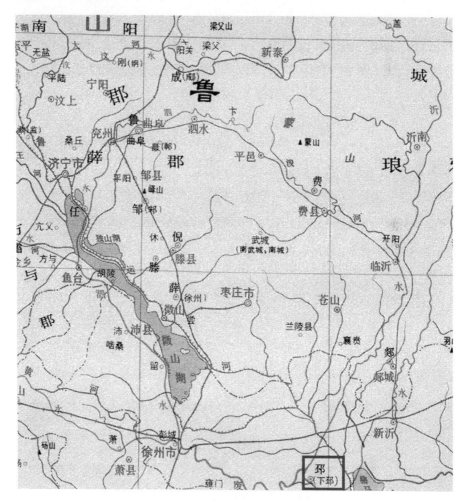

圖十二　田齊徐州位置圖

---

212 漢・司馬遷撰，瀧川資言考證：《史記會注考證》，卷70，頁2964。

八 結語

現在根據上文對各國的州制討論，東周的州制除了大名九州之外，以「州」為名的區域往往具有以下幾個特性：

一、戎人所居之地，如晉國九州之戎、近衛國之戎州，或位於甘肅附近的瓜州，接近秦國的西州等。其中九州之戎，過去或以為僅為陸渾戎一族，筆者考證其族群共包括了陸渾戎、揚戎、拒戎、泉戎、皋戎、伊雒之戎、姜戎、茅戎、陰戎等九族。至於戎州中的己氏戎人是昆吾之後裔，被商湯所伐滅，當地留存的遺族後來形成了戎州，比衛人更早居住在此地。戎州不屬衛人管轄，其所以名為「戎州」為華夏之人以其族群屬性來稱此區域內的戎人，用以區隔華夏之人。至於瓜州，傳統或以為在敦煌，不過經考證，東周時代甘肅境內的戎人墓葬基本上西僅達渭河上游一帶，不會超過蘭州，更遑論春秋的戎人會西達到敦煌一帶。至於《左傳》之姜戎所在的瓜州當在秦之東北邊境地帶，即長武──銅川一線以北的區域。當時秦穆公正積極東進，其東北邊境的姜戎正是首當其衝，故姜戎最後被迫遷至晉南鄙一帶。

二、邊界之州，出於防禦而設置的特殊區域，如姜齊舒州、平州、陽州及田齊徐州。

三、接近宗廟，當出於防禦性質而設置的特殊州，如三晉陽州。

四、安置外國人士，為了與本國有所區隔的地區，如楚國夏州、京州。

五、都城中特殊區域，用來安置士農工商之州，如齊國臨淄境內之州、楚國都城的「膚（盧）人之州」。

六、都城中特殊區域，有些則用以作為「朝宿邑」，如楚國都城內的封君之州。

九　餘論——晉惠公時代的「作州兵」問題補論

　　根據上文的討論，接著筆者進一步檢視晉惠公時代「作州兵」之「州」的問題。晉國在惠公兵敗被虜之後開始實施「作州兵」，此「州兵」到底是什麼樣的制度，歷來學者有不同的意見，且此「州」究竟是屬上文州制的哪一種情況？再討論州兵問題時，先將相關的引文迻錄於下：

> 呂甥曰：「君亡之不恤，而群臣是憂，惠之至也，將若君何？」眾曰：「何為而可？」對曰：「征繕以輔孺子。諸侯聞之，喪君有君，群臣輯睦，甲兵益多。好我者勸，惡我者懼，庶有益乎！」眾說，晉於是乎作州兵。[213]

杜注：「五黨為州，州二千五百家也，因此又使州長各繕甲兵。」過去有關作州兵的問題，學者有諸多的討論，筆者認為在諸多意見中，杜正勝和李隆獻二位先生的意見值得重視。杜正勝認為「國人分得『爰田』以後，自願幫助中央政府而組成的軍隊，非國家的正式部隊。」[214]李隆獻認為：「州兵之作，雖使晉之兵源擴增，兵力強盛，而卿大夫之權勢遂亦隨之增強，導致公室卑而世卿強之局，浸假而政由家門，權日下移，終致六卿專權，三家分晉：則『爰田』、『州兵』之作於晉國又有大過焉。」[215]以上二位先生的論點都是相當合理的。晉「州兵」主要的組成人員即國人，作州兵後影響的層面即卿大夫的

213　《左傳》，卷14，頁232。

214　杜正勝：《周代城邦》（臺北市：聯經出版公司，2003年11月），頁140。

215　李隆獻：〈晉作「爰田」、「州兵」蠡論〉，《臺大中文學報》第3期（1989年），頁464；《晉史蠡探：以兵制與人事為重心》（新北市：花木蘭文化出版社，2011年9月），頁73。

權勢愈來愈強大,終究取代了晉室。不過何以「作州兵」之後導致世卿強大之局,兩者的關聯性又為何,這是學者較少論及的部分,以下僅就「作州兵的對象問題」及作州兵內容問題進行試論。

(一)「作州兵」的對象問題

「作州兵」之實施基本上跟「作爰田」有密切相關,雖然「作爰田」之具體內容,學界還有爭議,但基本上可以看出當時國人確實得到好處,孔穎達疏:「賞眾以田,易其疆畔」。[216]近代學者基本上亦持相同的論點,如王毓銓認為作爰田「是為了賞賜借以收買人心」,「受到這番賞賜的是晉國的『國人』。」[217]李隆獻說:「呂甥之作爰田,僅由於公田不足,故破井田之制,開阡陌以益田,受田者僅為政治、軍事上有權力的『群臣』、『國人』而已,並未普及於農民,故亦未全面改革田制。」[218]劉文強說:「蓋惠公作爰田之重點即是賞田,二三子在原有封邑之外而受賞,必然增加新的封地。」[219]田廣五、臧知非等認為作爰田後,「晉惠公將自己直接控制的土地賞賜給近臣及一般國人之後,國君公室的土地勢必相對減少,改變了卿大夫之族和公室的經濟力量的對比狀況。」[220]許子濱認為:「晉惠公賞眾以田,國人的財富自然也就大為增加,怪不得都感激流涕了。」[221]既然得到好處的是國人,以此而論,那麼「作州兵」之主事者自然也當指這些國人而

---

216 《左傳》,卷14,頁232。陳奇猷:〈也談「爰田」──兼談「國人」〉,《晚翠園論學雜著》(上海市:上海古籍出版社,2008年12月),頁267直接將「爰田」釋作「賞田」。

217 王毓銓:《王毓銓史論集》(北京市:中華書局,2005年8月),頁282。

218 李隆獻:《晉文公復國定霸考》(臺北市:臺灣大學出版社,1988年6月),頁93。

219 劉文強:《晉國伯業研究》(臺北市:臺灣學生書局,2004年7月),頁316。

220 田廣五、臧知非:《周秦社會結構研究》(西安市:西北大學出版社,1996年10月),頁107;臧知非:《秦漢土地賦役制度研究》(北京市:中央編譯出版社,2017年3月),頁19。

221 許子濱:《楊伯峻春秋左傳注禮說斠正》,頁194。

言。杜正勝即言：「接受賞田的是國人，聽信呂甥之言，樂於征繕，使得甲兵益多的也是國人。因此，晉作州兵的對象當然只限於國人。」同時他也指出：「『作州兵』與『作爰田』其實是一件事體的兩面，孤立開來，皆難得正解。」[222]袁林亦說：「『作爰田』與『作州兵』有一定聯繫，一屬經濟改革，一屬兵制改革，前者當是為後者提供經濟條件。」[223]這二位的意見皆可信。不過前文曾指出，在晉國的州制中，有些與戎人相關，那麼「作州兵」之「州」會不會是指晉國境內戎人所居之地，作州兵是否指戎人或狄人加入晉國的正規軍隊？[224]筆者認為可以從幾個層面來談此問題：

第一、戎狄在此次的作爰田中並沒有得到實質的好處，既然沒有得到好處，何以要他們承擔「作州兵」義務，為晉國賣命。得到好處的既然是國人，付出義務的卻為戎狄，權利與義務似乎不太對等。

第二、論者或以秦晉殽之戰時，姜戎曾加入晉軍部隊為由認為作州兵所新增的軍隊即是這些姜戎。然而，姜戎得到晉國的實質好處其實是晉國南鄙之田，但此南鄙之田也與作爰田之事無涉。《左傳》襄公十四年：

---

222 杜正勝：《編戶齊民——傳統政治社會結構之形成》（臺北市：聯經出版公司，2004年6月），頁51-52。

223 袁林：《兩周土地制度新論》（長春市：東北師範大學出版社，2000年1月），頁242；臧知非：《秦漢土地賦役制度研究》，頁19亦有相同的看法。

224 劉節：《中國古代宗族移殖史論》（臺北市：正中書局，1987年7月），頁127-128最早指出「州人」以住「戎州」得名，並說此族既然稱「己氏」，就可以溯源到古代的「己羌」，為西人之屬。另外徐中舒：〈略論春秋時代的變法改制與霸業〉，《川大史學・徐中舒卷》（成都市：四川大學出版社，2006年8月），頁414-415則言：「『作州兵』把當兵的人擴充到州的地區，使原來不能當兵的人也加入到軍隊的行列……廣大被征服的異族聚居區的村社成員也可以當兵了。」黃聖松：〈《左傳》「州」芻議——兼論作州兵〉，《成大中文學報》第55期（2016年12月），頁1-50則發揮戎狄所居之處為州的說法。他認為作州兵即允許歸服晉國之戎、狄——即州人——擔任戰鬥人員，以補充韓原之戰後晉國折損的人員與武器。州人指戎狄，作州兵即戎狄加入晉國的軍隊。

姜戎氏！昔秦人迫逐乃祖吾離于瓜州，乃祖吾離被苫蓋，蒙荊棘以來歸我先君，我先君惠公有不腆之田，與女剖分而食之。……對曰：「昔秦人負恃其眾，貪于土地，逐我諸戎，惠公蠲其大德，謂我諸戎是四嶽之裔冑也，毋是翦棄。賜我南鄙之田，狐狸所居，豺狼所嗥。我諸戎除翦其荊棘，驅其狐狸豺狼，以為先君不侵不叛之臣，至于今不貳。」[225]

即便南鄙之田在當時還是一塊「狐狸所居，豺狼所嗥」的蠻荒之地，但至少讓向來以游牧為主的姜戎有個安居之處，因此姜戎所得到的好處即是此南鄙之田，這也是姜戎氏何以「感激不盡，對晉國忠心不貳，追隨參與晉國的對外戰爭」之因。[226]之後當秦晉發生殽之戰，姜戎氏想起先前遭秦人的逼迫而遠離故居，因此更積極的加入晉軍的作戰行列之中。即便晉軍「遽興姜戎」，其也願意配合晉軍「亢其下」。

第三、根據記載，陸渾戎在晉惠公十三年才遷至伊川，雖然姜戎與陸渾戎屬不同的部落，但皆為戎人集團的一部分。當時兩者皆因秦穆公擴張其勢力而造成的遷徙現象，且皆在晉惠公時代才遷至晉國，故兩者遷徙的時間點當在同時。《後漢書》〈西羌傳〉：「後九年，陸渾戎自瓜州遷于伊川，允姓戎遷于渭汭，東及轘轅。」[227]這裡的「允姓戎」可能是指「姜戎」而言。允姓之戎與姜戎易混淆，《左傳》襄公十四年杜預《集解》：「四嶽之後，皆姜姓，又別為允姓。」[228]全祖望《經史答問》言：「次之則陸渾之戎，秦、晉所共遷，姜戎則晉所獨

---

225 《左傳》，卷32，頁557-558。
226 孫戰偉：〈《春秋》與《左傳》中所見的戎及相關問題〉，《文博》2017年3月，頁42。
227 南朝宋・范曄撰，李賢等注：《後漢書》，卷87，頁2873。
228 《左傳》，卷32，頁557，杜注依頁569校勘記調整。近人亦有學者持此說，如晁福林：《春秋戰國的社會變遷》，頁336指出：「允姓之戎屬于羌族，故而晉人又稱為其為『姜戎』。」

遷。」[229]顧頡剛言:「惠公安頓這瓜州的兩支戎人,命陸渾戎住在周的伊川,姜戎住在晉的南鄙。」[230]辛迪亦言:「秦晉所遷戎實為兩支,一為允姓,一為姜姓,陸渾戎屬允姓戎,另有一姜姓戎。」[231]以此而論,若惠公六年因急著「迅速補充軍隊」而開始規劃州兵制,且這些州制是用來安置七年後才會遷徙至晉國的戎人,那麼至少要有一個前提即晉惠公戰敗當下,秦穆公即要求晉惠公將這些戎人遷徙至晉國境內。但從文獻材料來看,遷徙至少是七年後才發生的事,楊伯峻即言:「僖十五年晉惠公自秦歸,二十二年秦、晉始遷陸渾之戎于伊川,非自秦歸即遷戎。」[232]若此晉人何以要預先設置州制以等待七年後才會遷徙至此的戎人,且這樣的安排也無法保證可達到田昌五所謂的「迅速補充軍隊」(即文獻的「甲兵益多」)之效。加上時人對於戎人的認知是「冒沒輕儳,貪而不讓」,[233]韋昭注:「冒,抵觸也。沒,入也。儳,進退上下無列也。」後人對此又有不同的解釋,陳瑑則認為「輕儳,猶輕賤也」,「冒沒,猶蒙昧,亦聲相近。」[234]蕭旭說「輕儳」讀「輕劖」,即輕剽,意輕疾剽悍,[235]此說似較合理。綜合這二說,「冒沒輕儳,貪而不讓」可指戎人冒昧,魯莽,輕疾剽悍,貪心又不懂禮讓。《左傳》隱公九年記載鄭公子突對戎人的描述:「戎輕而不整,貪而無親,勝不相讓,敗不相救。」[236]因此若只是大量增加此類特性的戎人,對於晉國的整體作戰能力未必有提升的效果。

　　四、前文在談到三晉璽印時曾論及「陽州」一名,此州下轄左

---

229 清‧全祖望撰,朱鑄禹集注:《經史答問》,收入《全祖望集彙校集注》,頁1924。

230 顧頡剛:〈從古籍中探索我國的西部民族——羌族〉,《社會科學戰線》1980年1期,頁123。

231 辛迪:〈春秋諸戎及其地域分布考〉,頁77。

232 楊伯峻:《春秋左傳注》(修訂本),頁1309。

233 徐元誥:《國語集解》(修訂本),頁58。

234 清‧陳瑑:《國語翼解》,收入《《國語》研究文獻輯刊》第5冊,頁139-140。

235 蕭旭:《群書校補》(揚州市:廣陵書社,2011年7月),頁85。

236 《左傳》,卷4,頁76。

邑,而左邑位置接近曲沃。曲沃作為晉國的「宗邑」,「吾先祖宗廟所在」,故當時太子申生主曲沃,因為要「威民而懼戎」。前文曾論及陽州接近曲沃,當具備了防衛目地而設置的州。故若說州皆為安置戎人而設,那晉人豈會安排戎人在這麼接近曲沃的一個區域內?且考察晉國的九州之戎及下陰一帶的戎人,基本上都離都城有段距離,故可知這裡的州兵應該也不可能是由戎人所組成。至於衛國附近的戎州,因其本身不屬衛國管轄,且其為昆吾之後裔,比衛人更早居住在此地,與晉國的情況不同。

五、至於州人是否可包括狄人在內?《左傳》僖公十六年:「秋,狄侵晉,取狐、廚,受鐸,涉汾,及昆都,因晉敗也。」[237]此事件發生在「作州兵」的隔年,若州已用來安置狄人,何以狄人仍入侵晉國。且在晉惠公時代,狄人基本上是較支持公子重耳(文公),如僖公二十四年:「其後余從狄君以田渭濱,女為惠公來求殺余,命女三宿,女中宿至。雖有君命,何其速也?」[238]不過基本上晉國與狄人之間仍經常發生戰爭,如僖公二十八年:「晉侯作三行以禦狄。」[239]僖公三十一年:「晉蒐于清原,作五軍以禦狄。」[240]若說州是用來安置狄人,那麼何以狄人在「作州兵」實施後幾年頻繁對晉國進行侵擾,晉人也得不斷的改變兵制來迎擊狄人。再者,當晉文公要進行勤王時,還得「行賂於草中之戎與麗土之狄」,[241]沈長云指出所謂的麗土之狄是指「附著於土地上的狄族」,即定居的狄族。[242]依此,亦可見晉人並無法掌握狄人,也間接反映出晉惠公時的「州兵」安排當與狄人無關。

---

237 《左傳》,卷14,頁236。
238 《左傳》,卷16,頁254。
239 《左傳》,卷16,頁277。
240 《左傳》,卷17,頁287。
241 徐元誥撰:《國語集解》(修訂本),頁351。
242 沈長雲:〈驪戎考〉,《上古史探研》,頁292。

　　六、值得注意的是，晉國作三軍是在城濮之戰前夕，[243]此多出的一軍也不可能是戎人的因素，何以知之？根據清華簡《繫年》第七章簡43-44：「文公率秦、齊、宋及群戎之師以敗楚師於城濮。」[244]其晉文公所集結的軍隊除了晉國的三軍外，也包括了秦、齊、宋三國之師，另又有群戎，這群戎並沒有算入所謂的晉軍組織之中，而是與其他國家同時並列，顯見晉國原來的三軍並沒有戎人的加入。

　　綜上所述，姜戎得到好處的時代雖在晉惠公時期，但基本上與「作州兵」之事沒有直接的關係。因此這裡「作州兵」的主事者只能回歸到國人集團。至於何人需要作州兵，得先界定國人的身分。根據童書業的研究，春秋時代的國人組成分子可指國都範圍內士、農、工、商四民。[245]以上四民之中，主要承擔作戰的是士。聶大江認為士有武職文職之分，「武職要占更大的比重」，[246]晁福林即直指士為軍隊中堅。[247]朱鳳瀚認為春秋的士有三種情況，其中第三種情況的士是「已不再與所從出的貴族家族發生聯繫，自立門戶，承擔公室兵役義務，戰時為兵，平時從事農耕。」[248]因此嚴格講，真正承擔州兵義務的就是國人中的士。

（二）作州兵的內容推論

　　至於作州兵到底是什麼制度？鄒昌林認為作州兵「或為另立

---

243 《左傳》，卷16，頁267：「狐偃曰：『楚始得曹，而新昏於衛，若伐曹、衛，楚必救之，則齊、宋免矣。』於是乎蒐于被廬，作三軍，謀元帥。」

244 釋文參考蘇建洲、吳雯雯、賴怡璇合著：《清華二《繫年》集解》，頁355。

245 童書業：《春秋左傳研究》（校訂本），頁121；黃聖松：《《左傳》國人研究》（臺中市：天空數位圖書，2013年10月），頁1-194對此論點有詳說。

246 聶大江：《先秦時期的知識階層》（蘭州市：蘭州大學出版社，2017年10月），頁255。

247 晁福林：《春秋戰國的社會變遷》，頁651。

248 朱鳳瀚：《商周家族形態研究》（增訂本）（天津市：天津古籍出版社，2004年7月），頁530。

『州』這種征賦單位，以增加軍賦。」[249]另立州以增加軍賦之說很值得留意，不過作州兵的目的不僅出軍賦而已，還有強化整體作戰能力的目的。《左傳》僖公十五年：「征繕以輔孺子」，杜注：「征，賦也。繕，治也。」[250]楊伯峻說：「凡財賦、軍賦均可曰征。」[251]《國語》〈魯語下〉：「帥賦以從諸侯。」韋昭注：「賦，國中出兵車、甲士，以從大國諸侯也。」[252]李松修指出所謂的賦包括了可供徵集的軍隊及車馬軍實。[253]依此，「征」可以指出兵車、甲士，「繕」指整修裝備武器。[254]至於所出的甲士來源為何？杜正勝認為「新受賞田而新服兵役者自然是國人的餘子了」。[255]筆者認為這個說法是可能的，具體的說法即從事作戰的當是國人中之士。作州兵之事似可與《國語》〈齊語〉管子改革齊都臨淄城的情況來相參照。「州兵」之「州」當如杜預所言是一種基層組織，但此基層組織又非《周禮》文獻中的州制。筆者認為此「州」的情況同《國語》〈齊語〉「州處」之「州」相類似，屬於一種特殊的基層組織，為了便於討論，茲將相關的內容迻錄於下：

> 桓公曰：「成民之事若何？」管子對曰：「四民者勿使雜處，雜處則其言哤，其事易。」公曰：「處士、農、工、商若何？」管子對曰：「昔聖王之處士也，使就閒燕；處工，就官府；處商，就市井；處農，就田野。今夫士，群萃而州處，⋯⋯今夫工，群萃而州處，⋯⋯今夫商，群聚而州處，⋯⋯今夫農，群

---

249 鄒昌林：《晉國土地制度》（北京市：社會科學文獻出版社，2014年12月），頁56。

250 《左傳》，卷14，頁232。

251 楊伯峻：《春秋左傳注》（修訂本），頁362。

252 徐元誥撰：《國語集解》（修訂本），頁182。

253 李修松：《先秦史探研》（合肥市：安徽大學出版社，2006年3月），頁96。

254 晁福林：《先秦社會形態研究》（北京市：北京師範大學出版社，2003年3月），頁531認為「征繕」包括了征兵與繕治軍備，筆者之說與之類似。

255 杜正勝：《編戶齊民——傳統政治社會結構之形成》，頁51。

聚而州處。[256]

此段的內容亦見於《管子》〈小匡〉。[257]關於此段文字的「州處」，韋昭注僅言：「州，聚也。」[258]後來的解釋或依韋昭的解釋，[259]其他將「州」解為密也，[260]或解為環繞而居，[261]似也沒有特別留意「州」在此處之特殊性。只有陳絜指出這裡的「州」具有「與外界有所隔絕的、自成獨立單元的範圍又相對窄小的居民聚居點，並非如《周禮》等文獻所謂的位於基層聚落或社區之上的更高等級的地域行政區劃組織。」[262]這個意見很值得留意。此州在齊國國都內屬獨立的區域，專聚集士、工、商，顯見州的獨特性。以此來看晉國的州，其屬性大概同於此。管仲改革齊都臨淄城境內的居民組織，將士工商分別「州處」，同時制國以為二十一鄉，「工商之鄉六；士鄉十五」，負責作戰即士鄉十五。韋昭說：「此士，軍士也。」[263]分別由國君、國子及高子帥領。齊國在剛結束內亂，桓公入國，管仲受到重用，因此急需富國強兵，加強國家作戰能力。李衡眉分析齊國稱霸的原因即「寓軍隊的編制於居民的編制之中」。[264]而晉國此時也剛結束韓原戰爭，在兵力大損的情況，因此也急需強化國家的作戰能力，兩國的情況有相似之處。故作州兵有可能是類似齊國的方式，將士「州處」，並將部分

---

256 徐元誥：《國語集解》（修訂本），頁219-221。

257 李學勤：〈《齊語》與《小匡》〉，《古文獻叢論》（上海市：上海遠東出版社，1996年11月），頁183指出〈小匡〉晚於〈齊語〉；張居三：〈《國語·齊語》與《管子·小匡》的關係〉，《古籍整理研究學刊》2010年9月，頁71認為〈小匡〉承自〈齊語〉是毫無疑問的。

258 徐元誥：《國語集解》（修訂本），頁219。

259 清·董增齡：《國語正義》，收入《《國語》研究文獻輯刊》第3冊，頁559。

260 引見郭沫若：《管子集校》，頁514。

261 黎翔鳳：《管子校注》，頁406。

262 陳絜：〈再論包山楚簡「州」的性質與歸屬〉，頁263。

263 徐元誥：《國語集解》（修訂本），頁222。

264 李衡眉：《先秦史論集續》（濟南市：齊魯書社，2003年1月），頁122。

州處的士劃分給卿大夫管轄，如陽州可能就是這種情況。但基本上此時的晉國軍隊還是大致掌握在國君手中，卿大夫的士基本上也是聽令於國君的。

《國語》〈晉語〉：「大夫食邑，士食田，庶人食力。」韋昭注：「受公田也。」原本士就享有公田，今再因「作爰田」而得到更多的利益。之後再實施「州處」，如同齊國的士鄉，可以讓士「少而習焉，其心安焉，不見異物而遷焉。」加上士為國家的主要作戰主力，因此州處為兵，確實有助於提升整體的作戰能力。施偉青認為齊國州處中的士與農是雜處的，且士是不參加農業勞動的。[265]依此，州處的士可以更全力進行作戰訓練，這或許是作州兵所得到的實際效益。論者或許質疑若僅是州處聚士就可以達到所謂的「甲兵益多」的效果嗎？其實，國人所說「甲兵益多」基本上是未來的目標，不必視為馬上得達成之效果。劉文強曾指出：

> 如果「作州兵」就能使晉國軍數倍增，何以晉惠公的軍隊數目未曾增加，乃至晉文初立也未增加，一直至了晉文公四年才「作三軍」呢？這距離「作州兵」已經十二年了。[266]

且若只為了讓軍隊人數增加，馬上加入一些外族或野人，但整體作戰能力未有實質的提升，又如何達到「好我者勸，惡我者懼」的目的？《左傳》桓公十一年：「師克在和，不在眾。」[267]《孫子兵法》〈行軍〉：「兵非益多也。」張預注：「兵非增多於敵，謂權力均也。」[268]

---

265 施偉青：〈論西周春秋的「士」〉，《中國古代史論叢》（長沙市：岳麓書社，2004年8月），頁6-7。

266 劉文強：〈再論「作爰田」〉，收入《晉國伯業研究》（臺北市：臺灣學生書局，2004年7月），頁349。

267 《左傳》，卷7，頁122。

268 楊丙安：《十一家注孫子校理》（北京市：中華書局，2009年5月），頁202。

故州處聚士為兵，其目的是提升整體的作戰能力。李隆獻說：「州兵之作必使晉之兵源大增，後日文公之作三軍、作三行、作五軍，當與州兵之作有密不可分的關係。」[269]州兵作於晉惠公六年（西元前645年），「作三軍」則已到了晉文公四年（西元前633年），兩者間隔達十三年。這十三年間，晉國除了一次狄人入侵，[270]文公入國發生內亂，及後來的勤王、包圍陽樊及原之外，基本上沒有什麼重大戰役讓晉軍人數急速銳減。因此晉國若在此階段休養生息，增加國人中的作戰人員，自然有可能擴充一軍。這也可以理解，之後齊桓公與晉文公先後稱霸，支撐其稱霸力量的軍隊是如何建立起來的。齊國經過管仲的改革之後最後成立了三軍，《國語》〈齊語〉：「三軍，故有中軍之鼓，有國子之鼓，有高子之鼓。」[271]而晉國作州兵後好幾年，亦成立了三軍，兩者的作法與結果皆有相似之處。當然，晉國三軍雖由國人組成，但其中還包括了公族子弟，如《左傳》僖公二十八年：「原軫、郤溱以中軍公族橫擊之。」杜預注：「公族，公所率之軍。」[272]楊伯峻說：「中軍之中有以公族為之者，故云中軍公族。」[273]其次，根據前文的論述，晉國的州不僅是在國都之內，也有一些州是接近宗廟曲沃，如陽州。晉國至獻公後期「國無公族」，[274]學者指出：「晉國公族的衰亡，為公族以外的宗族登上晉國的政治舞臺並進而掌握晉國的軍政大權提供了一個絕佳的機會。」[275]依此而論，位於國都之外的州當委由卿大夫管轄，而這些在卿大夫下的州最終成為其私人軍隊。朱鳳瀚認

---

269 李隆獻：《晉文公復國定霸考》，頁96-97。

270 《左傳》，卷14，頁236：「秋，狄侵晉，取狐、廚、受鐸，涉汾，及昆都，因晉敗也。」

271 徐元誥：《國語集解》（修訂本），頁224。

272 《左傳》，卷16，頁273。

273 楊伯峻：《春秋左傳注》（修訂本），頁462。

274 徐元誥：《國語集解》（修訂本），頁281。

275 李沁芬：《晉國六卿研究》（長春市：吉林大學古籍研究所博士論文，2012年6月），頁14。

為春秋卿大夫家私屬武裝部隊有一部分是「化公室武裝為私屬」，[276]
且公室兵源主要是來自「居住都城內與近郊（鄉）之國人」，[277]因此
這些國人在編入州之後，並交由卿大夫管轄，若干年後就變成其私屬
軍隊，陽州的情況可能就是如此。[278]當然卿大夫的私屬來源不僅是州
兵，還有一些是來自收養士人或招納隱民。[279]《左傳》宣公十七年：
「郤子至，請伐齊。晉侯弗許。請以其私屬，又弗許。」杜注：「私
屬，家眾也。」[280]楊伯峻注：「謂請率其家族之兵甲士眾往伐齊。」[281]
楊伯峻又說：「實則當時各級貴族均有其宗族成員及私屬人員組成之
軍隊，對外作戰往往編入國家軍隊中以為骨幹。」[282]《左傳》襄公二
十三年：

> 伏之而觴曲沃人，樂作，午言曰：「今也得欒孺子何如？」對
> 曰：「得主而為之死，猶不死也。」皆歎，有泣者。爵行，又
> 言。皆曰：「得主，何貳之有！」盈出，徧拜之。四月，欒盈
> 帥曲沃之甲，因魏獻子，以晝入絳。[283]

這些曲沃人稱欒盈為主，《春秋左傳詞典》：「卿大夫之僚屬稱卿大夫
曰主。」[284]曲沃是晉國的宗廟地，當中卻有一些人是支持欒盈的，因
此這些曲沃之甲當即欒盈之私屬。因部分州兵交由卿大夫來管轄，故

---

276 朱鳳瀚：《商周家族形態研究》（增訂本），頁489。

277 朱鳳瀚：《商周家族形態研究》（增訂本），頁489。

278 劉文強：〈論「被廬之蒐」〉，收入《晉國伯業研究》，頁375即指出：「『被廬之蒐』
　　『作三軍』的重點，就是晉文公將原屬國君的軍政大權完全交由貴族代管。」

279 朱鳳瀚：《商周家族形態研究》（增訂本），頁489-490。

280 《左傳》，卷24，頁411。

281 楊伯峻：《春秋左傳注》（修訂本），頁772。

282 楊伯峻：《春秋左傳注》（修訂本），頁742。

283 《左傳》，卷35，頁602。

284 楊伯峻、徐提：《春秋左傳詞典》，頁166。

最後才造成「卿大夫之權勢遂亦隨之增強，導致公室卑而世卿強之局。」透過上述的分析，或許更能看出何以作州兵與卿大夫權勢大增之間的關聯性。

第四章
晉文公「請隧」問題新探

摘要

　　晉文公「請隧」事，過去經師的注解大都認為此事與葬禮有關，但從考古材料來檢視，所謂上有負土的隧道在先秦葬禮中相當罕見，即便是東周王室的葬禮中也大都是以羨道為主，不見上有負土的隧道，因此晉文公向周王室請求這樣的隧道就難以成立。筆者認為韋昭提出隧是指六遂是接近事實的。考察晉文公時代出入東周的路線大都需經過崤函古道，此道就是一路連接到東周洛陽，因此晉文公所請之隧當是通向東周的這一段通路上。晉獻公時代已取得上陽地，故晉文公當想進一步取得東周隧這一段，一旦晉國可以掌握周隧，也等同於完全控制了崤函古道。且晉國掌握此段周隧，亦可在此地設置兵力以進行防守，形同晉國的鄉遂。晉國不但可以進一步控制秦人東出的路線，更對日後晉文公稱霸中原也有所助益。

關鍵詞：請隧、葬禮、羨道、晉文公、周隧

一　前言

　　《左傳》僖公二十五年：「晉侯朝王。王饗醴，命之宥。請隧，弗許，曰：『王章也。未有代德，而有二王，亦叔父之所惡也。』」杜預注：「闕地通路曰隧，王之葬禮也。諸侯皆縣柩而下。」孔穎達疏：「是闕地通路曰隧也。天子之葬，棺重禮大，尤須謹慎，去壙遠而闕地通路，從遠地而漸邪下之。諸侯以下，棺輕禮小，臨壙上而直縣下之。故隧為王之葬禮，諸侯皆縣柩而下，故不得用隧。晉侯請隧者，欲請以王禮葬也。」[1]杜注認為天子才有隧，諸侯王只能懸柩而下，此說法當來自賈逵之說：「隧，王之葬禮，開地通路曰隧。」[2]其實，西漢賈誼就曾講過此說：

> 古者周禮，天子葬用隧，諸侯縣下。周襄王出逃伯鬩，晉文公率師誅賊，定周國之亂，復襄王之位。於是襄王賞以南陽之地，文公辭南陽，請即死得以隧下。襄王弗聽，曰：「周國雖微，未之或代也。天子用隧，伯父用隧，是二天子也。以地為少，余請益之。」文公乃退。[3]

近代學者陳克炯《左傳詳解詞典》列出《左傳》中的隧有六種說法，其中與此條有關的解釋是「在地下鑿成的通道，上不露天，供天子埋葬時運進棺材之用。」但在他條又說：「露天地下通道。諸侯葬禮皆懸棺而下，通道露天，與天子之隧有別。」[4]依其說，似乎上不露天

1　《左傳》，卷16，頁263。

2　徐元誥：《國語集解》（修訂本），頁51。

3　漢・賈誼撰，閻振益、鍾夏校注：《新書校注》（北京市：中華書局，2007年10月），頁74。

4　陳克炯：《左傳詳解詞典》，頁1261。

或露天的通道皆可稱為隧，其差別僅在於諸侯是懸棺而下，天子是用隧道的方式入葬。此外，唐人賈公彥則認為天子與諸侯的葬禮差別是墓道格局的不同，而非墓道之有無。換言之，他認為諸侯並非懸棺而下，因此他特別區分羨與隧的差異：

> 羨道謂入壙道，上無負土為羨道。天子曰隧，塗上有負上為隧，僖二十五年，晉文公請隧弗許是也。[5]

賈公彥認為隧是上有負土的地下通道，為天子特權，諸侯只能使用露天通道式的羨道，清代洪亮吉、[6]劉文淇亦持賈公彥的說法，不過劉文淇稍修正其說：「天子有隧道，亦有羨道。」[7]上述二種說法雖在具體論證上有所差別，但大都從葬禮的角度來談請隧事。另外有些學者則是從鄉遂的角度來談，最早見於三國時韋昭注：「隧，六隧之地。」[8]清人沈欽韓亦持此說：「然魯人三郊三遂，非無遂也，蓋不得六隧耳。」[9]清人孔廣森更言：「大國三軍，有鄉而無遂。文公欲增軍賦，故私請之。其後晉作三行，又作五軍，則雖避遂之名，有遂之實矣。」[10]另一方面，一些學者或將葬禮說與鄉遂說加以結合，陳瑑說：「然則天子之葬禮曰隧者，於六隧之地開地通路，即用六隧之民引王柩輅，非僅掘地及泉隧之謂。韋既據《周禮》以六遂為隧，未嘗

5　漢・鄭玄注，唐・賈公彥疏：《儀禮注疏》，卷13，頁471。
6　清・洪亮吉撰，李解民點校：《春秋左傳詁》，卷8，頁323。
7　清・劉文淇：《春秋左氏傳舊注疏證》，頁393。
8　徐元誥：《國語集解》（修訂本），頁51。
9　清・沈欽韓撰，郭曉東等點校：《春秋左氏傳補注》（上海市：上海古籍出版社，2016年3月），頁156。
10　清・孔廣森撰，張詒三點校：《經學卮言》（外三種）（北京市：中華書局，2017年10月），頁112。

不兼用賈氏葬禮之說。」[11]章太炎亦採此說:「晉文意實欲請六隧,而僭踰過甚,不可為侍臣所聞,故姑以葬用隧嘗試王意,葬可用隧,則共葬役者可知。」[12]楊伯峻亦言:「晉文請天子允許於其死後得以天子禮葬己耳。蓋晉文先請隧葬,隧葬既得,則必置六遂供葬具也。」[13]不過許子濱批評這樣的結合「殊為牽強」,並修正其說:「賈公彥就說用隧道是天子的特權,諸侯以下只能用羨道。按照這種說法,晉文公『請隧』就很容易理解了。」[14]其所採取的仍是賈公彥的說法。

從上所列舉的說法來看,學者較多以墓道的角度來分析晉文公請隧事,但實際上此套制度以考古材料檢視,基本上是難以成立的。筆者認為所謂的「請隧」事未必跟墓道有關,這裡的隧可指通路,也可以包括鄉遂之遂,過去韋昭的說法當值得重視,但因為其說法過於簡略,信從者不多。近代支持鄉遂說的有彭益林、[15]段清波[16]及張應橋等,[17]但基本上這三位學者討論的重點仍側重於設鄉遂制度這一層面,對於晉文公請遂之原由及所請的遂位處何地則沒有進一步的深究。彭益林雖然指出「晉文公想在周畿甸內的南陽建立六隧制度」,[18]但此說並不符合文獻的記載,許子濱已對其說提出辯駁,[19]本文就不再重複贅述。以下筆者先從喪葬用隧此面向進行檢討,接著就《左傳》中與「隧」有關之地來進行探究,以進一步申論晉文公「請隧」

---

11 清·陳瑑:《國語翼解》,收入《《國語》研究文獻輯刊》第5冊,頁136。

12 章太炎撰,姜義華點校:《春秋左傳讀》(上海市:上海人民出版社,2015年1月),頁266。

13 楊伯峻:《春秋左傳注》(修訂本),頁433。

14 許子濱:〈《左傳》「請隧」解〉,收入《《春秋》《左傳》禮制研究》,頁436;《楊伯峻春秋左傳注禮說斠正》,頁219。

15 彭益林:〈晉文公「請隧」辨正〉,《晉陽學刊》1983年5月,頁97-104。

16 段清波:《秦始皇帝陵園考古研究》,頁123。

17 張應橋:〈商周墓道制度辯論〉,《中原文物》2009年2月,頁45-46。

18 彭益林:〈晉文公「請隧」辨正〉,頁104。

19 許子濱:〈《左傳》「請隧」解〉,頁433-434。

的真正意義。

二　先秦隧葬制度檢討

先秦的墓道有多種稱呼，在《左傳》中最直接的就是稱「墓道」。[20]另外或稱羨、隧，《周禮》〈春官〉〈冢人〉：「及窆，以度為丘隧，共喪之窆器。」鄭玄注：「隧，羨道也。度丘與羨道廣袤所至。」賈公彥說：「天子有隧，諸侯已下有羨道。隧與羨異者，隧道則上有負土，謂若鄭莊公與母掘地隧而相見者也。羨道上無負土。若然，隧與羨別，而鄭云『隧，羨道』者，對則異，散則通，故鄭舉羨為況也。」[21]《禮記》〈檀弓下〉孔疏：「《春秋》天子有隧，以羨道下棺。」[22]基本上鄭玄和孔穎達皆認為隧和羨皆是墓道名，兩者沒有差別，惟賈公彥以上方有無負土來區分隧和羨。雖然《禮記》〈喪大記〉鄭玄注：「禮唯天子葬有隧。」但鄭玄這裡的「隧」與賈公彥所談的內涵未必完全一致，就鄭玄的論點，墓道可稱作隧或羨。然而先秦時代，一般稱墓道為羨，墓道門也稱羨門，較少用「隧」來稱呼墓道。《史記》〈衛康叔世家〉：

> 四十二年，釐侯卒，太子共伯餘立為君。共伯弟和有寵於釐侯，多予之賂。和以其賂賂士，以襲攻共伯於墓上，共伯入釐侯羨自殺。

《索隱》：「羨，音延。延，墓道。」[23]即便是漢代，墓道也大都使用

20　《左傳》，卷54，頁942：「秋七月癸巳，葬昭公於墓道南。」
21　漢・鄭玄注，唐・賈公彥疏：《周禮注疏》，卷22，頁335。
22　鄭玄注，唐・孔穎達疏：《禮記注疏》，卷10，頁189。
23　漢・司馬遷撰，瀧川資言考證：《史記會注考證》，卷37，頁1927。

「羨」來指稱。《後漢書》〈禮儀下〉:「皇帝白布幕素裏,夾羨道東,西向如禮。容車幄坐羨道西,南向,車當坐,南向,中黃門尚衣奉衣就幄坐。」[24]此為東漢皇帝入葬的禮制,當時稱皇帝墓道就用羨道。不僅如此,漢代諸侯墓道也是稱羨,如雲夢睡虎地漢簡《葬律》就規定徹侯:「羨深淵上六丈」。[25]又如馬王堆漢墓帛畫有《居葬圖》,其中墓葬區中畫有甲字形墓穴,在墓道圖上寫有「羨袤十丈二尺」(圖一)。董珊認為帛畫上的甲字形墓穴所指就是二號墓。[26]根據考古發掘的材料,二號墓的墓道為斜坡狀,但「近墓道底緊鄰兩壁處,原栽有木柱,發掘時可清楚見到木柱腐朽後留下的空洞。」[27]這就說明了當初墓道有一部分的上方應該有搭建木製結構,可以讓部分墓道呈現上不露天的情況,但這一類的墓道仍稱羨道,與賈公彥所謂上有負土之隧道也不同。賈公彥以上有無負土來區別隧和羨道,當是後來的用法,在先秦時代幾乎罕見所謂上有負土的隧道,以下筆者就考古材料來加以說明。茲先就晉國的墓葬情況來談,接著就同時代或時代接近的其他各國(含東周王室)之墓葬舉例說明。

---

24 晉・司馬彪撰,梁・劉昭注:《後漢書志》(北京市:中華書局,2010年2月),頁3146。

25 彭浩:〈讀雲夢睡虎地M77漢簡《葬律》〉,《江漢考古》2009年4月,頁130。

26 董珊:〈馬王堆三號漢墓出土的《居葬圖》〉,《簡帛文獻考釋論叢》(上海市:上海古籍出版社,2014年1月),頁246。

27 湖南省博物館:《長沙馬王堆二、三號漢墓》(第一卷　田野考古發掘報告)(北京市:文物出版社,2004年7月),頁7。

圖一　馬王堆帛畫《居葬圖》及局部放大

《長沙馬王堆漢墓陳列》，頁 245。

（一）晉國墓道

晉國墓葬近年來的考古發掘相當豐富，對於考察晉國墓葬的規格及性質有很大的幫助。根據目前所能確認的晉侯國君墓葬，筆者將墓葬與墓道的形制表列於下（表一）。從表中可以見到，在晉文公之前的幾位晉侯，自西周至春秋早期的墓葬大部分都有墓道，一般常見的情況是只有一條墓道，僅羊舌墓（圖二）及北趙墓 M63、M93才有南北雙向墓道。宋玲平指出：

> 甲字形和中字形是國君及其夫人專用的墓葬形制，而長方形乃其他貴族和平民墓的形式。自西周早期晚段至西周晚期，帶單墓道的甲字形大墓僅限於晉侯及其夫人墓。到了西周晚期晚段，晉侯墓開始變成帶有雙墓道的中字形大墓，並延續至春秋早期。墓道一直是晉國國君享有的特權。[28]

---

28 宋玲平：《晉系墓葬制度研究》（北京市：科學出版社，2007年9月），頁134。

圖二　曲沃羊舌晉侯墓 M1、M2 墓地平面圖

〈山西曲沃羊舌晉侯墓地發掘簡報〉，頁 5。

晉國這些墓道都屬斜坡式墓道，屬上無負土之羨道，不是地下隧道的形制。值得說明的是，位於晉南地區的絳縣橫水西周中期之戎狄墓也有墓道，如 M1 和 M2 皆為帶斜坡墓道的豎穴土壙木槨墓，兩者關係是夫妻。[29]墓主雖屬戎狄人，[30]但其「華夏化很徹底」。[31]從此例可以顯見，西周時代晉國地區，等級較高的墓葬大都有墓道，即使是戎狄也有類似的制度。

---

29 墓葬資料見山西省考古研究所等：〈山西絳縣橫水西周墓發掘簡報〉，《文物》2006年8月，頁4-18。

30 其墓主屬性參考謝堯亭：《晉南地區西周墓葬研究》（長春市：吉林大學考古學及博物館學博士論文，2010年6月），頁129。

31 陳昭容：〈從青銅器銘文看兩周夷狄華夏的融合〉，《古文字與古代史》第2輯（臺北市：中央研究院歷史語言研究所，2009年12月），頁335。

表一　晉侯墓道一覽[32]

墓地編號	墓葬時代	墓主人身分	墓道形制
曲村北趙晉侯 M114	西周早中期	晉侯燮父	單墓道，墓道長9、寬3米，其最深處距離墓口2.4米。
曲村北趙晉侯 M113[33]	西周早中期	晉侯燮父夫人	長方形豎穴土坑墓，單墓道。
曲村北趙晉侯 M9[34]	西周早中期	晉武侯	單墓道長方形豎穴土坑墓。墓道窄於墓室，坡度前陡後緩。
曲村北趙晉侯 M13	西周早中期	晉武侯夫人	單墓道長方形豎穴土坑墓。墓道長而墓室狹小。
曲村北趙晉侯 M6	西周中期偏早	晉成侯	墓葬為甲字形，墓道為斜坡式墓道。
曲村北趙晉侯 M7	西周中期偏早	晉成侯夫人	墓葬為甲字形，墓道為斜坡墓道。
曲村北趙晉侯 M33[35]	西周中期偏晚	晉厲侯	豎穴土壙墓，單墓道。
曲村北趙晉侯 M32	西周中期偏晚	晉厲侯夫人	豎穴土壙墓，單墓道。
曲村北趙晉侯 M91	西周晚期	晉靖侯	豎穴土壙墓，單墓道。

---

32 表中的墓主人身分主要參考湖北省博物館編：《晉國寶藏——山西出土晉國文物特展》（北京市：文物出版社，2012年1月），頁17；趙榮等編：《熠熠青銅　光耀四方——秦晉豫冀兩周諸侯國青銅文化》（西安市：陝西旅遊出版社，2016年10月），頁19。至於M93墓主人的問題詳見第五章的討論。

33 M114、M113兩墓的資料詳見山西省考古研究所、北京大學考古系：〈天馬——曲村遺址北趙晉侯墓地第六次發掘〉，《文物》2001年8月，頁4-55。

34 M9、M13、M6、M7及M8的墓葬資料見山西省考古研究所、北京大學考古系：〈天馬——曲村遺址北趙晉侯墓地第二次發掘〉，《文物》1994年1月，頁2-29。

35 M33、M91、M92、M93、M102五墓情況詳見山西省考古研究所、北京大學考古系：〈天馬——曲村遺址北趙晉侯墓地第五次發掘〉，《文物》1995年7月，頁4-38。

墓地編號	墓葬時代	墓主人身分	墓道形制
曲村北趙晉侯 M92	西周晚期	晉靖侯夫人	甲字形豎穴土壙墓，單墓道。
曲村北趙晉侯 M1[36]	西周晚期	晉釐侯	甲字形墓葬，僅有一條南向長方形斜坡式墓道。
曲村北趙晉侯 M2	西周晚期	晉釐侯夫人	甲字形墓葬，僅有一條南向長方形斜坡式墓道。
曲村北趙晉侯 M8	西周晚期	晉獻侯	墓葬為甲字形大墓，墓道為斜坡墓道。
曲村北趙晉侯 M31[37]	西周晚期	晉獻侯夫人	墓道在墓室南端，長方形豎穴土坑墓，單墓道。
曲村北趙晉侯 M64[38]	西周晚期	晉穆侯	甲字形墓，墓道屬斜坡墓道。
曲村北趙晉侯 M62	西周晚期	晉穆侯夫人	甲字形墓，墓道屬斜坡墓道。
曲村北趙晉侯 M63	西周晚期	晉穆侯次夫人	中字形墓，有南北兩端雙墓道，均為斜坡狀墓道。
曲村北趙晉侯 M93	春秋初年	晉殤侯	中字形豎穴土壙墓，雙墓道。
曲村北趙晉侯 M102	春秋初年	晉殤叔夫人	長方形豎穴壙墓，無墓道。
曲沃羊舌墓地 M1[39]	春秋早期	晉文侯	中字形土壙豎穴墓，有南

36 M1、M2考古報告見山西省考古研究所、北京大學考古系：〈1992年春天馬——曲村遺址墓葬發掘報告〉，《文物》1993年3月，頁11-30。

37 M31考古資料見山西省考古研究所、北京大學考古系：〈天馬——曲村遺址北趙晉侯墓地第三次發掘〉，《文物》1994年8月，頁22。

38 M62、M63、M64三墓情況詳見山西省考古研究所、北京大學考古系：〈天馬——曲村遺址北趙晉侯墓地第四次發掘〉，《文物》1994年8月，頁4-21。

39 羊舌M1、M2考古報告見山西省考古研究所：〈山西曲沃羊舌晉侯墓地發掘簡報〉，《文物》2009年1月，頁4-26。

墓地編號	墓葬時代	墓主人身分	墓道形制
			北雙墓道。
曲沃羊舌墓地 M2	春秋早期	晉文侯夫人	中字形土壙豎穴墓，有南北雙墓道。

（二）燕國墓道

　　燕國屬姬姓國，其國君墓葬有四條墓道及二條墓道的規格。M1193的墓主，根據同出的〈克盉〉（《新收》1367）、〈克罍〉（《新收》1368）銘文，當指受封為燕國第一代的燕侯克。[40]雖然有四條墓道（圖三），但其墓道窄短，特別是墓道底部甚窄，[41]「且在墓室的四個角，不規範。」[42]學者認為此不是真正意義上的墓道，作用與下棺有關。[43]故雖有四條墓道，但規格不大，無法比擬天子的格局。

墓地編號	墓葬時代	墓主身分	墓道形制
琉璃河燕國墓 M1193	西周早期	第一代燕侯克	墓室為長方形土坑豎穴，墓室的四角各有一條墓道。
琉璃河燕國墓 M202[44]	西周早期	燕侯	墓室為長方形豎穴，有南北二墓道。南墓道為斜坡式墓道，北墓道為臺階式墓道。

---

40 陳平：〈克罍、克盉銘文及其有關問題〉，《燕秦文化研究——陳平學術文集》（北京市：北京燕山出版社，2003年11月），頁10。

41 琉璃河考古隊：〈北京琉璃河1193號大墓發掘簡報〉，《考古》1990年1月，頁21。

42 徐良高：〈周公廟遺址性質雜彈〉，《三代考古》（三）（北京市：科學出版社，2009年8月），頁411。

43 種建榮、張天宇、雷興天：〈晚商與西周時期墓道形制初識〉，《江漢考古》2018年1月，頁55。

44 北京市文物研究所：《琉璃河西周燕國墓地》（北京市：文物出版社，1995年7月），頁16。

圖三　M1193 墓葬圖

〈北京琉璃河 1193 號大墓發掘簡報〉，圖版壹。

（三）楚國墓道

　　楚國墓葬中有墓道的情況相當常見，一般而言，大夫階級就有墓道（舉例如表二），常見的是甲字形墓，即一條墓道，且為羨道模式。至於更高階的楚王墓，墓葬屬於中字形墓，有二條斜坡墓道，如淮南馬鞍塚南塚即是如此，[45]郭德維認為此墓是楚頃襄王墓。[46]有時楚王或僅使用一條墓道，如朱家集楚幽王墓，此墓為土坑豎穴墓，只有一條向東的墓道。墓道為斜坡式，上部較陡，下部微緩。[47]又如熊家塚主墓是一座近正方形、帶斜坡墓道的「甲」字形豎穴土坑木槨

---

45 河南省文物研究所：〈河南淮陽馬鞍塚楚墓發掘簡報〉，《文物》1984年10月，頁2。

46 郭德維：《楚系墓葬研究》（武漢市：湖北教育出版社，1995年7月），頁77。

47 李德文：〈朱家集楚王墓的形制與棺槨制度〉，《楚文化研究論集》（第1集）（武漢市：荊楚書社，1987年1月），頁240-241。

墓。[48]學者或推測此墓是楚昭王、[49]楚惠王。[50]暫且不論墓主為何，但墓主為一代楚王應沒有問題。綜上所論，東周時代的楚王墓葬，有中字形墓或甲字形墓，屬二條或一條墓道的情況。至於大夫階層的，大部分屬甲字形墓，墓道僅有一條，但基本上皆屬羨道模式。

表二　楚大夫墓墓道舉例表

墓地編號	墓葬時代	墓主身分	墓道形制
新蔡葛陵楚墓	戰國中期	封君平夜君成	甲字形豎穴土坑，斜坡狀單條墓道。
包山楚 M2	戰國晚期	左尹𨙻貞（大夫）	長方形墓坑，有一條斜坡式墓道。
天星觀 M2	戰國中期	邸陽君番勑夫人	長方形豎穴土坑，有一條斜坡墓道。
信陽 M1	戰國早期	大夫	長方形豎穴土坑，有一條斜坡墓道。
信陽 M2	戰國早期	大夫	甲字形豎穴土坑墓，有一條斜坡狀墓道
望山 M1	戰國中期	下大夫	長方形豎穴土坑，有一條斜坡墓道
望山 M2	戰國中期晚段	下大夫	長方形豎穴土坑，墓道橫斷面呈梯形。
荊州望山橋 M1[51]	戰國中期	大夫	甲字形豎穴土坑墓，有一條斜坡墓道。

---

48 荊州博物館：〈湖北荊州熊家塚墓地2006-2007年發掘簡報〉，《文物》2009年4月，頁6。

49 徐文武：〈熊家塚楚墓墓主身分蠡測〉，《江漢論壇》2010年3月，頁72。

50 鄖時雨：〈熊家塚楚墓墓主新探——與徐文武教授商榷〉，《宜賓學院學報》2011年4月，頁63。

51 荊州博物館：〈湖北荊州望山橋一號楚墓發掘簡報〉，《文物》2017年2月，頁4-37。

（四）秦國墓道

　　春秋早期，秦國國君墓道就使用中字形東西兩條墓道，如大堡子山的二座墓（M2、M3）皆屬中字形，有東西兩條斜坡狀墓道。[52]根據學者的研究，墓主分別是秦靜公和秦文公。[53]此外，秦在雍城也有許多秦公墓葬，大都是中字形墓葬，如一號墓是秦景公墓即屬中字形大墓，有二條斜坡墓道（圖四）。[54]只有三位秦公是甲字形，一位刀字

圖四　大堡子山 M2 平面圖
修改自《秦物質文化通覽》彩版 11。

---

52 大堡子M2、M3墓葬資料見戴春陽：〈禮縣大堡子山秦公墓地及有關問題〉，《文物》2000年5月，頁74-80。

53 大堡子M2、M3墓主人身分學界爭議甚多，此處採取田亞岐、張文江：〈禮縣大堡子山秦陵墓主考辨〉，《唐都學刊》第23卷第3期（2007年5月），頁75的說法。陳昭容：〈秦公器與秦子器——兼論甘肅禮縣大堡子山秦墓的墓主〉，《中國古代青銅器國際研討會論文集》（上海市：上海博物館，2010年11月），頁254亦同此說。

54 王學理：《秦物質文化通覽》，頁521。

形墓葬（墓葬區域圖見圖五），[55]顯見在雍城時代的秦君也是以中字形
墓葬居多，且中字形墓葬大都屬豎穴土坑墓。戰國晚期，還出現亞字
形墓葬，如東陵一號陵園中的 M1、M2皆屬亞字形墓，各有四出的斜

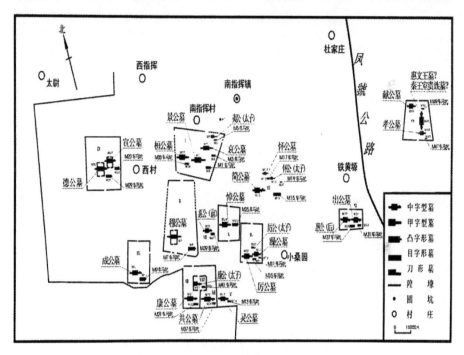

圖五　雍城秦公陵園墓葬分布圖

〈雍城秦公陵園諸公墓主考識〉，頁 271。

坡墓道。趙化成認為東陵一號陵園的時代為「戰國晚期偏晚至秦
代」，其 M1墓主人為莊襄王，M2為帝太后。[56]因此秦國國君最初大都
是以中字形大墓為主，有二條墓道，到了戰國後期，變成了亞字形
墓，有四出的斜坡墓道，其規格顯然都比其他的諸侯國來得高。陳昭
容說這樣的墓道制度「可能是在秦立國之後初期才開始有的，也是高

55　田亞岐、徐衛民：〈雍城秦公陵園諸公墓主考識〉，《秦漢研究》第2輯（西安市：三
　　秦出版社，2007年11月），頁262-271。

56　趙化成：〈秦東陵芻議〉，《考古與文物》2000年3月，頁63。

等級秦公墓才有的規格。」[57]至於秦始皇陵,《史記》〈秦始皇本紀〉記載秦二世關閉秦始皇陵時的情景:

> 葬既已下,或言工匠為機,臧皆知之,臧重即泄。大事畢,已臧,閉中羨,下外羨門,盡閉工匠臧者,無復出者。

張守節《正義》:「冢中神道。」岡白駒說:「冢中神道中外門,皆吊門也,故曰『下』。」[58]雖然秦始皇陵尚未發掘,然而依據考古勘探情況及戰國後期秦公墓的格局來看,秦始皇陵應有四條墓道。[59]四條墓道之門稱羨門。「羨門」,即羨道入口之門,或稱玄門。[60]此詞亦見於漢武帝茂陵,《漢舊儀》:

> 武帝墳高二十丈,明中高一丈七尺,四周二丈,內梓棺柏黃腸題湊,以次百官藏畢。其設四通羨門,容大車六馬,皆藏之內方,外陟車石。[61]

根據考古學者的鑽探,茂陵為亞字形墓葬,有四條斜坡墓道。[62]西漢帝王的陵寢大都屬帶四面坡形墓道的豎穴土壙墓,[63]茂陵的這四條斜

---

57 陳昭容:〈從文獻與出土文物看早期秦國融入華夏的歷程〉,《出土材料與新視野》(臺北市:中央研究院,2013年9月),頁303。

58 漢・司馬遷撰,瀧川資言考證:《史記會注考證》,卷6,頁372。

59 段清波:《秦始皇帝陵園考古研究》,頁141;張衛星:《禮儀與秩序:秦始皇帝陵研究》,頁149。

60 黃曉芬:《漢墓的考古學研究》(長沙市:嶽麓書社,2003年7月),頁15。

61 清・孫星衍等輯,周天游點校:《漢官六種》(北京市:中華書局,2008年5月),頁106。

62 陝西考古研究院等:〈漢武帝茂陵考古調查、勘探簡報〉,《考古與文物》2011年2月,頁7。

63 韓國河:〈簡論坡形墓道〉,《鄭州大學學報》(社會科學版)第33卷第5期,頁108;楊武站、曹龍:〈漢霸陵帝陵的墓葬形制探討〉,《考古》2015年8月,頁116。

坡墓道也當為羨道模式。既然秦始皇的墓門亦稱羨門，以漢承秦制的
觀點來論，[64]秦始皇的墓道與漢帝王也當相同，皆屬羨道模式。至於
「羨門」是什麼樣式？其實即漢代考古常見的羨道門（或稱主墓
門）。羨門一般位於墓道的盡頭，以石門為主，如南越文王墓就是雙
扇石門。在石門外又設有頂門器，當門扇閉合之後，頂門石板就會自
動翹起頂在門板的閉合點，把石門卡死。[65]另外有些是放入石條將墓
道口堵住，如獅子山楚王墓，其墓主為第二代楚王劉郢客，[66]墓門就
是用十六塊巨大塞石堵住，每塊塞石重五至七頓，塞石外有道漆木大
門。[67]但不論如何，其墓道皆屬上無負土的露天羨道。在漢墓中，有
時會在墓道上方設計天井，如獅子山楚王陵的前墓道就有天井的設計
（圖九）。在天井的墓壁上發現一周豎長方形石槽，槽內遺存有墊鐵
釘和漢瓦陶片等填塞物，推測當年建造陵墓時，為了防止雨水滲入墓
穴而搭建的木棚棚柱支點。[68]但這些木棚在入葬程序結束後即進行拆
卸，且這種墓道亦與所謂上有負土之隧道完全不同。這一類的木棚設
計在皇帝墓道中亦可見，如《後漢書》〈禮儀下〉：

> 合葬：羨道開通，皇帝謁便房，太常導至羨道，去杖，中常侍
> 受，至柩前，謁，伏哭止如儀。辭，太常導出，中常侍授杖，

---

64 高崇文：〈秦漢帝陵陵寢制度探討〉，《古禮足徵——禮制文化的考古學研究》（上海
市：上海古籍出版社，2015年12月），頁265：「漢承秦制，在帝陵建制上體現得非
常清楚。」王學理：〈秦漢相承帝王同制——略論秦漢皇帝和漢諸侯王陵園制度的
繼承與演變〉，《王學理秦漢考古文選》（西安市：三秦出版社，2008年9月），頁112-
122對此課題亦有詳論。

65 廣州市文物管理委員會：《西漢南越王墓》（北京市：文物出版社，1991年10月），
頁12。

66 劉尊志：《漢代諸侯王墓研究》（北京市：社會科學文獻出版社，2012年12月），頁
481。

67 徐州漢文化風景園林管理處編：《獅子山楚王陵》（南京市：南京出版社，2011年1
月），頁78。

68 徐州漢文化風景園林管理處編：《獅子山楚王陵》，頁30。

升車歸宮。[69]

羨道可開通，這間接說明羨道上方也有像獅子山一樣有頂的木結構建築。[70]

《史記》〈六國年表〉：「秦襄公始封為諸侯，作西畤，用事上帝，僭端見矣。」[71]既然秦自襄公以來就開始出現僭端，那麼到了秦始皇時，怎麼反而採用低於天子的羨道格局，顯見在東周時代天子就是採用羨道模式，只是天子或地位較高的王侯才享有四條墓道，一般的諸侯是一條或二條墓道。[72]

學者會許或質疑像滿城漢墓中山靖王就是崖墓，其墓道就屬隧道形式。[73]另外文帝不起墳，學者也認為其墓葬可能是崖墓形式，那麼在漢代以前的天子墓葬應也有崖墓的形式。首先，滿城漢墓的墓道確實是隧道模式，但那是鑿山而建，屬於特殊地形所鑿出的墓葬，然而先秦時代少見這一類型的墓葬。至於文帝是否屬崖墓，學界仍有不同看法。根據學者最新的研究，霸陵墓葬應為帶四條墓道的亞字形豎穴土坑墓，與其他西漢帝陵沒有差異，只是不起封土而已。[74]且現階段鑿山為墓的情況大都是漢代以後的情況，僅限於部分的諸侯王。其次，即便皆屬鑿山為墓的情況，還是有墓葬採羨道的模式，如徐州獅子山楚王墓是以獅子山為陵塚，但其墓道就屬羨道形式，學者指出：「露天敞口的楚王陵墓道在下葬後全部用封土回填並層層夯實，夯土頂部

69 晉・司馬彪撰，梁・劉昭注：《後漢書志》，第6，頁3152。

70 段清波：《秦始皇帝陵園考古研究》，頁142。

71 漢・司馬遷撰，瀧川資言考證：《史記會注考證》，卷15，頁845-846。

72 種建榮、張天宇、雷興天：〈晚商與西周時期墓道形制初識〉，頁56：「四條墓道雖並非只有王才能享用，但確為王墓規制。」

73 種建榮：〈周公廟遺址陵坡墓地及相關問題〉，《中國國家博物館館刊》2018年7月，頁40。

74 楊武站、曹龍：〈漢霸陵帝陵的墓葬形制探討〉，《考古》2015年8月，頁115。

鋪放巨大的自然山石，與山體表面岩石基本保持一致，用以偽裝防盜。」[75]因此也並非所有的崖墓都是隧道的情況。此外像梁孝王墓（保安山 M1），其墓道大部分屬露天的羨道模式，僅在斜坡墓道的平臺到墓門的一段八米平底墓道，其「頂部用方石和楔形石塊砌成覆斗形頂」，[76]算是羨道和隧道並用的情況。基本上若要開鑿隧道，墓葬區必須選擇鑿山為陵才能完成，但在先秦時代，鑿山為陵的情況相當罕見。

（五）洛陽地區周代墓道情況

　　最後來談周王室的墓道情況，今舉幾個墓葬情況來說明。洛陽體育場路東周墓有一座亞字形豎穴土坑墓（C1M10122，墓葬平面見圖六），其有四條斜坡墓道，另外在其西側又有一座長方形豎穴土坑墓（C1M10123），有二條斜坡墓道，學者推測前者可能是周平王之墓，

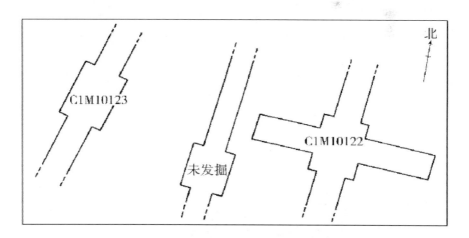

圖六　洛陽體育場路東周墓分布圖
〈洛陽體育場路東周墓發掘簡報〉，頁 5。

---

75 徐州漢文化風景園林管理處編：《獅子山楚王陵》，頁16。

76 河南省文物考古研究所：《永城西漢梁國王陵與寢園》（鄭州市：中州古籍出版社，1996年8月），頁11；河南省商丘市文物管理委員會等：《芒碭山西漢梁王墓地》（北京市：文物出版社，2001年8月），頁14-17。

後者為其平王夫人之墓。[77]之後隨著周王室日漸衰弱，基本上王室的墓道就少見亞字形大墓，如洛陽金村被盜掘的八座周王陵，其屬性皆為東周墓葬，基本上皆是甲字形大墓，[78]即墓道僅有一條。又如洛陽西郊東周王陵發現四座大墓，其中 ZSM1有一條墓道，另外三塚（ZSM2、ZSM3、ZSM4）在南北兩側皆發現墓道，這些墓道皆是長斜坡墓道，學者推測此墓葬當為東周王陵。[79]值得注意的是，所有墓道的其中一段（南或北）或疊壓在封土之下，另一段處於封土之外，且其上的封土呈覆斗形，為人工所為。這也可以看出當時入葬時其墓道大都呈現所謂的羨道形式（即露天的情況），等到主棺入窆後，然後在其墓穴上用封土回填覆蓋，故才有部分墓道露出封土之外的情況。這種狀況亦可在其他的墓葬中找到相同的情況，如中山王譻一號墓屬中字形墓道，其墓丘上還有饗堂建築，考古學者認為這些墓上建築是將墓主人埋葬後，封丘封頂之後才進行修建的。[80]可見，在兩周時代的墓葬，常見的墓道情況是羨道模式，用以運送陪葬品及棺槨使用，當所有的入葬程序都完成了，才進行封丘。

　　許子濱認為西周王室墓葬到今天還未一見，因此「不能妄下判斷，以為周王原來不曾有墓隧。」[81]西周天子墓雖未發掘，但近年來發現的周公廟大墓可為西周天子墓作一些補充。在周公廟發掘了一批

---

77 洛陽市文物工作隊：〈洛陽體育場路東周墓發掘簡報〉，《文物》2011年5月，頁4-11。

78 霍宏偉編譯：〈洛陽故城古墓考〉，《洛陽工學院學報》（社會科學版）2002年2月，頁13。這些墓葬原先被認為是韓國墓葬，唐蘭認為是東周墓，見氏著：〈洛陽金村古墓為東周墓非韓墓考〉，《唐蘭全集》（二）（上海市：上海古籍出版社，2015年11月），頁667-671；李學勤：《東周與秦代文明》（上海市：上海人民出版社，2016年11月），頁28-29。

79 洛陽市第二文物工作隊：〈洛陽西郊周山東周王陵調查記〉，《中原文物》2005年6月，頁4-7。

80 河北省文物研究所：《譻墓——戰國中山國國王之墓》（北京市：文物出版社，1996年2月），頁13。

81 許子濱：〈《左傳》「請隧」解〉，頁437。

西周時代的墓葬，其中擁有四條墓道的有十座墓葬，目前學界比較贊同此區為周公家族墓地。[82]已發掘 M32 是「墓壙由略近方正的豎穴土坑墓室、階梯式北墓道和斜坡式南墓道組成」。[83]M18 則是四條墓道，其墓葬依同屬一個區域的 M32 情況來看，也當屬豎穴土坑墓（兩者的相對位置如圖七）。若此，周公家族墓地的亞字形墓葬也是四條墓道，屬羨道模式。《禮記》〈明堂位〉：「成王以周公為有勳勞於天下，是以封周公於曲阜地方七百里，革車千乘。命魯公世世祀周公以天子之禮樂。」鄭玄注：「同之於周，尊之也。」[84]《史記》〈魯周公世家〉：「魯有天子禮樂者，以褒周公之德也。」[85]依此，在周公家族墓地所見的墓道情況基本上可比擬於天子之禮，故以此推知當時的周天子墓道當不會與此相差太大。且先秦時代要完全開鑿成地下宮殿的形式在技術上也未必辦得成，印群說：

> 如果開挖墓道時要在其上留土，即有「負土」，那麼築墓室時顯然也得在墓頂上留土，即必須在墓頂「負土」保留不動的前提下掘進，這樣一來整個大墓就成了用掘地道的方法修築的宏大的地下建築，如此高的地下施工標準是當時的工程技術水準所難以達到的。[86]

---

82 種建榮：〈周公廟遺址陵坡墓地及相關問題〉，《中國國家博物館館刊》2018年7月，頁40。

83 徐天進：〈周公廟遺址的考古所獲及所思〉，《文物》2006年8月，頁56。

84 漢·鄭玄注，唐·孔穎達疏：《禮記注疏》，卷31，頁576-577。

85 漢·司馬遷撰，瀧川資言考證：《史記會注考證》，卷33，頁1819。

86 印群：《黃河中下游地區的東周墓葬制度》（北京市：社會科學文獻出版社，2001年10月），頁108。

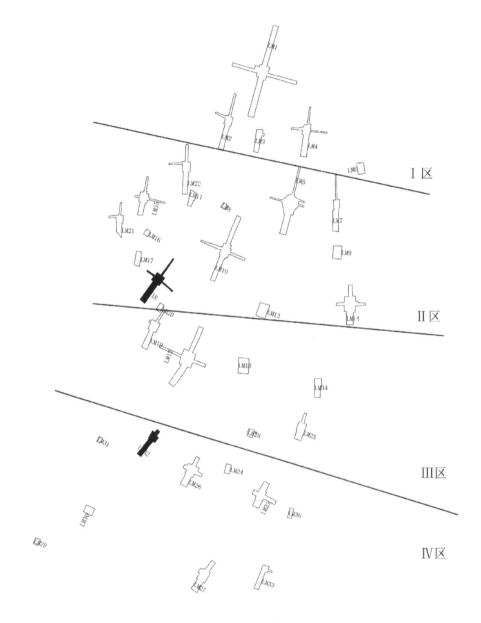

圖七　周公廟墓葬位置圖

〈周公廟遺址陵坡墓地及相關問題〉，頁 33。

因此就以當時的工程技術而言，此項工法本身是有困難的。在張家坡西周墓葬中曾發現洞室墓，但基本上其墓道皆屬豎穴墓道，[87]也非隧道模式，且這一類的墓葬也非周人葬式，可能是羌族的葬式。[88]另外像三門峽也發現了大量的戰國至漢初洞室墓，其墓葬國族屬性為秦人墓葬，[89]亦非傳統的周人墓葬。

（六）小結及相關問題

綜合上述所考察的情況，筆者將東周時代的墓道制度歸納如下：

（一）東周王室一開始是亞字型墓葬，有四條墓道，但隨著王室日衰，之後東周王陵只有中字形或甲字形，即二條或一條墓道的情況，且屬於羨道的模式。

（二）晉國在西周早期晚段至西周晚期，國君墓道基本上以甲字形為主。到了西周晚期晚段，晉侯墓葬開始變成帶有雙墓道的中字形大墓，並延續至春秋早期。基本上，晉侯墓道以羨道形式為主。

（三）其他諸侯國基本上亦以甲字形和中字形墓葬為主，墓道呈現羨道形式。有些諸侯國沒有墓道，如蔡國或戰國的隨國，但屬少數情況。

（四）秦國一開始就以中字形墓葬為主，到了戰國時期甚至以亞字形墓葬呈現，但都是屬羨道的模式。

（五）杜預認為「闕地通路曰隧，王之葬禮也。諸侯皆縣柩而下。」然而春秋時代的諸侯王大都有墓道，因此說諸侯只能「縣柩而

---

87 中國社會科學院考古研究所編：《張家坡西周墓地》（北京市：中國大百科全書出版社，1999年6月），頁67。

88 梁星彭：〈張家坡西周洞室墓淵源與族屬探討〉，《考古》1996年5月，頁75；張衛星：〈略論先秦時期關中地區的洞室墓〉，《秦文化論叢》第4輯（西安市：西北大學出版社，1996年6月），頁238：指出「這種葬式成為羌戎部落和以後的羌戎族流行的埋葬形式之一。」

89 李書謙：〈試論三門峽秦人墓〉，《中原文物》2013年2月，頁33-39。

下」，顯然是不成立的。至於賈公彥認為隧是上有負土的暗道，屬天子特權，諸侯只能使用露天通道。然而從上面所列舉的材料來看，目前所見的東周天子墓道大都屬斜坡墓道，即羨道模式，即使是秦代、西漢帝王，也都是羨道模式。換言之，先秦天子葬禮基本上未出現上有負土的隧道，故賈公彥這種區分顯然也與考古材料不合。

　　論者或以鄭莊公「隧而相見」事來證明先秦時代確實已有隧葬的可能性。首先，鄭莊公原先發誓說：「不及黃泉，無相見也。」杜注：「地中之泉，故曰黃泉。」[90]楊伯峻說：「黃泉，地下之泉。此二句猶言不死不相見。」[91]後來反悔，經潁考叔的勸說，乃變通為「闕地及泉，隧而相見。」黃泉在先秦兼有地下及死後世界，[92]故鄭莊公採取見到地下泉水的方式與母親相見。這裡的隧，筆者認為只是挖個短淺的臨時性空間，屬象徵性作法，讓母子可以在有地下泉水的隧道中相見，因為是臨時性，並不需要在裡頭待太久，所以也沒有必要挖掘太深太長。但墓葬就不同，墓葬從人生前就開始經營，一直到所有的陪葬品都入窆室後才算結束，故墓道的使用絕非一二天就使用完畢，一旦隧道上方不夠堅固，必然會坍塌下來。其次，文獻中可以及地下泉水之露天通道亦可稱「隧」，如《左傳》昭公十七年：「子魚先死，楚師繼之，大敗吳師，獲其乘舟餘皇。使隨人與後至者守之，環而塹之，及泉，盈其隧炭，陳以待命。」杜注：「隧，出入道。」[93]楊伯峻注：「此楚人防吳人竊取餘皇。蓋移舟于岸，四周挖深溝，以至泉水。溝有出入道曰隧，以其及地下水而濕，故以炭填滿之，為陣以待吳人。」[94]此處的隧可以及地下水，且屬露天的通道。《莊子》〈天

90　《左傳》，卷2，頁37。

91　楊伯峻：《春秋左傳注》（修訂本），頁14。

92　蒲慕州：〈中國古代的信仰與日常生活〉，收入《中國史新論（宗教史分冊）》（臺北市：聯經出版事業公司，2011年1月），頁38。

93　《左傳》，卷48，頁839。

94　楊伯峻：《春秋左傳注》（修訂本），頁1392。

地〉:「子貢南遊於楚,反於晉,過漢陰,見一丈人方將為圃畦,鑿隧而入井,抱甕而出灌。」此「隧」為通井水之道,[95]規模也不會太大,可能也是屬露天的通道。依此而論,可以及地下水之露天通道本身也可稱隧,故陳克炯在解釋這條的隧時即說:「露天地下通道」。

再者,先秦時代常見的隧道方式是採用另一種模式,如越國安吉龍山墓葬 D141M1,時代為戰國早期晚段。其墓道兩旁有許多柱洞,有些柱洞內還留有未完全腐爛的朽木痕跡(圖八)。[96]這些柱洞一直深入坑內與木槨相連,這說明當時的墓道之上搭建著木結構建築,讓原本露天的墓道變成隧道的形式,但這種隧道與賈公彥所說的上有負土的隧道也不同。

圖八　越國安吉龍山 D141M1 墓道
《浙江越墓》,頁 113。

---

95 阮毓崧撰,劉韶軍點校:《重訂莊子集注》(上海市:上海古籍出版社,2018年4月),頁342。

96 浙江省文物考古研究所編:《浙江越墓》(北京市:科學出版社,2009年10月),頁106-112。

到了漢代以後，墓道變成隧道的模式才可見到，如北京大堡子山M1，根據學者考證，此墓的墓主人是廣陽王劉建。[97]此墓的建築方式是：

> 該墓由封土、墓道、甬道、墓室等部分組成。其做法是：先挖一個深4.70米的斗狀長方坑，然後在底部依次鋪墊白膏泥和木炭，木炭上置墊木和鋪地板，再於其上緊貼坑邊處豎扁平立木一周為壁，立木外側與坑之間空隙處填土夯實，以使砂性土質的墓壁保持堅固。最上以圓木和方木為頂。整個木結構外層，用木炭；頂部和底部並用白膏泥封固，成為一個規模龐大、結構複雜的木構地下建築。[98]

其墓葬建築圖如圖九。但基本上此墓道上部是以木建構為頂，亦非賈公彥所說的上有負土的隧道模式。

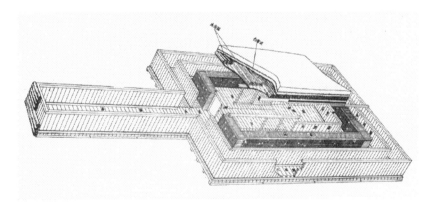

圖九　北京大葆臺 M1 漢墓
《北京大葆臺漢墓》，頁 10。

---

97 劉瑞、劉濤：《西漢諸侯王陵墓制度研究》（北京市：中國社會科學出版社，2010年7月），頁234。

98 大葆臺漢墓發掘組：《北京大葆臺漢墓》（北京市：文物出版社，1989年12月），頁4。

　　另外，曾侯乙墓沒有墓道，顧鐵符認為惟有姬姓國才會受限於周王室的要求。[99]然而以當時「周之子孫日失其序」、「天而既厭周德矣」情況來看，[100]這種說法顯然也不合理。我們從考古材料來看，晉國在西周時代就已使用墓道，在西周末年，周王室的勢力雖已走下坡，但基本上還是比東周時期更有約束力。其次，同屬姬姓國的曾國，雖然曾侯乙沒有墓道，但在曾侯乙之前的曾國國君是有墓道的。如葉家山 M28 曾侯諫墓，[101]其年代為西周早期，墓葬屬甲字形土坑豎穴墓，有一條斜坡墓道。[102]又如棗陽郭家廟曾國墓地 GM17，其墓葬年代為春秋早期前段，墓葬形制為長方形岩土坑，東端也有墓道，其墓主身分為曾國國君夫人。[103]這就說明，在西周晚期至春秋早期階段，姬姓諸侯在其葬禮中皆曾使用過墓道，故所謂「姬姓國比較容易受範」之說基本上也站不住腳。

　　那麼晉文公「請隧」到底是什麼制度？筆者認為此隧當即鄉隧制之隧，但此鄉隧並非指晉國之隧，而是東周王室之隧，以下就此論點來作進一步的談論。

三　春秋以「隧」為名的地理位置及其性質考察

　　《國語》〈周語〉:「公請隧，弗許。」韋昭注:「隧，六隧之

99　顧鐵符:〈隨縣曾侯乙墓無隧解〉，《夕陽芻稿——歷史考古述論匯編》（北京市:紫禁城出版社，1988年3月），頁146。

100　《左傳》，卷4，頁81。

101　葉家山及隨棗一帶所出的曾國墓皆屬同一封國，且為姬姓，詳見徐少華:〈曾侯與鐘銘和曾（隨）若干問題釋疑〉，《古文字與古代史》第5輯（臺北市:中央研究院歷史語言研究所，2017年4月），頁169-182討論。

102　湖北省文物考古研究所:〈湖北隨州葉家山M28發掘報告〉，《江漢考古》2013年4月，頁3。

103　襄樊市考古隊編:《棗陽郭家廟曾國墓地》（北京市:科學出版社，2005年9月），頁58。

地。」[104]隧或作遂，兩字可通假，[105]如吳地的「干隧」，《史記》〈蘇秦列傳〉作「干遂」，可證。在討論晉文公請隧問題前，筆者先探究春秋史料中常出現以隧為名的地理位置及其性質，如此更有助於說明這裡的「請隧」。楊寬考察遂的位置時指出：

> 在「郊」以外，有相當距離的周圍地區叫「野」。在「郊」以外和「野」以內，分設有「六遂」，這就是鄉遂制度的「遂」。[106]

另外，李家浩指出：「『遂』字出現在地名之後和跟其他的字組成職官名等情況來看，應該是指鄉遂制度的『遂』。」[107]黃聖松認為《左傳》中綴以隧字的地名，極可能是一國鄉遂之遂。[108]若就《左傳》中以隧為名的地點來看，以上這些說法基本上是吻合的。不過有些以遂為名的點如「干遂」，並沒有離都城太遠，其意大概僅同於《左傳》襄公十八年：「夙沙衛連大車以塞隧而殿」，楊伯峻說：「隧，山中小路。」[109]其性質是以一個點來代稱整條通道。馬保春在討論《戎成氏》的「鳴條之遂」時曾言：「它可能是以道路上一個關口或渡口性質的地名代稱整條通道、道路，因為鳴條之遂的遂有通道的意思。」[110]甚至有些並不是一個點，而僅是一條通道名，如曹隧和陳隧。又如《國語》〈周語上〉：「回祿信於聆隧。」韋昭注：「聆隧，地名也。」[111]譚澐

---

104 徐元誥：《國語集解》（修訂本），頁352。

105 清・孔廣森撰，張詒三點校：《經學卮言》（外三種），頁112。

106 楊寬：〈西周春秋的鄉遂制度和社會結構〉，《西周史》，頁422。

107 李家浩：〈齊國文字中的「遂」〉，《著名中年語言學家自選集──李家浩卷》，頁44。

108 黃聖松：〈《左傳》綴以「隧」字地名與「鄉遂」制度蠡測〉，《文與哲》第31期，2017年12月，頁93。

109 楊伯峻：《春秋左傳注》（修訂本），頁1038。

110 馬保春：〈由楚簡《容成氏》看湯伐桀的幾個地理問題〉，《中國歷史文物》2004年5月，頁44。

111 徐元誥：《國語集解》（修訂本），頁29。

說:「聆隧，鈃山之隧，一名鈃陉。《水經》〈汾水注〉云：『天井水出東陘山西南，北有長嶺，嶺上東西有通道，即鈃陉也。』」[112]這裡的聆隧就是通道名。值得注意的是，《左傳》或其他文獻所記載的以「隧」為名的點或通道皆可通向該國的都城，為了進一步闡述此論點，接著筆者就春秋時代幾個以「隧」為名的點與其都城相對位置進行考察，[113]如此將有助於進一步解讀晉文公請隧內涵。

（一）秦國麻隧

《左傳》成公十三年：「五月丁亥，晉師以諸侯之師及秦師戰于麻隧。秦師敗績，獲秦成差及不更女父。曹宣公卒于師。師遂濟涇，及侯麗而還。迓晉侯于新楚。」[114]高士奇認為麻隧「或云在今涇陽縣西南。」[115]楊伯峻說：「麻隧，秦地，《清一統志》以為在今陝西涇陽縣北，《方輿紀要》以為在涇陽縣西南。疑《一統志》近是。」[116]黃鳴則認為：

> 又以地理形勢揆之，諸侯軍隊由東周出發，一路西進，此戰勝後，諸侯軍隊即渡過涇水，西至侯麗，則麻隧應與侯麗緯度大致相同，否則，如果定麻隧在涇陽縣北，則諸侯軍的行軍路線則是西渡涇水後，折而南向，方可到侯麗。綜合考慮上述原因，則麻隧應在涇水之北較近之處，也以在今涇陽縣南較為穩妥。[117]

---

112 清・譚澐：《國語釋地》，收入《《國語》研究文獻輯刊》第7冊，頁410。

113 關於《左傳》中綴以隧字的地名，黃聖松：〈《左傳》綴以「隧」字地名與「鄉遂」制度蠡測〉一文亦有詳考，惟筆者論述的方向與內容跟黃聖松先生並不相同，在此特此說明。

114 《左傳》，卷27，頁463。

115 清・高士奇：《春秋地名考略》，頁498。

116 楊伯峻：《春秋左傳注》（修訂本），頁866。中華秦文化辭典編委會：《中國秦文化辭典》（西安市：西北大學出版社，2000年1月），頁194亦持相同的看法。

117 黃鳴：《春秋列國地理圖志》，頁240。

此段內容亦見於《史記》〈晉世家〉：「三年，使呂相讓秦，因與諸侯伐秦至涇，敗秦於麻隧，虜其將成差。」[118]清華簡《繫年》簡89-90（以下用通行字寫出）：「明歲，厲公先起兵，率師會諸侯以伐秦，至于涇。」[119]依此記載，麻隧位置當與涇水相當接近，故本文依黃鳴的說法。李自智說：「晉師伐秦往往渡過涇河，深入秦之腹地，直逼秦的大後方。」[120]晉軍渡過涇水後，即可長驅直入秦都雍城。即便雍城的地理環境號稱「城塹河瀕」，[121]但畢竟有聯軍進到都城的外圍，對秦也造成不少的威脅。因此當第二次聯軍再次攻入秦境時，秦人為了阻止諸侯師渡過涇水，乃「毒涇上流，師人多死。」杜預注：「飲毒水故。」[122]至於聯軍是在何處渡過涇水，筆者認為渡水之處可能就是後來的涇陽故地。《史記》〈秦始皇本紀〉：「肅靈公，昭子子也。居涇陽。享國十年。」[123]根據學者考證，涇陽當為秦國的一個臨時性軍事都城。[124]且因其地理位處「兵家必經的險要之處」，[125]故秦靈公才要在此建立臨時性的都城。當時聯軍在麻隧打敗秦軍後，通過麻隧直達涇陽以渡過涇水（如圖十）。顧棟高指出：「涇陽有睢城渡，即諸侯濟涇，秦人毒涇上流處。又縣西南有麻隧地，晉、秦戰于麻隧，即此。」[126]依此，麻隧是晉人往睢城渡前的一個重要據點及通道。李孟存、李尚師認為秦、晉之間的路線有二條，其中一條是由雍出發，經

---

118 漢・司馬遷撰，瀧川資言考證：《史記會注考證》，卷39，頁2063。

119 清華大學出土文獻研究與保護中心編：《清華大學藏戰國竹簡》（貳），頁174。

120 李自智：〈秦九都八遷的路線問題〉，《中國歷史地理論叢》第17卷第2期（2002年6月），頁70。

121 田亞岐、郁彩玲：〈秦都雍城城市體系演變的考古學觀察〉，《輝煌雍城——全國（鳳翔）秦文化學術研討會論文集》（西安市：三秦出版社，2017年9月），頁33。

122 《左傳》，卷32，頁559。

123 漢・司馬遷撰，瀧川資言考證：《史記會注考證》，卷6，頁403。

124 徐衛民：《秦漢都城研究》（西安市：三秦出版社，2012年1月），頁40；

125 李自智：〈秦九都八遷的路線問題〉，頁70。

126 清・顧棟高，吳樹平、李解民點校：《春秋大事表》，頁643。

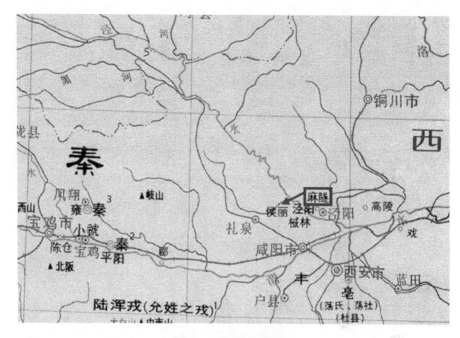

圖十　麻隧位置圖。

侯麗、域林、麻隧、北徵、少梁，然後東渡大河，進入晉國。[127]其中北徵和少梁皆屬晉地，[128]故麻隧可以說是進入秦國都城的一個重要前哨站，通過麻隧後就可進到秦國腹地。

（二）楚國的大隧

《左傳》定公四年：「左司馬戌謂子常曰：『子沿漢而與之上下，我悉方城外以毀其舟，還塞大隧、直轅、冥阨。[129]子濟漢而伐之，我自後擊之，必大敗之。』」杜注：「三者，漢東之隘道。」[130]楊伯峻

---

127 李孟存、李尚師：《晉國史》（太原市：三晉出版社，2015年1月），頁387。

128 清·江永：《春秋地理考實》，頁75引《彙纂》認為北徵在今西安府澄城縣西南二十里。李孟存、李尚師：《晉國史》，認為北徵位於今陝西省澄城縣南，故馬保春：《晉國地名考》，頁25認為北徵為晉地。

129 「冥」字依《左傳》，卷54，頁956校勘記改。

130 《左傳》，卷54，頁950。

說：「今豫鄂交界三關，東為九里關，即古之大隧。」[131]依此，此隧並非僅是一個點而已，同時還具有隧道的性質。根據石泉考證，這三關所在的位置在「今河南確山縣西與泌陽縣東的長城山丘陵地一個隘口。」[132]同時依據石泉考證，當時吳軍攻打楚國的路線為：

> 吳師深入楚境的道途，是溯淮西上，在蔡境登陸，會蔡師，共同西進，通過楚「方城」南段的隘口，進入南陽盆地，到達唐國，會合唐師，轉西南，至豫章大陂，由此進至襄樊附近的漢水北岸，在這一帶進行了柏舉決戰，大敗楚師，「五戰及郢」，直下楚都。[133]

石泉所考證的路線，因〈曾侯與鐘〉的出現而得到驗證。[134]〈曾侯與鐘〉：「吳恃有眾庶，行亂，西征南伐，乃加于楚。」吳軍的路線是從西再向南，與石泉考證的路線相符合，今將石泉考證附於下（圖十一）。大隧是春秋時楚國進出中原，南北抗衡的重要關隘之一，是楚國的一處重要軍事要塞和古戰場。[135]左鵬說：

> 當時楚國與中原的交通路線主要有兩條，其一是通過南襄夾道和桐柏山與伏牛山之間的方城隘口進出中原，其二是從江漢平

---

131 楊伯峻：《春秋左傳注》（修訂本），頁1543。

132 石泉：〈從春秋吳師入郢之役看古代荊楚地理〉，《古代荊楚地理新探》（增訂本）（臺中市：高文出版社，2004年5月），頁312。

133 石泉：〈從春秋吳師入郢之役看古代荊楚地理〉，《古代荊楚地理新探》（增訂本），頁332。

134 凡國棟：〈曾侯與編鐘銘文東釋〉，《江漢考古》2014年4月，頁63；高崇文：〈曾侯與編鐘銘文所記吳伐楚路線辨析——兼論春秋時期楚郢都地望〉，《江漢考古》2015年3月，頁83亦同此說。

135 史念海：〈春秋以前的交通道路〉，《史念海全集》第5卷，頁336；劉玉堂：《楚國交通研究》（武漢市：湖北教育出版社，2017年3月），頁109-110。

原東北的桐柏山與大別山之間的三關（冥扼、大隧、直轅）進
出中原。[136]

雖然左鵬有關「三關」的研究仍採舊說，但亦點出大隧是進入楚國都
城的一個重要路徑。

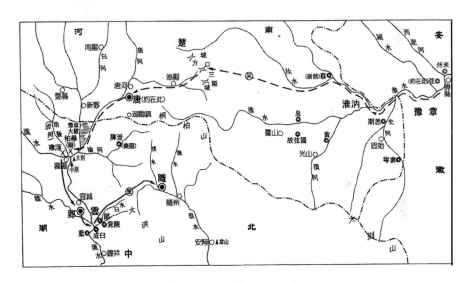

圖十一　吳師入郢圖
《古代荊楚地理新探增訂本》，頁 335。

（三）蔡國桑隧

《左傳》成公六年：

> 晉欒書救鄭，與楚師遇於繞角。楚師還。晉師遂侵蔡，楚公子
> 申、公子成以申、息之師救蔡，禦諸桑隧。

---

136 左鵬：《楚國歷史地理研究》（武漢市：湖北教育出版社，2012年9月），頁139-
140。

杜注：「汝南朗陵縣東有桑里，在上蔡西南。」[137]高士奇說：「在今汝寧府碻山縣西南三十五里，又縣東有桑里亭。」[138]楊伯峻注：「桑隧在今河南碻山縣東。」[139]黃鳴指出桑隧基本上位於蔡國西南邊邑。[140]要了解桑隧對於蔡國有何重要性，得先解決蔡國的都城位置。當時蔡國的都城還在上蔡，根據尚景熙的調查：

> 蔡國故城座落在上蔡縣蘆岡的東坡。蘆岡即古蔡地，春秋時期名曰「岡山」，南北四十五里，縱貫上蔡縣境。故城以西的岡下，汝河沿岡的西坡向南流去，至今還可以看到汝河故道。……蔡國故城雄踞岡坡，汝、洪二水東西環繞，附近地勢險要，物產豐富，成為這座名城的興起的有利條件。[141]

上蔡故城有汝水流經其附近，而桑隧也正好接近汝水。《水經注》〈汝水〉：「澺水自葛陂東南，逕新蔡縣故城東，而東南流注于汝女。又東南逕下桑里。」楊守敬注：「《左傳》〈成六年〉：『楚禦晉桑隧。』杜《注》：『朗陵縣東有桑里，在上蔡西南。』此《注》敘汝水東南逕新蔡，又東南逕下桑里，則在新蔡東，蓋對桑里言，故稱下。」[142]黃鳴描述此次晉軍侵蔡的路線為「晉軍遂轉向東南，沿伏牛山東部平原南下，經今河南省寶豐、葉縣、舞陽、西平、遂平、駐馬店市等境，侵蔡至於桑隧。」[143]因此晉軍一旦攻破桑隧，就可以利用桑隧連接到汝水支流（澺水），再溯著汝水進逼上蔡城外圍，如此一來將對蔡國造

---

137 《左傳》，卷26，頁442。
138 高士奇：《春秋地理考略》，頁482。
139 楊伯峻：《春秋左傳注》（修訂本），頁830。
140 黃鳴：《春秋列國地理圖志》，頁232。
141 尚景熙：〈蔡國故城調查記〉，《中原文物》1980年2月，頁30。
142 北魏・酈道元注，楊守敬、熊會貞疏：《水經注疏》，頁1788-1789。
143 黃鳴：《春秋列國地理圖志》，頁232。

成較大的威脅。依此而論，桑隧位處汝水下游，為他國溯著汝水進到蔡國都城（上蔡）的一個重要通道點（圖十二）。同時，桑隧離楚國的大隧不遠，[144]故楚軍才能出大隧後立即集結在桑隧一帶。

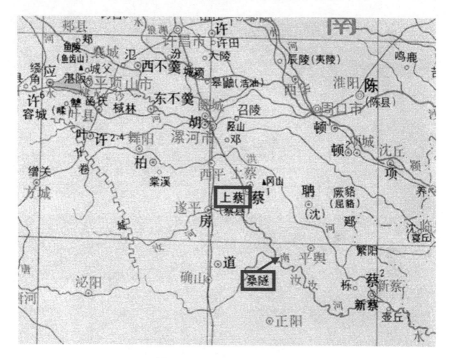

圖十二　桑隧位置圖。

（四）鄭國暴隧──附論陳隧

1 暴隧

《左傳》成公十五年：「楚子侵鄭，及暴隧。遂侵衛，及首止。鄭子罕侵楚，取新石。」[145]楊伯峻說：「暴即成十五年〈傳〉之暴隧，本為周室暴辛公采地，後入於鄭，當在今河南省原陽縣西舊原武

144　史念海：〈春秋以前的交通道路〉，《史念海全集》第5卷，頁336。
145　《左傳》，卷27，頁466。

縣境。」[146]楊氏之說本於高士奇。[147]胡承琪說:「其地在今懷慶府原武縣,境與溫接壤。」[148]黃鳴說:「暴為商周古國,其地在今河南原陽、武陟交界之地,故定於原陽縣西南。」[149]此次楚共王先侵略鄭,又侵略首止,杜注:「首止,衛地,陳留襄邑縣東南有首鄉。」[150]江永則認為此地宜屬宋。[151]黃鳴認為「首止為衛國近鄭之地,其地深入宋國之境,為衛國在宋國內的飛地。」[152]依宋杰的研究,楚國進出中原主要有二條路線,其中一條是:

> 楚國北進的主要道路是自郢(今湖北江陵)出發,逆漢水而行,經襄陽進入南陽盆地;盆地的西北為伏牛山,東南為桐柏山,兩條山脈相對的丘陵地段有著名的方城隘口,在今河南省方城、葉縣之間。楚國軍隊、商旅的北行,以經過這條通道最為方便,歷史上稱其為「夏路」……方城隘口以北是鄭國疆界,人眾車馬直登坦途,沿著豫東平原的西緣前進,穿越鄭國境內,北渡黃河,便進入晉國的(修武)南陽、河內。[153]

根據清華簡《繫年》九〇:「共王亦率師圍鄭。」整理者指出此即楚國侵鄭及暴隧之事。[154]劉楚煜因此認為「楚軍進入鄭國境內一路攻打到

---

146 楊伯峻:《春秋左傳注》(修訂本),頁565。

147 清·高士奇:《春秋地名考略》,頁50。

148 清·胡承琪撰,郭全芝校點:《毛詩後箋》,卷19,頁1015。

149 黃鳴:《春秋列國地理圖志》,頁139。

150 《左傳》,卷7,頁130。

151 清·江永:《春秋地理考實》,頁34。

152 黃鳴:《春秋列國地理圖志》,頁156。

153 宋杰:《中國古代戰爭的地理樞紐》(北京市:中國社會科學出版社,2009年6月),頁50-51。

154 清華大學出土文獻研究與保護中心:《清華大學藏戰國竹簡》(貳),頁176。此段史料與《左傳》的描述有所差異,詳見李隆獻:《先秦兩漢歷史敘事隅論》(臺北市:臺灣大學出版中心,2017年6月),頁213-228討論。

鄭國西北部的暴隧，接著又入侵到臨近的衛國首止，即楚軍跨越了鄭國全境，因此楚軍有很大可能圍攻過位於出兵路線中間點的新鄭。」[155]綜合《左傳》及《繫年》的材料，可以推知此次楚國的路線在穿越鄭國境內時，先逼近鄭都新鄭外圍，再往北直到暴隧，又東侵衛國的首止（相關位置見於圖十三）。由此可以推知，從鄭國新鄭都城當有條路可通向北方的暴隧。值得留意楚國此次入侵暴隧的意義：

　　首先，楚國此次並非要占領鄭國的哪個都邑，而僅是向晉國示兵，故在明年春，楚國就拿汝陰之田和鄭國請和。[156]

圖十三　暴隧位置。

　　其次，暴隧基本上是鄭國加強北疆的防衛而設置。暴地附近有伊洛之戎在此活動，[157]《左傳》文公八年：「冬，襄仲會晉趙孟盟于衡雍，報扈之盟也。遂會伊雒之戎。」[158]襄仲會伊雒之戎即在暴（即暴隧）。[159]伊雒之戎曾在王子帶的引導下攻入周王室，[160]故鄭國之暴隧

---

155 劉楚煜：〈清華簡《系年》簡八九、九〇考〉，武漢大學簡帛研究中心，http://www.bsm.org.cn/show_article.php?id=3066，2018年5月1日檢索。

156 《左傳》，卷28，頁472。

157 孫戰偉：〈《春秋》與《左傳》中所見的戎及相關問題〉，《文博》2017年3月，頁43。

158 《左傳》，卷19，頁319。

159 楊伯峻：《春秋左傳注》（修訂本），頁565。

160 《左傳》，卷13，頁222。

起碼也有一定的防備武力，如此才足以防備北方國家及在附近活動的
戎人入侵。前文提及，隧地與「鄉遂」相關，那麼暴隧當有一定的武
裝力量。出土文獻更可證明「遂」處是有武裝力量。〈史密簋〉（《新
收》636，西周中期）就記載：

> 隹（唯）十又一月，王令（命）師俗、史密曰：「東征。」敆
> 南尸（夷）盧、虎會杞尸（夷）、舟（州）尸（夷），雚
> （灌），不折（質），[161]廣伐東或（國），齊𠂤（師）、族土
> （徒）、述人，乃執圖（鄙）寬亞。

其「述人」，李學勤讀為「遂人」，「就是齊國三軍之副，乃遂所出士
卒。」[162]「鄙寬亞」，馮時認為是夷首之名。[163]可證「遂」有武裝部
隊，且也擔任執夷人的工作。

　　再者，暴隧僅隔著黃河與晉國相望，在黃河南岸的暴隧、踐土、[164]
衡雍皆屬鄭地，[165]黃河以北溫地一帶在晉文公請隧之後就歸屬晉國。
溫附近的瓦屋則為周地。[166]瓦屋再往東的邢丘則屬晉地。[167]換言之，
鄭國以北一帶，大部分屬晉國的範圍，僅有少數屬周的範圍，如傅田

---

161 「折」字作「▨」，或釋為墜，此從王輝釋，見氏著：《商周金文》（北京市：文物
　　出版社，2006年1月），頁197。此處斷句則參考寇占民：〈金文句讀疑義釋例〉，
　　《漢語史研究集刊》第19輯（2015年），頁361。

162 李學勤：〈史密簋銘所記西周重要史實〉，《走出疑古時代》（吉林市：長春出版社，
　　2007年1月），頁106。

163 馮時：〈殷代史氏考——前掌大遺址出土青銅器銘文研究〉，《古文字與古史新論》
　　（臺北市：臺灣書房出版社，2007年8月），頁268。

164 《左傳》，卷16，頁268杜注：「踐土，鄭地。」

165 《左傳》，卷16，頁273杜注：「衡雍，鄭地，今滎陽卷縣。」

166 《左傳》，卷4，頁73杜注：「瓦屋，周地。」

167 《左傳》，卷22，頁377：「秋，赤狄伐晉，圍懷及邢丘。」杜注：「邢丘，今河內
　　平皋縣。」

甚至發生晉、周爭地的情況。[168]故當楚軍侵至暴隧，形同隔著黃河與晉軍對峙的局面。

　　綜上所論，暴隧位於鄭國的北方，具有防備晉人和伊雒之戎的作用，同時新鄭都城應有通道可達暴隧。

2 陳隧

　　《左傳》襄公二十五年：「初，陳侯會楚子伐鄭，當陳隧者，井堙、木刊，鄭人怨之。」杜注：「隧，徑也。堙，塞也。刊，除也。」[169]楊伯峻注：「隧，道路。堙音因，塞也。刊，除也。陳軍經過之地，井被塞，樹木被伐。」[170]竹添光鴻說：「隧，軍行之道。」[171]「陳隧」是以鄭國人的立場所描述之通道，其意當指鄭國通往陳國的通道，故名。至於何以陳國要「木刊」？《國語》〈周語中〉：「列樹以表道」，古代列樹目的是用作標誌，[172]因此陳國將樹砍伐，顯然是故意讓鄭國迷失道路方向。至於陳隧通道可能連接至陳國的何處，今試論之。根據徐少華的研究，春秋時代的陳國東至今安徽亳縣、渦陽一帶，南達潁水與頓、項、養、胡等國為鄰，西至今西華縣以西與許國相望，北約在扶溝、太康一線與鄭、宋相交，[173]那麼，陳國與鄭國相交之地的主要是在洧水流域附近（如圖十四）。尋此線索，筆者認為陳隧連結至陳國的路段當即是辰陵。《春秋》宣公十一年：「夏，楚子、陳侯、鄭伯盟于辰陵。」杜注：「辰陵，陳地。潁川長平縣東南有辰亭。」[174]《水經注》〈洧水〉：「洧水又東南逕辰亭東，俗謂之田

168　《左傳》，卷27，頁457杜注：「隙，溫別邑。今河內懷縣西南有隙人亭。」
169　《左傳》，卷36，頁621。
170　楊伯峻：《春秋左傳注》（修訂本），頁1102。
171　竹添光鴻：《左氏會箋》，頁1425。
172　徐元誥：《國語集解》（修訂本），頁62韋昭注。
173　徐少華：《周代南土歷史地理與文化》，頁194。
174　《左傳》，卷22，頁382。

城，非也。蓋田、辰聲相近，城亭音韻聯故也。」楊守敬注：「《一統志》，辰亭亦曰辰陵亭，在淮寧縣西六十里，則仍以杜說為據。」[175]
竹添光鴻說：「辰陵在河南陳州府淮寧縣西南四十里。」[176]說法皆是認為辰陵在淮寧縣西南處。黃鳴說：「辰陵為陳國西境，東距陳都約五十公里，北距鄭都新鄭約九十公里，西南距楚地召陵約四十公里。楚與陳、鄭會盟於陳國西境，其地居其中，往來便利。」[177]故此次三國在辰陵會盟，鄭襄公前往辰陵當是走陳隧，而陳成公前往辰陵大概也是走陳隧。因此陳隧是連結鄭都與陳都的一段重要通道，中途的連結點即辰陵（圖十四）。

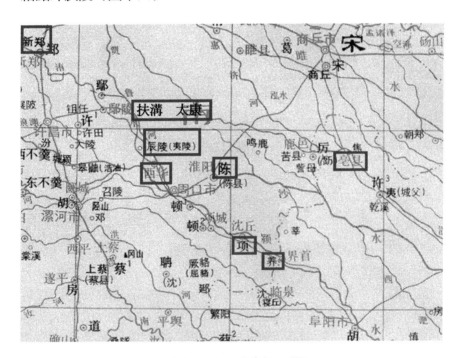

圖十四　辰陵位置圖

175 酈道元注，楊守敬、熊會貞疏：《水經注疏》，頁1856。

176 竹添光鴻：《左氏會箋》，頁866-867。

177 黃鳴：《春秋列國地理圖志》，頁225。

（五）齊國大隧

《左傳》襄公十九年：「齊及晉平，盟于大隧。」杜注：「大隧，地闕。」[178]高士奇說：「齊地，或曰在今高唐州境。」[179]若依高士奇之說此地位於高唐境內，那就得先考察高唐所在的位置。后曉榮說：「高唐在齊國西界，往東有大道可直達都城臨淄，往西可通晉、秦等國，即當交通衝要，也是西方各國進攻齊國的門戶。」[180]故《左傳》哀公十年：「夏，趙鞅帥師伐齊，大夫請卜之。趙孟曰：『吾卜於此起兵，事不再令，卜不襲吉。行也！』於是乎取犁及轅，毀高唐之郭，侵及賴而還。」[181]依此，位於高唐境內的大隧，自然也具備了軍事與交通的重要位置，且此地有通道可通往齊都臨淄。

（六）曹國曹隧

《左傳》襄公十七年：「衛孫蒯田于曹隧，飲馬于重丘，毀其瓶。」杜預注：「越境而獵。」[182]竹添光鴻認為「獵而入曹之隧也，闕地通路曰隧，曹隧曹之邊境阻固處。」[183]依此，曹隧之意為入曹之隧。曹隧應是從邊境處一直延伸至重丘城內，故重丘人見狀即「閉門而詢之」。此隧當同於《左傳》昭公元年：「罕虎、公孫僑、公孫段、印段、游吉、駟帶私盟于閨門之外，實薰隧。」杜注：「閨門，鄭城門。薰隧，門外道。」[184]《太平寰宇記》乘氏縣下說：「重丘故城，一名廩丘，在縣東北三十一里。」[185]楊伯峻說：「重丘當今山東荏平

178 《左傳》，卷34，頁587。
179 清‧高士奇：《春秋地名考略》，頁156；清‧江永：《春秋地理考實》，頁115亦同此說。
180 后曉榮：《戰國政區地理》，頁189。
181 《左傳》，卷58，頁1015。
182 《左傳》，卷33，頁574。
183 竹添光鴻：《左氏會箋》，頁1316。
184 《左傳》，卷41，頁704。
185 宋‧樂史撰，王文楚點校：《太平寰宇記》，卷13，頁262。

縣西南約二十里。」[186]黃鳴說:「重丘在古乘氏縣東北、今巨野縣西南二十里。」[187]至於重丘在曹國的地理位置又為何?今取安普義所繪製的春秋曹國圖來看(圖十五),[188]重丘位處曹國的最北境,因此曹隧也當在曹國最北疆的通道。曹國的都城陶丘位處濟水旁,《水經注》〈濟水〉:「又東過定陶縣南。」[189]曲英傑指出:「古時濟水當直臨於陶丘,其東有菏澤。」[190]且古濟水又流經巨野縣,[191]而重丘位置在巨野縣西南處,因此可說通過曹隧進入重丘後,他國可西南直下曹國國都,或經由曹隧來銜接濟水,以水路的方式抵達陶丘(圖十六)。

圖十五　曹國疆域圖。

---

186 楊伯峻:《春秋左傳注》(修訂本),頁1030。

187 黃鳴:《春秋列國地理圖志》,頁260。

188 安普義:《周代曹國考》(重慶市:重慶師範大學碩士論文,2012年10月),頁33。

189 北魏・酈道元注,楊守敬、熊會貞疏:《水經注疏》,頁691。

190 曲英傑:《史記都城考》,頁260。

191 北魏・酈道元注,楊守敬、熊會貞疏:《水經注疏》,頁720。

圖十六　曹國疆域圖。

(七) 徐國蒲隧

　　《左傳》昭公十六年：「二月丙申，齊師至于蒲隧，徐人行成。
徐子及郯人、莒人會齊侯盟于蒲隧，賂以甲父之鼎。」杜注：「蒲
隧，徐地。下邳取慮縣東有蒲如陂。」[192]《彙纂》：「今在鳳陽府虹縣
北。」[193]楊伯峻說：「蒲隧在今江蘇睢寧縣西南。」[194]黃鳴說：「按蒲
如陂為陂水聚集之處，地勢卑下，今江蘇睢寧縣南部地勢低平，河網

192　《左傳》，卷47，頁825-826。

193　引自清‧江永：《春秋地理考實》，頁142。

194　楊伯峻：《春秋左傳注》（修訂本），頁1376。

縱橫，蓋即古蒲如陂所在。」[195]不過此地若是陂水聚集之處，似無法成為會盟之地。桂馥說：「隧即山脅道，《釋名》：『山旁曰陂，言陂陁也。』。」[196]似較合理。筆者認為陂或可解為澤障處，《毛詩》〈陳風〉〈澤陂〉：「彼澤之陂」，毛傳：「陂，澤障也。」[197]《國語》〈周語〉：「澤不陂」，韋昭注：「陂，障也。古不寶澤，故障之也。」[198]根據《漢書》〈地理志〉：「睢水首受狼湯水，東至取慮入泗。」[199]依此，接近取慮縣的蒲隧，當位處睢水和泗水交匯附近，為一處障水之地，且此地可能有一條通道。

至於此地相對於徐國都城又是如何？春秋時代的徐國位於淮河下游一帶，其四周分別被魯、宋、陳、蔡、隨、楚、吳、越諸國環繞。[200]有關徐國的切確位置，《春秋》僖公三年杜注：「徐國，在下邳僮縣東南。」[201]至於都城位處何處？《括地志》〈泗州〉：「大徐城在泗州徐城縣北三十里，古徐國也。」「泗州徐城縣北今徐城鎮，在泗之臨淮鎮北三十里，有故城號大徐城。」[202]譚其驤主編的《中國歷史地圖集》即依此標示。不過目前此區「一直未能發現春秋時期諸如城垣、大型墓葬等方面的遺跡」，[203]故此地是否是徐國都城所在，亦難以證實。

《左傳》昭公三十年：「冬十二月，吳子執鍾吳子。遂伐徐，防山以水之。己卯，滅徐。徐子章禹斷其髮，攜其夫人以逆吳子。」杜

195 黃鳴：《春秋列國地理圖志》，頁255。

196 清·桂馥：《說文解字義證》（北京市：中華書局，1998年11月），頁1278。

197 漢·毛享傳，漢·鄭玄箋，唐·孔穎達疏：《毛詩注疏》，卷7之1，頁256。

198 徐元誥：《國語集解》（修訂本），頁61。

199 漢·班固撰，清·王先謙補注：《漢書補注》，卷28，頁2287。

200 趙東升：〈徐國史跡鉤沉〉，《東南文化》2006年1月，頁51。

201 《左傳》，卷12，頁200。

202 唐·李泰等著，賀次君輯校：《括地地輯校》，頁131-132。

203 孔令遠：《徐國的考古發現與研究》（成都市：四川大學考古學及博物館學博士論文，2002年3月），頁37。

注：「防壅山水以灌徐。」[204]吳國採用水攻的模式來滅徐，那麼春秋晚期徐國之都城至少是在靠近水邊的地區。根據考古發掘，春秋時代徐舒遺址在江蘇的淮北和江淮地區的泗洪、盱眙一帶，尤其是近年來邳縣九女墩東周墓發現與徐國關係最為密切的材料。[205]孔令遠根據邳縣九女墩東周墓的位置，進而推測中運河東的梁王城、鵝鴨城可能是徐國晚期都城所在（今將九女墩標在圖十七）。[206]然而目前僅能說這個地方曾有徐人在此活動，還無法證實昭公年間徐人的政治中心必在此地。且徐都若位於此地，齊軍順著沂水南下就可進攻到徐國都城，似不必繞遠路至睢水、泗水一帶，這也間接顯示當時的徐國政治中心不一定在梁王城一帶。

李世源推測徐國的都城位於盱眙境內，[207]筆者認為此地是有可能的。此地有徐舒遺址外，其東北有盱眙山，附近有淮水流經，[208]與文獻所描述的徐國都城之地理環境相類似。顧炎武早已指出：「今盱眙陡山在淮南岸，逼城下流，勢可因以防水。自城東南抵東北，隄岸綿亘，地形皆高，似是『防山』遺跡，則今城之即徐可知也。」[209]趙東升更進一步指出：「徐國在被吳國滅亡的前夕的政治中心應該就在洪山到河橋鎮之間的地方，而特別是洪山和馬槽山之間的地方尤其應該引起注意，因為這裡挾兩山之險，扼淮河之勢。」[210]依此，筆者將徐國晚期的都城標在盱眙境內（見圖十七）。推測齊國兵進蒲隧後，通

---

204 《左傳》，卷53，頁928。

205 毛穎、張敏：《長江下游的徐舒與吳越》（武漢市：湖北教育出版社，2005年1月），頁21。

206 孔令遠：《徐國的考古發現與研究》，頁38。

207 李世源：《古徐國小史》（南京市：南京大學出版社，1990年5月），頁45。

208 北魏·酈道元注，楊守敬、熊會貞疏：《水經注疏》，卷30，頁2551：「淮水又東歷客山，逕盱眙縣故城南。」

209 清·顧炎武著，黃珅、顧宏義校點：《天下郡國利病書》（上海市：上海古籍出版社，2012年7月），頁966。

210 趙東升：〈徐國史跡鉤沉〉，《東南文化》2006年2月，頁52

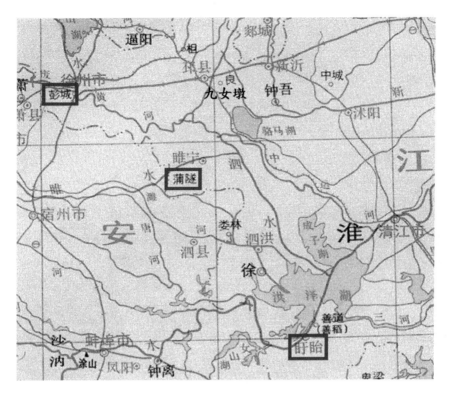

圖十七　徐國都城位置圖。

過此隧後可南下徐國都城。當然不排除蒲隧部分通道屬水道，《荀子》
〈大略〉：「迷者不問路，溺者不問遂」，楊倞注：「遂，謂經隧，水中
可涉之徑也。」王天海說：「遂，通隧，水中可涉之道。」[211]《左傳》
襄公十一年：「圍鄭，觀兵于南門，西濟于濟隧。」杜注：「水名」。[212]
楊伯峻：「濟隧，水名，舊為故黃河水道支流，今已堙，當在今原陽
縣西。」[213]學者指出濟隧為河水與濟水的連接河道。[214]以此來看此處

---

211 戰國·荀況著，天天海校釋：《荀子校釋》修訂本（上海市：上海古籍出版社，
　　2016年10月），頁1065。

212 《左傳》，卷31，頁545。

213 楊伯峻：《春秋左傳注》（修訂本），，頁989。

214 關於「濟隧」的詳細位置圖詳見肖冉、何凡能、劉浩龍：〈鴻溝引水口與渠首段經
　　流考辯〉，《地理學報》第72卷第4期，頁713。

的蒲隧，當齊軍通過蒲隧後，經由水道進入泗水以接淮水，可一路進逼至徐都，依此，蒲隧可以算是徐國東邊接近宋國的一個重要通道點。根據學者的考證，晉吳之間的交通路線是：絳都—宋彭城—蒲隧—徐—吳。[215]顯見，當他國一旦進入蒲隧，就可循著陸路或水路通往徐國都城，亦可由此到達吳國。

（八）吳國干隧

《史記》〈蘇秦列傳〉：「臣聞越王句踐戰敝卒三千人，禽夫差於干遂。」司馬貞《索隱》：「干遂，地名，不知所在。然按干是水旁之高地，故有『江干』、『河干』是也。又左思〈吳都賦〉云「長干延屬」，是干為江旁之地。遂者，道也。於干有道，因為地名。」張守節《正義》：「在蘇州吳縣西北四十餘里萬安山西南一里太湖。夫差敗於姑蘇，禽於干遂，相去四十餘里。」[216]有關夫差最後被擒的地點，《吳越春秋》〈夫差內傳〉：「越王復伐吳。吳國困不戰，士卒分散，城門不守，遂屠吳。吳王率群臣遁去，晝馳夜走，三日三夕，達於秦餘杭山。」[217]《越絕書》〈外傳記吳地傳〉：「秦餘杭山者，越王棲吳夫差山也，去縣五十里。山有湖水，近太湖。」[218]《太平寰宇記》〈蘇州〉：「餘杭山。《郡國志》云：『一名萬安山，山下即干遂，擒夫差處』。」[219]綜合上述文獻的記載，夫差最後被擒的點就是在餘杭山，那麼干遂所在的位置在餘杭山下。根據記載，吳王是從都城一路出逃至干隧。吳王所走的當即陸道，《越絕書》〈越絕外傳記吳地傳〉：

---

215 吉淑娟：《晉國交通研究》（臨汾市：山西師範大學碩士論文，2017年3月），頁49。

216 漢‧司馬遷撰，瀧川資言考證：《史記會注考證》，卷69，頁2911。

217 周生春：《吳越春秋輯校匯考》，頁94。

218 張仲清：《越絕書校注》，頁60。

219 宋‧樂史撰，王文楚點校：《太平寰宇記》，卷91，頁1827。

吳古故陸道，出胥門，奏出土山，度灌邑，奏高頸，過猶山，
奏太湖。[220]

胥門為吳都的西門。奏，可訓為向。[221]依張守節之說干隧地近太湖，
此條陸道也通向太湖，那麼當時夫差所走的路線應是此路，這也說明
干隧此地有條通道可通向吳都，且干隧離吳都僅三日路程，「相去四
十餘里」（吳都與干隧的相對位置如圖十八）。

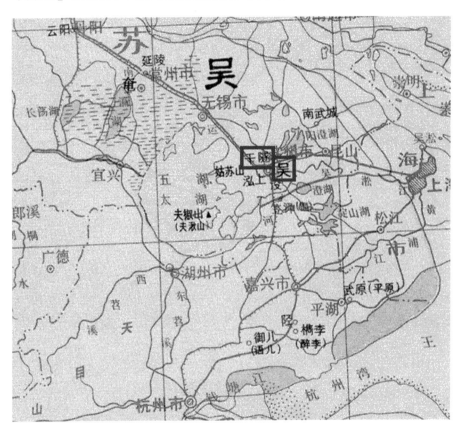

圖十八　干隧、吳都位置圖。

220 張仲清：《越絕書校注》，頁41。
221 李步嘉：《越絕書校釋》，頁50引張宗祥說。

（九）小結

春秋時代以隧為地名的點或通道，具有以下幾個特點：

一、離都城位置較遠，其地有條道路或水道可通向該國的都城，
　　如鄭國暴隧、齊國大隧、蔡國桑隧、徐國蒲隧。或其地有通
　　路可以進到該國的腹地，如秦國的麻隧。

二、離都城不會太遠，其地有陸路可以通向都城，如吳國干隧。

三、為通道名，可以連接兩國的都城，如陳隧。

四、為通道名，可以從一國的邊疆通向該國的國都，如曹隧。

四　晉文公請隧原由再探

《左傳》僖公二十五年：

> 請隧，弗許，曰：「王章也。未有代德，而有二王，亦叔父之
> 所惡也。」與之陽樊、溫、原、欑茅之田。晉於是始起南陽。

王章，杜注：「章顯王者與諸侯異。」[222]筆者認為此王章固然是周天子
的認定，但就當時的情況而言，各國都有隧，不獨周天子有。其次，
這裡的「請隧」當不在晉國境內，若在晉國境內，就如周襄王所言：
「叔父有地而隧焉，余安能知之？」韋昭注：「自制以為隧也。」[223]
故勢必是牽涉到王室的土地，才會遭致襄王的拒絕。再者，正如前文
的考證，《左傳》中以隧為名的點大都有通路通向該國的國都，或透
過隧以連結其境內的水道以達都城。依此而論，周王室之隧基本上也
當具有如此的性質。故周襄王若將周隧交給晉，等同於允許晉國國君

---

222 《左傳》，卷16，頁263。
223 徐元誥：《國語集解》（修訂本），頁54。

可進到王城，形成二天子局面，故才說「而有二王」。春秋時代，諸
侯國一般不會隨意進出周王室，除非是王室內部發生動亂，《左傳》
莊公十九年：「衛師、燕師伐周。」[224]又僖公十一年：「揚、拒、泉、
皋、伊、雒之戎同伐京師，入王城，焚東門，王子帶召之也。」[225]此
次晉文公協助周襄王回國，也是因為王室內亂所致。加上隧若與鄉遂
相關，那麼遂也有武裝力量，故若晉國接收周隧，就可自行設鄉遂，
對於周王室而言也是一種威脅。

　　至於晉國所請的隧位於何處？今進一步試論之。基本上東周王室
主要與晉、鄭二國接壤，尤其與晉國接壤的範圍最大，但此時期晉國
還未具有南陽地區。根據學者的研究，在晉文公二年以前，晉與雒邑
之間的通路主要有二條：

　　　　沿蒲津進入河曲，經崤函古道入雒邑；或沿虞阪古道經崤函古
　　　　道入洛。[226]

不論哪一條，最後一段皆是崤函古道，[227]且晉國也得透過崤函古道才
得以進入中原。筆者認為崤函古道東段即周隧位置所在。晉之所以要
東周隧這一段，其用意有二：（一）隔絕秦人與東方諸侯交通的機
會。（二）晉人想要開通進出中原的路線。以下筆者就此論點再作進
一步說明。

　　（一）秦晉殽之戰前夕，當時秦師所走的路線是「從雍都（今陝
西鳳翔）出發後，是沿渭水而下，越桃林塞，沿崤函古道東進，出函
谷，經上陽，東入崤山。」（如圖十九）尤其是桃林塞段以後基本上

---

224 《左傳》，卷9，頁160。

225 《左傳》，卷13，頁222。

226 吉淑娟：《晉國交通研究》，頁29。

227 崤函古道連接洛陽的路可分為崤山北路和崤山南路，詳見李久昌：〈崤函古道交通
　　線路的形成與變遷〉，《絲綢之路》2009年6月，頁8。

圖十九　殽函古道圖。

屬晉國的南疆地。[228]接著秦師再過洛陽及偃師就得以偷襲鄭國，[229]顯見東周王室殽函道不僅是晉國出入中原的路，秦國也是由此路進出。論者或許認為若秦師先經過晉國的南疆，何以還能到東周王室一帶。其實，當時的晉國對於南疆地的管轄並非嚴格，清人顧棟高就以此例指出：「其時禁防疎闊，凡一切關隘阨塞之處，多不遣兵設守，敵國之兵平行往來如入空虛之境。」[230]筆者再舉一例來證明顧棟高的見解。《左傳》僖公五年：「晉侯圍上陽。」杜注：「上陽，虢國都，在弘農陝縣東南。」[231]可知在晉獻公二十二年時虢都上陽早已落入晉軍之手，但在晉文公九年時秦師還可通過上陽直入殽山，由此可證。一直到晉靈公七年才派「詹嘉處瑕，以守桃林之塞。」杜注：「詹嘉，晉大夫。賜其瑕邑，令帥眾守桃林，以備秦。桃林在弘農華陰縣東潼關。」[232]張維慎認為桃林塞是指「秦函谷關以西逶迤而至於湖水西岸的湖縣故城之間的函谷古道，它以此間谷道兩旁及其以南衡嶺塬鑄鼎原的桃樹成林而得名。」而瑕即《漢書》〈地理志〉之湖，亦即湖縣故城，其地正在今靈寶市陽平鎮閿東村西北約兩公里處的湖水西岸函

228　李久昌：〈春秋秦晉河西之爭中的殽函古道戰事〉，《三門峽職業技術學院學報》第12卷第4期，頁4。

229　蔣若是：〈春秋「殽之戰」戰地考實〉，《史學月刊》1987年1月，頁1。

230　清‧顧棟高，吳樹平、李解民點校：《春秋大事表》，頁643。

231　《左傳》，卷12，頁208。

232　《左傳》，卷19，頁332。

谷古道之中。[233]派詹嘉鎮守瑕邑，晉人才正式在桃林塞處阻斷秦人東進之路。

（二）崤山前的上陽在晉獻公時已入晉人之手，惟崤函古道東段通向成周這一段當不屬晉國的管轄範圍。根據李久昌的考證，殽之戰秦師所走的路為崤山北道。[234]其具體線路是由陝州城故址，沿澗河河谷東行，經今交口、張茅、硤石、石壕、澠池、義馬、新安，至洛陽，[235]自澠池之後的一段路基本已進到東周境內。[236]或許晉文公想完全掌控秦人東進之路，因此向王室請隧，使崤函古道接洛陽這一段通路實質納入晉人的管轄中。日後秦人想要東進，至少必須向晉國「假道」才得通行。同時根據《左傳》僖公三十三年：「秦師過周北門。」杜注：「王城之北門。」[237]曲英傑認為此北門當指「北垣中門」。[238]秦師通過崤函北道抵達成周時，即便「秦師輕而無禮」，周王室也未有實質的作為，僅在城上觀看，任由秦師繼續東進。以此推知，基本上秦師若要通過雒邑前往中原各國不會有太大的阻力，此或許是晉文公想掌控此通道的原因，以徹底阻斷秦師東進路線，避免其與鄭、衛等國交通的機會。顧棟高說：「考春秋之世，秦晉七十年之戰伐，以爭崤函。而秦之所以終不得逞者，以不得崤函。」[239]正點出此段要道對於秦、晉的重要性。另一方面，晉國從獻公開始就積極向

---

233 張維慎：〈「桃林塞」位置考辨〉，《蘭州大學學報》2001年5月，頁75；馬保春：《晉國地名考》，頁125亦同此說。

234 李久昌：〈春秋秦晉河西之爭中的崤函古道戰事〉，《三門峽職業技術學院學報》第12卷第4期，頁4。

235 李久昌：〈崤函古道交通線路的形成與變遷〉，《絲綢之路》2009年6月，頁17。

236 《左傳》，卷9，頁162：「王與之酒泉。」杜注：「酒泉，周邑。」清·高士奇：《春秋地名考略》，頁47：「同州澄城縣有溫泉，西注于洛，又有甘泉出匱谷中，造酒尤美，名曰酒泉，蓋虢地跨河東西。」黃鳴：《春秋列國地理圖志》，頁22：「虢國與周以今澠池縣為界，酒泉當在今澠池縣境。」

237 《左傳》，卷17，頁289。

238 曲英傑：《史記都城考》，頁103。

239 清·顧棟高著，吳樹平、李解民點校：《春秋大事表》，頁2039。

外拓展，故先取得上陽地。之後晉文公也想進一步稱霸中原，因此若能進一步取得東周路段，就可以通過此路以進出中原。

（三）但周王室終究不願將通道交付給晉國，因此轉而賜予南陽地區。然而周襄王此舉基本上也是敷衍晉國，給晉國的陽樊、溫、原、州、陘、絺、組、欑茅等地，襄王根本「己弗能有，而以與人。」[240] 這些地區大部分是王子帶的勢力範圍，[241] 因此晉國只得憑著武力去取得。溫在晉文公勤王時，「取大叔于溫」，故此地晉軍早已拿下。其他都邑也是晉國以武力的方式取下的，《左傳》僖公二十五年：「陽樊不服，圍之。」又同年冬「晉侯圍原，命三日之糧。」[242] 最後皆在晉文公以武力的方式取下這些都邑，從此晉國正式「啟南陽」，也打通了晉國進出中原的另一條道路，不必再透過雒邑這一段。史念海即言：

> 然太行南陽一途的開通，出兵便利，在戰爭上也容易獲得優勢。後來晉兵一再耀武中原，也都是由這條道路出師的。[243]

莫凡進一步分析：

> 如在得有此地的基礎上，晉國大本營就可以安鎮于汾河谷底；自修武東出，可橫掃曹、衛、魯，並限制齊；自孟津渡河，南迫雒邑，可挾天子以令諸侯；東南據溫，渡河即可控制中原陳、鄭、宋三國，握中原戰備之要樞。[244]

---

240 《左傳》，卷4，頁82。

241 宋傑：《先秦戰略地理研究》（北京市：首都師範大學出版社，1999年7月），頁85。

242 《左傳》，卷16，頁263。

243 史念海：〈春秋時代的交通道路〉，《史念海全集》第3卷，頁50。

244 莫凡：〈春秋霸政時代中的晉國南陽地略述〉，《首都師範大學學報》（社會科學版）2011年增刊，頁29。

這些皆點出晉國控制南陽地的重要性。

至於《國語》〈周語中〉:「叔父有地而隧焉,余安能知之?」此句又當如何解釋?韋昭注:「自制以為隧也。」[245]筆者認為這裡所說的地可能是晉國南鄙與周王室接觸之地。晉惠公時代曾將瓜州的允姓之戎遷至此地。《左傳》昭公九年記載此事:

> 故允姓之姦居于瓜州,伯父惠公歸自秦,而誘以來,使偪我諸姬,入我郊甸,則戎焉取之。戎有中國,誰之咎也?[246]

這裡的「允姓之戎」是指陸渾戎。此一大片的土地,接近周與楚國,其地位處周的郊甸,但實際上周人也管轄不了此地。換言之,若晉人於此地區自行設隧,自行開通連接中原各國的通道,其實也是一條路徑。如晉欒書沿著伏牛山以北(即方城外)路線向蔡國進兵至桑隧,[247]再由此地北上一樣可以進入中原,但行軍路線顯然較迂曲,且要通過的國家數甚多,不如殽函古道來得方便。

五　結語

晉文公是一位知禮之人,[248]楚成王稱之「文而有禮」,[249]甚至周內史興亦稱讚「晉侯其能禮矣」。[250]既然文公是一位知禮之人,怎麼會去向周襄王請用天子才得以享用的葬禮,若此作為,顯然就與文公

---

245 徐元誥:《國語集解》(修訂本),頁54。

246 《左傳》,卷45,頁779。

247 關於「方城內外」的概念詳見劉文強:〈論「方城內外」〉,《東華漢學》第23期(2016年6月),頁43-62。

248 李隆獻:《晉文公復國定霸考》,頁367。

249 《左傳》,卷15,頁252。

250 徐元誥:《國語集解》(修訂本),頁37。

的好禮形象相衝突。其次，晉文公此時正積極於「勤王」、「一戰而霸」，豈是思慮身後葬儀之人。若晉文公勤王後的第一件事就是慮及身後事，必遭時人或君子所批評。《左傳》昭公元年：

> 天王使劉定公勞趙孟於潁，館於雒汭。劉子曰：「美哉禹功！明德遠矣。微禹，吾其魚乎！吾與子弁冕、端委，以治民、臨諸侯，禹之力也。子盍亦遠績禹功而大庇民乎？」對曰：「老夫罪戾是懼，焉能恤遠？吾儕偷食，朝不謀夕，何其長也？」劉子歸，以語王曰：「諺所謂『老將知而耄及之』者，其趙孟之謂乎！為晉正卿，以主諸侯，而儕於隸人，朝不謀夕，棄神、人矣。神怒、民叛，何以能久？趙孟不復年矣。神怒，不歆其祀；民叛，不即其事。祀、事不從，又何以年？」[251]

趙孟當時只想到苟且度日，不作長遠考慮，就遭受劉定公批評。相同的，晉文公勤王時只考慮自己的身後事，也一定受時人批評。雖然《論語》曾評晉文公「譎而不正」，但從歷代注家針對此事所舉的例證來看，皆與「請隧」事無關。[252]再者，最根本的是先秦時代罕見上有負土的隧道式墓道，大都屬羨道形式，就連周王室基本上也是如此的規格。不僅周王室沒有，就連之後的秦始皇、西漢帝王的墓葬也都屬羨道模式，以此而論，先秦時代天子墓葬用隧道根本屬罕見現象。既然天子都無此規格，那麼晉文公也不可能向襄王提出葬禮用隧道的要求。

　　韋昭提出隧指六遂，筆者認為此說是接近的。考察晉文公時代出入東周的路線大都需經過殽函古道，此道就是一路連接到東周洛陽，

---

251 《左傳》，卷41，頁701-702。

252 陳明恩：〈《論語》「文桓譎正」諸說彙解——以漢迄唐宋為考察核心〉，《中國學術年刊》第40期（2018年3月），頁1-26。

因此筆者認為晉文公所請之隧當是通向東周的這一段通路。在晉獻公
時代已取得上陽地，故晉文公或許想進一步取得東周隧這一段，一旦
晉國可以掌握周隧，也等同於完全控制了殽函古道。且若晉國掌握此
段周隧，亦可在此地設置兵力以進行防守，形同晉國的鄉遂。不僅可
以控制秦人東出的路線，對於日後晉文公積極稱霸中原也有所助益，
如此的連結或許較能跟晉文公稱霸事蹟相結合。

第五章

從葬禮及死者家屬安頓的角度談
春秋至兩漢的「兵死」者內涵
——兼論《左傳》齊莊公的葬禮問題

摘要

　　傳統上大都把「兵死」者界定為死於戰場者。實際上，「兵死」者在先秦文獻中往往僅指死於兵器之非命者，到了東漢，兵死者已包括了死於戰場上的人。鄭玄認為兵死不歸葬兆域乃「戰敗無勇」，不過此說與當時的實際情況並不符合。雖然，先秦時代，死於戰場的人在很多因素下確實難以歸葬，但皆無關「戰敗無勇」。真正無法入葬兆域的是那些有罪而死於非命之兵死者。這些人死後不但不能入葬兆域，其葬禮往往也遭到減損。春秋至兩漢時代，對於死於國事的人，往往採取相關的撫恤措施，尤其是漢代，有關的政策更完備，其目的是為了獎勵那些為國犧牲的將士。至於死於非命的兵死者，在特殊情況下，其後代亦可獲得立嗣，甚至兵死者以王禮下葬。

關鍵詞：兵死、戰死者、歸葬、戰場、非命

一　前言

　　《禮記》〈曲禮下〉：「死寇曰兵。」孔穎達《疏》：「言人能為國家捍難禦侮，為寇所殺者，謂為兵。」[1]《釋名》〈釋喪制〉：「戰死曰『兵』，言死為兵所傷也。」[2]上引這二條文獻顯示：傳統往往將「兵死」只界定為戰死者。《淮南子》〈說林〉：「戰兵死之鬼憎神巫。」[3]王念孫校讀認為：「『戰』字後人所加。古人所謂兵者，多指五兵而言。兵死，謂死於兵也。」[4]誤作「戰兵死」大概是受到這種觀念影響所致。不過所謂的「兵死」，依字面解釋僅指死於兵器之人，顧炎武《日知錄》〈去兵去食〉：「古之言兵，非今日之兵，謂五兵也……秦、漢以下，始謂執兵之人為兵。」[5]孫希旦釋兵亦言：「言其為器仗所傷而死，異於疾病而死者也。」[6]故齊莊公死於崔杼甲兵之手，杜預注就稱之「兵死」，[7]正顯見「兵死」也應包括一般死於兵器之非命者。

　　其次，在先秦文獻或出土文獻中，為國犧牲者往往不稱「兵死」，而是稱「戰死事」（睡虎地秦簡《秦律雜抄》簡37），[8]或稱「死事」，《管子》〈輕重甲〉：「桓公欲賞死事之後。」張家山漢簡《二年

1　漢・鄭玄注，唐・孔穎達疏：《禮記正義》，卷5，頁99。

2　任繼昉：《釋名匯校》，卷8，頁466。

3　張雙棣：《淮南子校釋》（增訂本）（北京市：北京大學出版社，2013年1月），卷17，頁1805。

4　清・王念孫撰，徐煒君、樊波成、虞思徵、張靖偉校點：《讀書雜志》（上海市：上海古籍出版社，2014年7月），頁2355。

5　清・顧炎武著，清・黃汝成集釋，樂保群、呂宗力點校：《日知錄集釋》，卷7，頁410。

6　清・孫希旦撰，沈嘯寰、王星賢點校：《禮記集解》（北京市：中華書局，1989年2月），卷6，頁156。

7　《左傳》，卷39，頁665。

8　在睡虎地秦簡中亦見「兵死」一詞，如《日書》乙種〈四季天干占死者篇〉簡217壹、223壹及乙種〈失火篇〉簡250，這些「兵死」，尋其文意，當僅指死於兵器之意，並無為國戰死的意義在內。

律令》簡142：「死事者，置後如律。」[9]《墨子》〈號令〉：「四面四門之將，必選擇之有功勞之臣及死事之後重者」，[10]「死事之後」即陣亡將士遺族。[11]又時或只稱「死者」，如《左傳》定公五年：

> 吳師居麇，子期將焚之，子西曰：「父兄親暴骨焉，不能收，又焚之，不可。」子期曰：「國亡矣，死者若有知也，可以歆舊祀，豈憚焚之。」[12]

「死者」當指為國戰死的人。楚地文化或稱「國殤」（詳後文討論）。[13]然而在楚簡中亦見「兵死」一詞，茲將相關的辭例迻錄於下：

（1）思（使）攻解於褸與兵死。包山楚簡241

（2）〔皋〕！敢告□綸之子武𧾷（夷）：「尔居遉（復）山之阯，不周之埜（野），帝胃（謂）尔無事，命尔司兵死者。[14]九店楚簡43

（3）甶（使）攻解於盟詛與強死。[15]天星觀楚簡42

---

9 彭浩、陳偉、工藤元男：《二年律令與奏讞書——張家山二四七號漢墓出土法律文獻釋讀》（上海市：上海古籍出版社，2007年8月），頁149。

10 清・孫詒讓撰，孫啟治點校：《墨子閒詁》，卷15，頁589。

11 馬非百：《管子輕重篇新詮》（北京市：中華書局，2004年1月），頁502。

12 《左傳》，卷55，頁958-959。

13 梁・蕭統編，唐・李善注：《文選》，卷28，頁1321錄鮑照〈出自薊北門行〉：「投軀報明主，身死為國殤。」李善《注》：「國殤，為國戰亡也。」

14 釋文見湖北省文物考古研究所、北京大學中文系：《九店楚簡》（北京市：中華書局，2000年5月），頁50。其中「皋」字乃周鳳五所補，參氏著：〈九店楚簡〈告武夷〉重探〉，收入《朋齋學術文集》（戰國竹書卷）（臺北市：臺灣大學出版中心，2016年12月），頁544。

15 許道勝：〈天星觀1號楚墓卜筮禱祠簡釋文校正〉，《湖南大學學報》（社會科學版）第22卷第3期（2008年5月），頁12。

例（1）的「禮」可通「詛」，[16]相當於例（3）的「盟詛」。[17]將例
（1）、例（3）對比，「兵死」和「強死」的性質應當相近，[18]兩者皆
屬死於非命的惡鬼。《左傳》文公十年孔穎達《疏》：「強，健也，無
病而死，謂被殺也。」[19]在《左傳》中，被指稱「強死」的人物有伯
有、子玉、子西、楚成王，這四個人皆死於非命。楚簡的「兵死」，
連劭名認為：「凡為利器所害皆為『兵死』，不僅限於戰爭。」[20]與
「強死」死於非命的情況相同，惟「兵死」特指死於兵器之非命者。
在楚簡中，死於非命還有不同的稱法，如稱死於械鬥者為「各殺」，
天星觀簡26：

> 舉禱沐敔，戠豢、酉（酒）飤（食）。女殤、各殺。范獲志占
> 〔之〕，吉。

「各殺」即「格殺」，[21]指械鬥而死，與「強死」近似，亦屬死於非
命。至於例（2）九店楚簡中以武夷神來管理兵死者，學者認為當指
為國戰死者，[22]此說過於局限。到了東漢時代的文獻，兵死者也可指

16　朱曉雪：《包山楚簡綜述》（福州市：福建人民，2013年12月），頁610。

17　劉信芳：《楚系簡帛釋例》（合肥市：安徽大學，2011年12月），頁246。

18　晏昌貴：〈天星觀卜筮祭禱簡釋文輯校〉，《簡帛數術與歷史地理論集》（北京市：商
　　務印書館，2010年8月），頁149。

19　《左傳》，卷19，頁322。

20　連劭名：〈包山簡所見楚地巫禱活動中的神靈〉，《考古》2001年6月，頁67。

21　晏昌貴：《巫鬼與淫祀——楚簡所見方術宗教考》（武昌市：武漢大學出版社，2010
　　年3月），頁171。

22　（美）夏德安認為此處的兵死者皆死於戰場者，李家浩亦認為兵死者是死於戰爭的
　　人的鬼魂，前者見氏著：〈戰國時代兵死者的禱辭〉，《簡帛研究譯叢》（第二輯）
　　（長沙市：湖南人民出版社，1998年8月），頁36；後者見氏著：〈九店楚簡「告武
　　夷」研究〉，《著名中年語言學家自選集·李家浩卷》，頁322。

死於戰爭之人，[23]因此本文在談論兵死者，往往將死於兵器之非命者及死於戰爭者一併論述。

其次，談談「國殤」的問題。「殤」和「兵死」同見於楚簡，根據楚簡的祭祀禮制，「殤」的地位應比「兵死」還要高。新蔡葛陵楚簡乙四109：「就禱三牒（世）之殤☐」，包山楚簡225：「祗（攻）尹之祗（攻）執事人暊與衛桉為子左尹紽盟禱於殤東陵連囂子發，肥冢，蒿祭之。」在楚簡中僅見對「殤」進行禱祀，並不見像對「兵死」所採取的巫術攻解，由此推測《楚辭》之「國殤」在楚人的觀念中應與「兵死」地位不同。對於「國殤」一詞，歷來有許多說法，[24]從〈國殤〉全篇內容來看，整篇歌頌死於國難之戰士是毫無疑問。[25]筆者認為「國殤」可能包括了二層意義：其一，屬未成年之戰死者。《戰國策》〈楚策二〉記載齊國來向楚國索地，楚大司馬昭常應齊使曰：「我典主東地，且與死生。悉五尺至六十，三十餘萬，弊甲鈍兵，願承下塵。」[26]「五尺」當為十五歲以下之童子，《周禮》〈地官〉〈鄉大夫〉：「國中自七尺以及六十，野自六尺以及六十有五，皆征之。」賈公彥《疏》：「六尺，謂年十五。」[27]《說苑》〈權謀〉記載齊桓公伐莒，魯國下令「丁男悉發，五尺童子皆至。」[28]顯見在戰爭危

23 陸德富：〈說「兵死者」〉，收入《出土文獻研究》（第11輯）（上海市：中西書局，2012年12月），頁75。

24 歷來諸說詳見，崔富章主編：《楚辭集校集釋》（武漢市：湖北教育出版社，2003年5月），頁974-975。

25 郭德維：〈《楚辭·國殤》新釋〉，收入《楚史·楚文化研究》（武漢市：湖北人民出版社，2013年3月），頁189，或言此篇是通過藝術手法，塑造了一批勇赴國難的英雄戰士的形象，見湯漳平：《出土文獻與《楚辭·九歌》》（北京市：中國社會科學出版社，2004年9月），頁76。

26 范祥雍箋證，范邦瑾協校：《戰國策箋證》，卷15，頁834-835。

27 或言十五已下，見魏·何晏注，宋·邢昺疏：《論語注疏》（臺北市：藝文印書館，2013年3月），卷8，頁71錄鄭玄《注》：「六尺之孤，年十五已下。」

28 漢·劉向撰，向宗魯校證：《說苑校證》，卷13，頁325。

急之時，有時連未成年之童子都得上戰場。在秦國有所謂的「小子軍」，《七國考》〈秦兵制〉錄劉向《別錄》：「長平之役，國中男子年十五者盡行，號為『小子軍』。」[29]王子今指出秦國男子服役年齡為十五周歲始，[30]秦國兵役有此現象，楚國應也有類似的情況。《儀禮》〈喪服〉：「年十九至十六為長殤；十五至十二為中殤；十一至八歲為下殤，不滿八歲以下皆為無服之殤。」[31]若此，「國殤」之「殤」可能屬上列四種之一，屬未成年而為國犧牲者。其二，指死於國難之無主之鬼。[32]戰爭中往往造成死傷人數眾多，楚懷王時，秦楚戰於丹陽，秦軍斬楚甲士八萬人；[33]秦昭王發兵出武關攻楚，「斬首五萬」，[34]這些死亡人數均以萬計，不但屍首分離，加上戰爭因素，戰敗的一方未必能馬上收拾屍體，〈國殤〉云：「嚴殺盡兮棄原壄」、「首身離兮心不懲」，即描述這種現象。倘若遇到夏季天熱，屍體腐爛，要一一辨認死者，更屬困難，既然連死者是誰都未必盡曉，更遑論其後是否有祭主來奉以祭祀，[35]故這些戰死者可謂無主之鬼，此時惟有透過國家來統一為這些戰死的亡靈舉行祭祀。包山楚簡225之「殤東陵連囂子發」，此人擔任連囂，年齡當不會太小，[36]之所以稱為「殤」，可能亦

---

29 繆文遠訂補：《七國考訂補》，卷11，頁575。

30 王子今：《秦漢稱謂研究》（北京市：中國社會科學出版社，2014年3月），頁146；《秦漢兒童的世界》（北京市：中華書局，2018年5月），頁407。

31 漢・鄭玄注，唐・賈公彥疏：《儀禮注疏》，卷31，頁370。

32 清・戴震撰，孫曉磊點校：《屈原賦注》（上海市：上海古籍出版社，2018年5月），頁48-49：「殤之義二：男女未冠笄而死者謂之殤；在外而死者謂之殤。殤之言傷也。國殤，死國事，則所以別於二者之殤也。」莫栻云：「死於國事，無主之鬼謂之國殤。」莫栻說引見黃懷信撰：《小爾雅彙校集釋》（西安市：三秦出版社，2003年1月），頁368。

33 漢・司馬遷撰，瀧川資言考證：《史記會注考證》，卷40，頁2127。

34 漢・司馬遷撰，瀧川資言考證：《史記會注考證》，卷40，頁2134。

35 漢・鄭玄注，唐・賈公彥疏：《儀禮注疏》，卷31，頁364：「傳曰：無主者，謂其無祭主者也。」

36 陳偉：《包山楚簡初探》，頁168。

屬無祭主之故。[37]

　　古代對於兵死者雖不致皆任其「白骨蔽平原」,[38]然而其身後之禮俗是如何安排?禮書上言「死於兵者不入兆域」是怎麼樣的情況?其次,這些死事者以及其眷屬,政府又如何對他們進行安置?以上均是有待釐清的課題,本文將針對這些問題來一一討論。

二　論「死於兵者不入兆域」問題

　　《周禮》〈春官〉〈冢人〉:「凡死於兵者不入兆域。」鄭玄《注》:「戰敗無勇,投諸塋外以罰之。」[39]兆域即祖先或族人的墓地,古代生時族居,死後也往往選擇族葬,《周禮》〈地官〉〈大司徒〉中安萬民之二曰:「族墳墓」,鄭玄《注》:「族猶類也。同宗者,生相近,死相迫。」[40]且一般族墓大都離生人住所不會太遠。《左傳》僖公二十八年記載晉文公攻打曹國,當時有人建議「舍於墓」,因此晉軍遂將軍隊移向曹人族葬之處,[41]從曹國都城到其族葬之處應不會太遠。王學理研究秦都咸陽城時指出:「王陵區和平民墓地始終安排在都城(按:指咸陽)的周邊」,[42]亦是這種現象。兵死者在古代被視為凶死,若根據禮法是不得入葬兆域,但這樣的禮法是否符合春秋至兩漢的實況?這裡就以戰死事和一般兵死者(即死於兵器之非命者)兩種情況來討論。

---

37 陳偉編:《楚地出土戰國簡冊(十四種)》(武昌市:武漢大學出版社,2016年3月),頁143。

38 張蕾校注:《王粲集校注》(石家莊市:河北教育出版社,2013年9月),頁18。

39 漢・鄭玄注,唐・賈公彥疏:《周禮注疏》,卷22,頁334。

40 漢・鄭玄注,唐・賈公彥疏:《周禮注疏》,卷10,頁159。

41 《左傳》,卷16,頁270。

42 王學理:〈從「陵墓近都」到「自成塋域」〉,收入《王學理秦漢考古文選》(西安市:三秦出版社,2008年9月),頁149。

（一）戰死事

　　為國犧牲的戰士，若其死後還得罰以投諸兆域之外，那麼誰願參戰？《左傳》定公九年記載齊景公攻打晉夷儀，敝無存先登上城牆，最後戰死，齊景公尋得其屍體後，乃「三襚之，與之犀軒與直蓋，而先歸之」，甚至「以師哭之，親推之三」。[43]齊景公這樣的舉動顯然是獎掖為國犧牲者，敝無存死後也未必被排除於家族兆域外。甚至，春秋時代，諸侯「死王事，加二等」，孔穎達《疏》：「死王事者謂因王事或戰陳而死。」當時強調「共用之謂勇」。[44]東漢馬援甚至在六十二歲時還認為能死國事也「甘心瞑目」。[45]在西羌族中，更以兵死為榮，《後漢紀》〈孝明皇帝紀〉：

> 男子兵死有名，且以為吉；病終謂之劣，又以為不祥。[46]

這裡的「兵死」，是指死於戰場上。在西羌族眼中，戰死是一種榮譽，而躺在床上病終反而被視為「劣」，此風氣正如馬援所言：「男兒要當死於邊野，以馬革裹屍還葬耳，何能臥牀上在兒女子手中邪？」[47]皆反映古代以死於國事，為國捐軀為榮。

　　其次，古代死於戰場之士兵，確實在很多因素下往往難以全數歸葬兆域，甚至有些就直接葬於戰地。一般而言，國家皆會對兵死者進行收屍，若對死傷者棄而不置，甚至被認為「不惠」。[48]在考古墓地中，我們也發現這一種現象，當時處置這些大量的兵死者，或採就地

---

43 《左傳》，卷55，頁969-970。

44 《左傳》，卷18，頁302杜預《注》：「共用，死國用。」

45 南朝宋・范曄撰，唐・李賢注：《後漢書》，卷24，頁843。

46 漢・荀悅，晉・袁宏著，張烈點校：《兩漢紀》（北京市：中華書局，2005年3月），卷9，頁165。

47 南朝宋・范曄撰，唐・李賢注：《後漢書》，卷24，頁841。

48 《左傳》，卷19下，頁331。

集體掩埋的方式，如西安半坡戰國墓八十六號墓主的左股和胸部、一一〇號墓主的頭部和左肩皆穿入了銅矢鏃，發掘者研判這些墓的主人大概是被矢鏃所射死，[49]顯然屬於兵死者。一九八二年在湯陰縣城西五里崗發現的戰國晚期墓葬中，部分死者為青壯年男性，且身上尚穿有銅鏃及明顯的刀砍痕跡，顯然亦是陣亡將士之墓地。[50]除此，最有名的歷史戰爭長平之戰，《史記》〈白起王翦列傳〉：

> 其將軍趙括出銳卒自搏戰，秦軍射殺趙括。括軍敗，卒四十萬人降武安君。武安君計曰：「前秦已拔上黨，上黨民不樂為秦而歸趙。趙卒反覆。非盡殺之，恐為亂。」乃挾詐而盡阬殺之。[51]

一九九五年四月山西高平市（古長平戰場）永录鄉發現一座屍骨坑（M1），據發掘的情況顯示，這些屍骨清一色皆為男性，且身上都有創傷，學者研判這些屍骨很可能是死傷的趙卒。這些士兵大都身前被殺後再亂葬掩埋，活埋的可能性相對較低。[52]長平之戰的死者，推測應是先被秦軍殺害後再遭掩埋。有時礙於戰爭局勢，在情勢危急下，戰敗的一方並不能馬上對死亡將士進行收屍，如秦晉殽之戰前，蹇叔即預料秦軍會戰敗，同時也推測「晉人禦師必於殽」，因此他對參與此次戰爭的兒子言：「必死是間，余收爾骨焉！」[53]就此段話而言，收埋戰死者屍骨在當時應是常見的禮俗，但礙於局勢，戰敗當下，殘餘敗軍逃亡已不暇，不太可能再去收拾死者屍首，因此不排除在殽地的

---

49 金學山：〈西安半坡戰國墓葬〉，《考古學報》1957年3月，頁71。

50 楊育彬：《河南考古》（鄭州市：中州古籍出版社，1985年10月），頁190-191。

51 漢・司馬遷撰，瀧川資言考證：《史記會注考證》，卷73，頁3024-3025。

52 山西省考古研究所、晉城市文化局、高平市博物館：〈長平之戰遺址永录1號屍骨坑發掘簡報〉，《文物》1996年6月，頁33-40。

53 《左傳》，卷17，頁288。

秦兵屍骨是晉人戰後將之封埋。或是像齊莊公入侵晉國，對於死亡的晉士兵「封少水」，杜預《注》：「封晉尸於少水以為京觀」，[54]作成京觀除了「懲淫慝」外，[55]另外還有宣示武功的目的。秦晉殽之戰後，秦軍戰敗，過了三年，秦軍大敗晉軍，並重返當年的戰地，「封殽尸而還」，杜預《注》：「封，埋藏之。」朱駿聲則云：

> 按殽敗在僖三十三年四月，封尸在文三年五月，閱三載之久，豈尚有可以埋藏之尸，惟表識其地而已。[56]

這也顯見殽地戰敗當下，秦軍根本不可能收埋戰死者之屍，故在三年後只是重新到此地舉行封尸儀式，同時秦繆公亦為之舉行象徵性的喪禮。[57]這種因戰爭因素而無法收屍的情況又見吳軍入侵楚國郢都之戰。前引《左傳》定公五年記載春秋楚昭王時，吳、楚交戰，當時吳軍居麇，子期將焚之，子西曰：「父、兄親暴骨焉，不能收，又焚之，不可。」杜預《注》：「前年楚人與吳戰，多死麇中，言不可并焚。」[58]顯見吳、楚之戰時，楚軍因情勢危急，故許多死於麇地的楚軍皆來不及收埋。〈國殤〉：「嚴殺盡兮棄原壄」，王逸《注》：「言壯士盡其死命，則骸骨棄於原壄，而不土葬也。」[59]描述的就是這種情況。另一方面，就有些戰爭發生的地點而言，礙於地形限制，對於死亡的士兵也無法全部收埋，如戰爭發生於水上。《左傳》宣公十二年記載晉楚邲之戰，晉軍敗，欲渡河，當時中軍、下軍爭舟，造成「舟

---

54 《左傳》，卷35，頁604。

55 《左傳》，卷23，頁398。

56 轉引自清·劉文淇：《春秋左氏傳舊注疏證》，頁492。

57 漢·司馬遷撰，瀧川資言考證：《史記會注考證》，卷5，頁265：「封殽中尸，發喪哭之三日。」

58 《左傳》，卷55，頁958-959。

59 宋·洪興祖：《楚辭補注》（北京市：中華書局，2008年11月），卷2，頁83。

中之指可掬也」。[60]漢初楚漢相爭於睢水之上，當時楚軍大破漢軍，士卒死於睢水上，造成「睢水為之不流」，[61]像這類情況的死傷，要全部打撈兵死者之屍骨，實際上是相當困難的。再者，古代之所以難以全數歸葬還有財政上的考量，一旦「府庫盡於葬」，[62]造成國庫空虛，更增加他國入侵本國的機會。綜上所述，這些情況雖造成死事者難以歸葬，但其因素皆與「戰敗無勇」無關。

《禮記》〈月令〉：「賞死事，恤孤寡」，鄭玄《注》：「死事，謂以國事死者，若公叔禺人、顏涿聚者也。」[63]按照鄭玄的說法，齊人顏涿聚死於隰之役，其妻、子當可受到賞賜，但此役齊軍是敗北的，[64]那麼顏涿聚是否亦屬「戰敗無勇」的兵死者，死後還得「投諸塋外以罰之」？首先，在戰場上戰死，就無關乎有勇無勇。其次，若是戰敗，加上無勇，不肯為國死戰而苟且偷生者，這樣的人才要受懲罰，但此情況也不得歸為戰死之「兵死者」，顯見鄭玄的說法不免有矛盾之處。因此筆者認為鄭玄將「死於兵者」界定為戰死者，「不入兆域」歸因為「戰敗無勇」，此說以春秋至兩漢的史料來看，並不符合實際情況。[65]

（二）一般兵死者

真正不會入葬兆域的不是那些死於國難者，而是因罪或其他因素而死於兵器的人。如齊懿公死於邴歜、閻職兩人之手，死後亦僅「納諸竹中」。[66]又齊莊公死於崔杼甲兵之下，因此被葬於齊北郭（非實際

60　《左傳》，卷23，頁396。

61　漢・司馬遷撰，瀧川資言考證：《史記會注考證》，卷8，頁515。

62　戰國・呂不韋編，陳奇猷校釋：《呂氏春秋新校釋》，卷15，頁926。

63　漢・鄭玄注，唐・孔穎達疏：《禮記注疏》，卷17，頁341。

64　《左傳》，卷60，頁1049。

65　陸德富：〈說「兵死者」〉，《出土文獻研究》（第11輯），頁76。

66　《左傳》，卷20，頁351。

死亡之處，詳見下文討論）。另外像晉厲公死於程滑之手，被葬於翼東門之外，劉文淇《春秋左氏傳舊注疏證》：

> 《晉語》注：「翼，晉別都也。」葬之翼東門之外，不得同於先君也。[67]

竹添光鴻《左氏會箋》：

> 《晉語》云：「遂殺諸翼」，然則葬之其所殺，不以喪歸也。[68]

晉厲公是死於非命，所以直接葬於事故發生地。這種死於非命而葬於事故地又見《左傳》昭公元年楚王遭公子圍「縊而弒之」，[69]葬於郟，並被稱為「郟敖」。[70]因此像齊遂地戍守的將領，接受因氏等四族饗宴，遭「醉而殺之」，[71]這些士兵並非死於戰場，而是死於非命，其死後應不得葬入兆域。《白虎通》〈喪服〉引〈曾子問〉：

> 大辱加於身，支體毀傷，即君不臣，士不交，祭不得為昭穆之尸，食不得□昭穆之牲，死不得葬昭穆之域。[72]

---

67 清·劉文淇：《春秋左氏傳舊注疏證》，頁965。

68 竹添光鴻：《左氏會箋》，頁1126。

69 《左傳》，卷41，頁710。

70 郟敖之二子幕及平夏均遭楚靈王殺害，絕了後嗣，因此未用諡法，詳董珊：〈出土文獻所見「以諡為族」的楚王族〉，收入《出土文獻與古文字研究》（第2輯）（上海市：復旦大學出版社，2008年8月），頁124註45。不過，羅運環仍將楚國這一類以地名為諡的稱為「敖諡」，見氏著：〈楚國諡法研究〉，收入《紀念徐中舒先生誕辰110周年國際學術研討會論文集》（成都市：巴蜀書社，2010年12月），頁361，又收入氏著：《出土文獻與楚史研究》（北京市：商務印書館，2011年10月），頁132-141。

71 《左傳》，卷9，頁158。

72 清·陳立撰，吳則虞點校：《白虎通疏證》（北京市：中華書局，2007年10月），卷11，頁525。

這裡的「大辱」當指因犯罪而遭受毀肌膚，斷肢體者，非為國戰死者。在古人的觀念中，因罪而遭受兵器刑罰之人，不僅不能充作昭穆之尸，更不能上墓祠祀，[73]甚至死後也不得入葬昭穆之域。且這一類的兵死者也得不到後人弔唁，《禮記》〈檀弓〉：「死而不弔者三：畏、厭、溺。」所謂的「畏」者，《白虎通》〈喪服〉：「畏者，兵死也」，[74]鄭玄對「畏者」解釋：「為人以非罪加己，己無以說之死者也。」王肅《注》：「犯法獄死謂之畏。《爾雅》曰：『畏，刑者也』」。[75]根據鄭、王二氏的看法，「畏者」當指因罪而受刑者，這一類的人是不得入葬昭穆之域。《左傳》哀公二年記載趙鞅對鄭國開戰前曾誓言：

> 若其有罪，絞縊以戮，桐棺三寸，不設屬辟，素車、樸馬，無入于兆，下卿之罰也。[76]

三寸棺，不僅棺木厚度較薄，寬度上也相對較小，其內部空間大都僅止於容身而已，無法容納太多的陪葬品。不過此句實屬趙鞅的自誓，並非懲處戰敗之士兵，而是自詛若其發動戰爭之行為屬有罪，願受絞刑誅戮，死後更要降格處置。值得注意的光武帝時代的馬援，晚年南征武陵五溪蠻夷時困於壺頭，最終也病卒。但死後家屬不敢將他入葬於祖塋中，並非戰敗失利因素，乃因「薏苡實」事件遭皇帝怪罪，故其死後家屬僅在城西數畝地「稿葬」而已。[77]顯見古代能不能歸葬祖塋，關鍵在於此人生前是否有罪名，[78]罪惡甚大者，死後還被天子下

73　王利器校注：《風俗通義校注》（北京市：中華書局，2010年5月），頁566。

74　清·陳立撰，吳則虞點校：《白虎通疏證》，卷11，頁524。

75　鄭玄和王肅注皆引自唐·杜佑：《通典》（北京市：中華書局，2012年11月），卷83，頁2258「三不弔議」。

76　《左傳》，卷57，頁995-996。

77　南朝宋·范曄撰，唐·李賢注：《後漢書》，卷24，頁846。

78　如李固遭梁冀陷害而死，臨終前告誡子孫：「不得還墓塋，污先公兆域」，正因其獲

詔不得對之進行收埋。[79]古人相信生前有罪名，甚至遭受兵器刑罰而致身體虧損者，死後無臉見先祖，故周燕不願以「刀鋸之餘下見先君」，[80]寧餓死也不受刑罰，可見古代對身體完整的重視。因此這類遭到刑殺的兵死者，死後才真正不得入葬昭穆之域。不過正因「兵死」在東漢以後可指戰死者，加上世俗之徒「不達大義」，遂將戰死者摒除在兆域之外，故隋文帝於仁壽元年下詔：「自今戰亡之徒，宜入墓域」，[81]以改正世俗這種不合理的觀念。

附帶說明，春秋虢國墓地 M1052 屬虢太子墓，其墓地位於整個上村嶺虢國墓葬區的西北部，俞偉超認為其孤零零偏處於兆域之西，「顯然正是因為死於非命而『不入兆域』。」[82]不過其墓葬中的隨葬品相當豐富，共出九百七十件器具，[83]筆者認為這位虢太子死於非命的可能性相當低。張彥修認為其或是早年夭折，或是因故未能繼承君位，「使其既不便進入國君兆域，又尚未達到被貶出公墓的程度」。[84]目前對於 M1052 葬於兆域西側的原因還不能遽斷。其次，墓葬中出有兩周之際的銅圓鼎七件與簋六件，是整齊的一套大牢七鼎配六簋，一般或認為是諸侯的規格，[85]符合其身分禮制。再者，墓葬中也出有

罪而死，見周天游輯注：《八家後漢書輯注》（上海市：上海古籍出版社，1986年12月），卷4，頁111。

79 如彭越造反遭夷三族，其首級被懸掛在雒陽城門下，劉邦還下令：「有收視者輒捕之。」見漢・班固撰，清・王先謙補注：《漢書補注》，卷37，頁3318。

80 南朝宋・范曄撰，唐・李賢注：《後漢書》，卷81，頁2675。

81 唐・李延壽：《北史》（北京市：中華書局，2000年1月），卷11，頁278。

82 俞偉超：〈上村嶺虢國墓地新發現所揭示的幾個問題〉，收入《虢國墓地的發現與研究》（北京市：社會科學文獻出版社，2000年7月），頁57。

83 中國科學院考古研究所編：《上村嶺虢國墓地》（北京市：科學出版社，1959年10月），頁28。

84 張彥修：《三門峽虢國文化研究》（北京市：中國社會科學出版社，2002年10月），頁151。

85 高明：〈周代用鼎制度研究〉，收入《高明學術論集》（上海市：上海古籍出版社，2013年12月），頁112。

多件殘破的銅翣，從這點來看，認定其因罪而死於兵害的可能性應當很低。

又天馬曲村 M93 位於整個晉侯墓葬區的最西邊（見圖一），其墓葬中出土一件〈晉叔家父壺〉（《新收》0908，西周晚期），器銘記載：

晉弔（叔）家父乍（作）𡩡壺，其萬年子子孫孫永寶用言（享）。

「晉叔家父」究竟是誰？學界目前有兩種意見，其一認為是文侯仇，[86] 其二認為是殤叔。[87]《史記》〈晉世家〉：

穆侯卒，弟殤叔自立，太子仇出奔。殤叔三年，周宣王崩。四年，穆侯太子仇率其徒襲殤叔而立，是為文侯。[88]

---

86 李伯謙認為M93、M102應是晉文侯夫婦之墓，見氏著：〈從晉侯墓地看西周公墓墓地制度的幾個問題〉及〈晉侯墓地墓主之再研究〉，以上兩文皆收入《文明探源與三代考古論集》（北京市：文物出版社，2011年7月），頁291-302及頁314-321；徐天進認為M93以晉文侯的可能性較大，見氏著：〈西周至春秋初年晉國墓葬的編年研究〉，《文化的饋贈——漢學研究國際會議論文集》（考古學卷）（北京市：北京大學出版社，2000年8月），頁336；朱鳳瀚亦認為M93是晉文侯，見氏著：〈關於北趙晉侯諸墓年代與墓主人的探討〉，《文化的饋贈——漢學研究國際會議論文集》（考古學卷），頁196；《中國青銅器綜論》（上海市：上海古籍出版社，2009年12月），頁1451。

87 李學勤：〈《史記晉世家》與新出金文〉，《學術集林》（卷4）（上海市：上海遠東出版社，1995年9月），頁168；馮時：〈略論晉侯邦父及其名、字問題〉，收入《古文字與古史新論》（臺北市：臺灣書房，2007年8月），頁332。

88 漢‧司馬遷撰，瀧川資言考證：《史記會注考證》，卷39，頁1999。

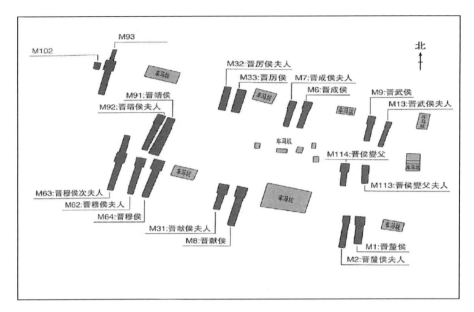

圖一　晉侯墓地平面圖
改自《晉國寶藏──山西出土晉國文物特展》，頁 17。

殤叔在位其間接近四年，加上死於非命，《史記》〈十二諸侯年表〉記載幽王元年：「仇攻殺殤叔，立為文侯。」[89] 就整個墓葬圖來看，M93位置確實較偏西側，宋建認為這組墓葬打破了西周的文化遺存，表明這裡應該已在西周時期晉侯的兆域之外。[90] 筆者認為從墓葬中的青銅器銘稱謂來看，屬文侯的可能性較低，尤其是其他晉侯墓葬所出的銅器皆以「晉侯」來稱呼，唯獨此墓葬稱「晉叔家父」，若墓主人是文侯，怎麼能稱「晉叔」？《左傳》桓公二年：「晉穆侯之夫人姜氏以條之役生太子，命之曰仇」，[91] 其二子為桓叔，除非認定〈晉叔家父壺〉並非墓主人所擁有，但在 M93墓葬中又不見其他稱晉侯的銅器銘

89　漢・司馬遷撰，瀧川資言考證：《史記會注考證》，卷14，頁728。

90　宋建：〈晉侯墓地淺論〉，收入《晉侯墓地出土青銅器國際學術研討會論文集》（上海市：上海博物館，2002年7月），頁150。

91　《左傳》，卷5，頁96。

文。[92]其次，晉人稱文侯仇基本上亦不以「叔」稱之，如〈晉姜鼎〉（《集成》2826）：「勿灋文侯顗（顯）令（命）」，晉姜是文侯的夫人，作器的時間是在文侯身後，其子昭侯在位的時期。[93]綜上所論，筆者認為 M93 屬殤叔的可能性是較高的。殤叔雖死於非命，但其墓葬規格並沒有減損，僅墓地置於整個家族墓地的西側，為使他遠隔其家族墓葬。此情況與季孫葬昭公於魯國公族墓道南的方式相似，[94]皆藉此使其遠離先祖之兆域，亦算是對有罪者的一種身後懲處。

三　兵死者下葬時要減殺禮俗——以《左傳》齊莊公葬禮為例說明

古代國君若死於非命，其死後往往得減殺葬禮，如魯隱公被羽父弒殺，因此其葬禮「不成喪也」，[95]陳澧云：「言桓不以人君之禮葬隱也。」[96]其他像死於非命的女性，其身後所受的待遇亦得減殺，如春秋魯國哀姜在夷地被齊人所殺，魯人最後索其屍體歸葬，根據當時的禮法，死後「不殯于廟」，[97]亦是對死於非命的一種處置。至於古代對兵死者之葬禮如何具體減殺，此節茲以《左傳》所載齊莊公葬禮為例說明。《左傳》襄公二十五年：

92　北京大學考古學系、山西省考古研究所：〈天馬——曲村遺址北趙晉侯墓地第五次發掘〉，《文物》1995 年 7 月，頁 22-33。

93　李學勤：〈戎生編鐘論釋〉，《重寫學術史》（石家莊市：河北教育出版社，2002 年 1月），頁 330。

94　《左傳》，卷 54，頁 942。

95　《左傳》，卷 4，頁 83。

96　轉引自楊伯峻：《春秋左傳注》（修訂本），頁 80。

97　根據禮法，「凡夫人，不薨于寢，不殯于廟」，而莊公「禘，而致哀姜焉」，反而「非禮」，見《左傳》，卷 13，頁 217。

崔氏側莊公于北郭。丁亥,葬諸士孫之里。四翣,不蹕,下車
七乘,不以兵甲。

關於此段的禮俗,杜預《注》:「側,瘞埋之。不殯於廟。士孫,人
姓,因名里。死十三日便葬,不待五月。喪車之飾,諸侯六翣。」[98]
許子濱對齊莊公的葬禮作過詳細的考證,茲將其論點歸納為以下數
端:

一、「側」,非指「瘞埋」、「堲」、「無偶」,也不是不正,當如
陶鴻慶說,解作隱處。崔氏側莊公於北郭,很可能為了隱
瞞死於其家的事實。

二、「葬諸士孫之里」,點明葬地,里為城內居民點,惠棟據此
斷言其地即墓中之室,是墓大夫所居。

三、翣形似扇,經典所見,或為燕居之器,用以招涼,或為棺
飾之物,用以障柩。用「四翣」而非「六翣」,顯示在禮
數上有所貶損。

四、「不蹕」,指沒有清除道路,也不禁止行人,連大夫葬禮也
稱不上。

五、「下車七乘」,指七輛粗惡的用於隨葬的車。「兵甲」指兵
器甲冑這些隨葬物,並非指士兵。[99]

關於齊莊公的墓葬規格,許子濱的論述很多是合理的,不過仍有部分
觀點值得進一步深究,以下我們就(一)側莊公于北郭、(二)四
翣、(三)下車七乘等三個問題來進行補充說明。

---

98 《左傳》,卷36,頁620。
99 許子濱:〈《左傳》所記齊莊公葬禮考釋〉,收入《《春秋》《左傳》禮制研究》,頁
551-580。

（一）側莊公于北郭

　　《左傳》襄公二十五年記載晏子在崔氏家門外站立，至「門啟而入，枕尸股而哭，興三踊而出。」[100]若此，莊公死於崔氏之家，早已為他人所知，甚至太史及其弟接二連三的記錄此事。然而崔杼仍將齊莊公隱藏在北郭，或許他相信雖然無法瞞過大夫階層，但至少可以欺瞞國人。[101]又如齊懿公遊於申池，丙戎和庸職謀與懿公共遊竹中，遂弒而棄之於竹林，[102]像這種直接棄屍於案發現場，事後當然會招來齊人的追究，故兩人行凶之後就準備逃亡他國。反觀崔杼將齊莊公隱伏於北郭，似乎就是要營造莊公死於北郭饗宴的假象，以掩蓋死於其家的實情。後來齊人遷葬莊公於北郭，[103]在某種程度上，崔杼的誤導似乎是達成了效果。

（二）四翣

　　錢玄將禮書中有關翣的描述分為三類：其一是以羽編成之大扇，附於車旁，以蔽風塵；其二是棺飾；其三是扇。[104]我們認為翣在各地

100　《左傳》，卷36，頁619。

101　關於國人的定義，杜正勝認為在春秋戰國時代等同於國家公民，見氏著：《周代城邦》，頁16。近來朱騰對國人更有深入的定義，他認為：「周初分封所追求的就是以國都或都邑為中心的不斷擴張，因此都邑內外的區分是必然存在的，而最初追隨周人貴族遷徙至封地的周部族民眾及其他部族最初則都居住在都邑中，他們自有其經濟來源，……他們共襄祭祀和軍事行動以維護統治者共同體的利益，其自身也變成了一個特殊的社會群體。至其後世，則幻化為所謂的『國人』。」見朱騰、王沛、水間大輔：《國家形態・思想・制度——先秦秦漢法律史的若干問題研究》（廈門市：廈門大學，2014年1月），頁56。至於國人的種類可分為士、農、工、商四民，詳見童書業：《春秋左傳研究》（校訂本），頁121；黃聖松：《《左傳》國人研究》，頁1-194皆對此論點有再進一步的詳說。

102　漢・司馬遷撰，瀧川資言考證：《史記會注考證》，卷32，頁1779。

103　《左傳》，卷39，頁665。

104　錢玄：《三禮辭典》，頁1009。

有不同的樣式，不能以一地的模式來概括全部，甚至進而否認其他樣式就不是翣。以下我們針對出土所見的羽翣、竹翣及銅翣進行說明。

（甲）羽翣或竹翣

這一類的器物基本上都出現在南方文明中，如江陵天星觀楚墓M1曾出土一件保存完整的羽翣（圖二）。此羽翣基本上不見戴圭之形，且若是羽編之大扇，根本無法承載圭的重量，這種形式的翣，充其量就是扇子。另外一種就是竹翣，包山楚簡簡260：「一羽翣；二篓（竹篓）」，二篓，學者認為即二號墓西室所出的一件長柄扇和短柄扇（圖三）。[105]這種楚式扇較清楚的樣式又可見江陵馬山1號楚墓及棗陽九連墩2號楚墓（圖四、圖五）。馬王堆一號漢墓《遣冊》簡279：「大扇一錦周掾（緣）鞔秉」，整理者認為即西邊箱所出的大竹扇（圖六）。[106]兩相比對，可知楚墓中對於這一類的器物稱作「篓」，而漢墓則稱作「扇」，換言之，在楚簡中，即用「翣」（或作「篓」）來代替「扇」字。[107]其次，這一類的翣似乎難以認定作棺飾用，如包山楚墓的翣是出土於西室，在西室中同出的器物，大都屬燕器，為日常用品，《儀禮》〈既夕禮〉：「燕器，杖、笠、翣。」鄭玄《注》：「燕居安體之器也。」[108]在楚墓中，這種形制的翣作為燕器的可能性較高，[109]加上這種翣皆放置在椁室中，作為棺飾的可能性不高。

---

105 朱曉雪：《包山楚簡綜述》，頁717。

106 湖南省博物館、中國科學院考古研究所：《長沙馬王堆一號漢墓》（北京市：文物出版社，1973年10月），頁151。

107 蔣玉斌：〈扇字源流補說〉，《新果集（二）——慶祝林澐先生八十華誕論文集》（北京市：科學出版社，2018年12月），頁550-553。

108 漢·鄭玄注，唐·賈公彥疏：《儀禮注疏》，卷38，頁454。

109 田野即認為馬山M1的竹扇是作燕器使用，見氏著：《重放異彩——楚文化考古重大發現》（武漢市：湖北教育出版社，2001年3月），頁136。

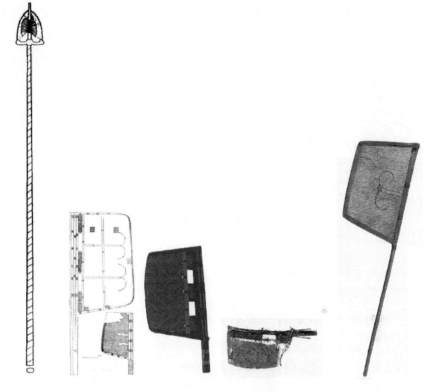

圖二	圖三	圖四	圖五	圖六
天星觀 M1	包山	馬山一號楚墓	竹扇	馬王堆一號漢墓竹扇
羽翣	二號楚墓竹	竹扇	〈湖北棗陽九連	《馬王堆漢墓文
〈江陵	筮	《荊州博	墩 M2 發掘簡	物》，頁 73。
天星觀一號	《包山楚	物館館藏精	報》，頁 39。	
楚墓〉，頁	墓》，頁	品》，頁 57。		
106。	165。			

（乙）銅翣[110]

此造型的翣不見於南方楚墓中，卻常見於中原地區西周和春秋墓葬中，[111]如西周厲王時期的平頂山應國墓葬 M95 即出有六件薄銅

110　或稱此器物為翣的銅羽座，詳見胡健、王米佳：〈周代喪葬禮器「翣」的再探討——關於「山」字形薄銅片的考證〉，《中原文化研究》2015年5月，頁58。

111　關於銅翣的研究，詳見王龍正、倪愛武、張方濤：〈周代喪葬禮器銅翣考〉，《考

片。[112]而在西周宣、幽時代的虢國墓葬 M2001 中也出土六件殘銅翣，三件位於棺罩上，另三件則散落於槨與外棺之間。[113]形制較清晰的又見芮國墓葬所出的銅翣。[114]《禮記》〈喪大記〉：「飾棺：……黼翣二，黻翣二，畫翣二，皆戴圭。」鄭玄《注》：

> 漢禮：翣以木為筐，廣三尺，高二尺四寸，方，兩角高，衣以白布。畫者，畫雲氣，其餘各如其象；柄長五尺，車行使人持之而從，既窆，樹於壙中。《檀弓》曰：「周人牆置翣」，是也。[115]

「皆戴圭」，孔穎達《疏》：

> 謂諸侯六翣，兩角皆戴圭玉也。[116]

《周禮》〈天官〉〈縫人〉賈公彥《疏》：

古》2006年9月，頁61-71，又收入《虢史與虢文化研究》（鄭州市：河南科學技術出版社，2012年10月），頁561-570；孫慶偉：《周代用玉制度研究》（上海市：上海古籍出版社，2008年8月）；頁205-210；張天恩：〈周代棺飾與銅翣淺識〉，《考古學研究》（八）（北京市：科學出版社，2011年6月），頁303。

112 河南省文物研究所平頂山市文物管理委員會：〈平頂山應國墓地九十五號墓的發掘〉，《華夏考古》1992年3月，頁101。至於M95的年代，參考王龍正的說法，見氏著：〈平頂山應國墓地九十五號墓年代、墓主及相關問題〉，《華夏考古》1995年4月，頁68，以上二文均收入《應國墓地的發現與研究》（平頂山：汝州晚報社印刷，2006年3月），頁308-322及頁136-141。

113 河南省文物考古研究所、三門峽市文物工作隊：《三門峽虢國墓》（第一卷）（北京市：文物出版社，1999年12月），頁120。

114 陝西省考古研究院、渭南市文物保護考古研究所、韓城市景區管理委員會：《梁帶村芮國墓地——二〇〇七年度發掘報告》（北京市：文物出版社，2010年6月），頁221-223。

115 漢·鄭玄注，唐·孔穎達疏：《禮記注疏》，卷45，頁788。

116 漢·鄭玄注，唐·孔穎達疏：《禮記注疏》，卷45，頁788。

「皆戴圭」者，謂置圭於翣之兩角為飾也。[117]

在上村嶺虢國墓 M1701、M1706 中都出有一件山形棺飾品，其兩側呈現相對的鳳鳥形（如下圖七、八），但有時兩側不完全是鳥形，是作柱狀形（圖九）。中間則是一件圭形物狀。一般而言，圭形物狀大都用銅製，抑或用玉、石等質地，[118]文獻所言的「戴圭」即為此形，[119]惟此戴圭之形並非置於兩角，而是置於中間。在梁帶村芮國墓葬中，銅翣基本上都出土於棺槨之外（圖十至十二），[120]這些銅翣應作為棺飾用，且就其形制而言，與文獻所言的戴圭之形也較近似。

齊莊公葬禮中的「四翣」，根據齊國之地域屬性應當也是這種形式的銅翣。在山東莒縣西大莊莒國墓 M1 中，亦出有二件銅製山形器（圖十三），[121]此器學者認為就是翣。因此同處山東地區的齊國，其翣應當也是銅製，而非像南方楚國的竹翣或羽翣，許子濱將南、北方之翣混為一談，其說未必合適。其次，就春秋時代的隨葬銅翣制度來看，一般都遵循著級別高者較多，雖具體數量並非像文獻記載的那麼絕對。[122]如目前資料較完整的芮國墓葬，其銅翣數量就未必符合禮書

---

117 漢・鄭玄注，唐・賈公彥疏：《周禮注疏》，卷8，頁128。

118 張天恩：〈周代棺飾與銅翣淺識〉，《考古學研究》（八），頁303。

119 孫慶偉：《周代用玉制度研究》，頁209。

120 陝西省考古研究院、渭南市文物保護考古研究所、韓城市景區管理委員會編著：《梁帶村芮國墓地：二○○七年度發掘報告》，頁221-223。

121 莒縣博物館：〈山東莒縣西大莊西周墓葬〉，《考古》1999年7月，頁42。

122 張天恩：〈周代棺飾與銅翣淺識〉，《考古學研究》（八），頁303。楊雅書：《芮國墓地喪葬制度研究》（開封市：河南大學歷史學碩士論文，2016年6月），頁55-56針對此現象指出：「銅翣使用並非像禮書記載的那樣嚴格，出現這樣的現象一方面要考慮在實際的喪葬過程中有諸多的因素，比如墓主人豐功偉績、諸侯國的國勢力量等，另一方面需要認識到的是禮書的成書時間，由於其成書時間比較晚，正值戰國時期禮崩樂壞之時，撰寫禮書不免加入更多等級觀念和理想的成分，所以為了更加客觀的認識周代的禮樂制度，不能將實際發現的埋葬情況與禮書生硬的進行比照。」

的記載（如下表一）。雖然齊莊公下葬時還有四個銅翣，與芮國 M28
墓葬相同，但明顯少於芮桓公的八件銅翣。且即便是芮國的國君夫人
及大夫、士皆有四翣的格局。又晉國襄汾陶寺北 M7 為春秋早期墓
葬，其墓主人為大夫配偶，在其墓葬中亦出有四片銅翣。[123]反觀大國
齊國，[124]其國君的銅翣數量居然僅有四片翣，少於禮制中諸侯應有的
六翣規格，這應是崔杼刻意貶減其葬禮的結果。

表一　芮國銅翣表[125]

墓葬	身分	人名	時代	銅翣描述
M27	諸侯	芮桓公	春秋早期	外棺頂板中南部放置八件銅翣[126]
M26	諸侯夫人	仲姜	春秋早期	外棺頂板中南部放置四件銅翣[127]
M19	諸侯夫人	芮桓公次夫人	春秋早期	外棺頂板中南部置有四件銅翣，銅翣上部為「山」字形，下部矩形。[128]
M28	諸侯	芮公	春秋早期偏晚	四件銅翣南北向擺放在外棺蓋中南部

---

123 山西省考古研究所、臨汾市旅遊發展委員會、襄汾縣文化局：〈山西襄汾陶寺北墓
　　地2014年I區M7發掘簡報〉，《文物》2018年9月，頁20。

124 《左傳》，卷6，頁112：「大子曰：『人各有耦，齊大，非吾耦也』。」

125 另外近來陝西劉家洼也發現兩座芮國中字型大墓（M1和M2），其墓葬亦有銅翣，
　　惟發掘資料尚未完整公布，有關銅翣數量目前還未能確切知道相關的數量，故不
　　列入此表統計，有關劉家洼M1和M2墓葬情況詳見溫斌：〈探秘劉家窪春秋墓地〉，
　　《陝西畫報》2018年2月，頁120-123。

126 陝西省考古研究院等：〈陝西韓城梁帶村遺址M27發掘簡報〉，《考古與文物》2007
　　年6月，頁5。

127 陝西省考古研究所等：〈陝西韓城梁帶村遺址M26發掘簡報〉，《文物》2008年1月，
　　頁5。

128 陝西省考古研究所等：〈陝西韓城梁帶村遺址M19發掘簡報〉，《考古與文物》2007
　　年2月，頁5。

墓葬	身分	人名	時代	銅戉描述
M18	大夫		春秋早期偏晚	有銅戉四件，放置在外棺蓋上，部分戉角散布在棺的周圍，似隨意放置。
M17	士		春秋早期後段	槨室的西北角放置銅戉三件，另一件出土時散布在棺的西側中上部。
M51	士		春秋早期偏晚	一、其中戉首四件，戉角二件。均放置在外棺的兩側，一部分出於槨室的東側北部，另一部分在西側。 二、刀形角銅戉二件。
劉家窪 M6	士		春秋早期略晚或早中期之際	銅戉，4件。棺蓋板上南、北端各出土2件，殘損嚴重。[129]

圖七	圖八	圖九
上村嶺虢國 M1701銅戉	上村嶺虢國 M1706銅戉	上村嶺虢國 M2010銅戉
《上村嶺虢國墓地》，圖版3。	《上村嶺虢國墓地》，圖版50。	〈周代喪禮俗銅戉考〉，頁62。

---

129 陝西省考古研究院：〈陝西澄城劉家洼芮國遺址東Ⅰ區墓地M6發掘簡報〉，《考古與文物》2019年第2期，頁13。

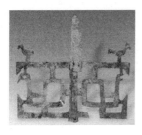

圖十	圖十一	圖十二
梁帶村芮國 M17銅翣	梁帶村芮國 M18銅翣	梁帶村芮國 M51銅翣
《梁帶村芮國墓地》，	《梁帶村芮國墓地》	《梁帶村芮國墓地》，
彩版160。	彩版178。	彩版184。

圖十三

山東莒縣西大莊 M1山形器

〈山東莒縣西大莊西周墓

葬〉，頁41。

（三）下車七乘

　　《禮記》〈檀弓下〉：「國君七个，遣車七乘，大夫五个，遣車五乘。」[130]《左傳》昭公二十五年杜預《注》：「諸侯葬車七乘」，[131]不過學者通過晉國墓葬材料檢視，得出：「似乎並未形成與文獻記載完

---

130 漢・鄭玄注，唐・孔穎達疏：《禮記注疏》，卷9，頁174。

131 《左傳》，卷28，頁485。

全一致的殉車制度」。[132]就以齊國的考古材料來看，莊公之後的齊景公，其墓葬位於今臨淄齊故城東北，墓葬雖經盜擾，但現今保留下來的殉馬坑，據統計殉馬多達六百匹上下，等於裝備兵車一百五十乘之多。[133]山東淄博臨淄區李官莊 M1 發掘出春秋中期偏晚的車馬坑，出土十輛車，三十二匹馬，[134]墓主人身分待考。另外，山東淄博淄河店 M2 為田齊時代的上卿墓，其隨葬車計有二十二輛。[135]這些墓葬所出的車馬數量確實與文獻的記載不相符合。齊莊公葬禮與齊景公、李官莊 M1、淄河店 M2 這三座車馬坑相較，規模及數量不但少了點，且墓葬又以「下車」殉葬，應該是遭到貶損所致。類似的現象又見《左傳》成公十八年之晉厲公葬禮：

> 晉欒書、中行偃使程滑弒厲公，葬之于翼東門之外，以車一乘。[136]

晉國在西元前五八五年遷都新絳（即新田）之後，照理說其墓葬當在都城附近。[137]但晉厲公在翼地被殺，故葬於翼東門，且葬禮「以車一

---

132 宋玲平：《晉系墓葬制度研究》，頁161。

133 山東省文物考古研究所：〈齊故城五號東周墓及大型殉馬坑的發掘〉，《文物》1984年9月，頁14-19；張光明：《齊文化的考古發現與研究》（濟南市：齊魯書社，2004年7月），頁76。齊景公的隨葬車馬那麼多，也跟他個人愛好有關係。魏・何晏注，宋・邢昺疏：《論語注疏》，卷16，頁150：「齊景公有馬千駟」；張雙棣撰：《淮南子校釋》，卷21，頁2199：「齊景公內好聲色，外好狗馬」，因此其墓葬中的馬匹數量異於尋常，應屬特例。

134 中國考古學會編：《中國考古學年鑑》（1991）（北京市：文物出版社，1992年8月），頁208-209。

135 山東省文物考古研究所：〈山東淄博市臨淄區淄河店二號戰國墓〉，《考古》2000年10月，頁57。

136 《左傳》，卷28，頁485。

137 劉緒：《晉文化》（北京市：文物出版社，2007年9月），頁169。

乘」，杜預《注》：「不以君禮葬。」[138]山西太原晉卿墓 M215（趙鞅）車馬坑中就出有十五輛車，[139]趙鞅身分為卿，身為國君的晉厲公卻僅以「車一乘」陪葬。邾莊公自投於牀，墜在鑪炭上，致皮膚潰爛而死，但葬禮至少也有「五乘」，[140]更突顯晉厲公葬禮之簡陋。

綜上所述，齊莊公安葬處，被隱伏於北郭，乃藉此誤導齊國國人以為莊公死於北郭，甚至後來齊人也將他改葬在北郭，顯然此用意是達到了。但基本上北郭並非齊國先祖的兆域，[141]莊公即便改葬於此，齊人仍未按正禮葬其君於齊國公墓，[142]亦屬兵死不入兆域的一種懲處。其次，在他的葬禮中使用四翣，許子濱則以南方的翣來比附，實際上，齊國所用的翣應是銅翣，為中原地區常見的一種喪葬樣式，與南方作為燕器之翣不同。至於下車七乘，相較齊景公約近一百五十乘的陪葬殉馬、李官莊 M1 的十輛車及淄河店 M2 的二十二輛車，莊公的墓葬規格減損許多。

這種因罪而減損其葬禮的現象也見於春秋鄭公子子家葬禮。《左傳》宣公十年：「鄭子家卒，鄭人討幽公之亂，斲子家之棺而逐其族，改葬幽公，謚之曰靈。」[143]過去認為「斲棺」即斲薄其棺木，屬降格

---

138 《左傳》，卷28，頁485。

139 陶正剛、侯毅、渠川福著：《太原晉國趙卿墓》（北京市：文物出版社，1996年12月），頁198。同書頁239指出：「從棺椁制度分析可以看出，趙氏墓葬制已僭用諸侯之禮。」不過白國紅以墓葬中的棺椁、列鼎及樂懸制度來分析，得出：「其墓葬所用禮制基本上均規範在社會允許的範圍內。」至於其車馬坑規模巨大，殉葬車馬眾多，是「墓主人有意炫耀其生前的顯赫軍威。」見氏著：《春秋晉國趙氏研究》（北京市：中華書局，2007年6月），頁144-151。

140 《左傳》，卷54，頁944。

141 姜齊兆域，據考古發掘所示，在故城（臨淄）大城東北，即現今的河崖頭村一帶，見靳桂云：〈東周齊國貴族埋葬制度研究〉，《管子學刊》1994年3月，頁59；山東省文物考古研究所：《臨淄齊故城》，頁546。

142 萬麗華：《左傳中的先秦喪禮研究》（北京市：中央民族大學出版社，2011年12月），頁228。

143 《左傳》，卷22，頁382。

處置。然而筆者根據考古發掘的材料來看，古代棺制規格不僅限於棺板厚度，就連尺寸大小亦有所差異，因此僅用斲薄的方式不太可能作到真正的降格處置，故所謂的斲棺實際作法當指「剖棺見屍」。[144]但不論如何，顯見古代對於有罪之人之死後葬禮往往會採降格處置的方式。

　　在秦漢以降這種降格處置的情況更是頻見。如二世胡亥被趙高逼死後，僅以「黔首葬二世杜南宜春苑中」，[145]王學理考證地或在今西安市大雁塔東南的曲江池畔。[146]漢代懲罰有罪之劉姓諸侯王，其下葬時更不得以金縷玉衣陪葬，像參與七國之亂的宛朐侯劉埶，除了遭「國除」外，[147]其墓葬中就未見金縷玉衣，當是懲處叛亂者的一種處置。[148]此外，像馱籃山楚王陵的墓葬中，[149]缺乏銅禮器及象徵諸侯王身分的金縷玉衣，學者或推測墓主當即參與七國之亂的第三代楚王劉戊之墓，其失敗自殺，降格入葬所呈現的現象。[150]另外，漢初趙幽王劉友在呂后當政時被幽死，其死後僅以平民的喪禮安葬於長安。[151]新莽時大司馬董忠想劫持王莽投降更始，後被王莽發覺而遭處死，死後連同

---

144 陳炫瑋：〈春秋鄭公子子家葬儀問題探究──兼論魯國叔孫豹之葬禮問題〉，《政大中文學報》第27期（2017年），頁107-146。

145 漢・司馬遷撰，瀧川資言考證：《史記會注考證》，卷6，頁383。

146 王學理：《咸陽帝都記》（西安市：三秦出版社，1999年8月），頁260；

147 漢・司馬遷撰，瀧川資言考證：《史記會注考證》，卷19，頁1149。

148 徐州博物館：〈徐州西漢宛朐侯劉埶墓〉，《文物》1997年2月，頁21；游逸飛：《戰國至漢初的郡制變革》（臺北市：臺灣大學歷史研究所博士論文，2014年6月），頁222。

149 關於馱籃山漢墓材料，見邱永生、徐旭：〈徐州市馱籃山西漢墓〉，《中國考古學年鑑》（1991），頁173-174；中國國家博物館、徐州博物館：《大漢楚王──徐州西漢楚王陵墓文物輯萃》（北京市：中國社會科學出版社，2005年12月），頁53。

150 關於劉戊墓地位置，學界爭議甚多，本文認為將馱籃山楚墓定為劉戊之墓應是可信的，見劉尊志：《徐州漢墓與漢代社會研究》（北京市：科學出版社，2011年6月），頁43；劉瑞、劉濤：《西漢諸侯王陵墓制度研究》（北京市：中國社會科學出版社，2010年7月），頁128。

151 漢・班固撰，清・王先謙補注：《漢書補注》，卷38，頁3327。

其家屬甚至被用醇醯毒藥、尺白刃叢棘等巫術手段合埋於一坎。[152]又如翟義起兵討伐王莽失敗，其屍首不但被磔曝於市衢，甚至其家族被王莽夷滅後，並以棘五毒同埋於一坑以作為處分。[153]曹魏時代高貴鄉公曹髦死後，皇太后乃下令說：「昔漢昌邑王以罪廢為庶人，此兒亦宜以民禮葬之，當令內外咸知此兒所行。」[154]以上均屬因罪而遭降格處置的例子。

四　對兵死者的巫術處置

《淮南子》〈說林〉：「兵死之鬼憎神巫。」《說文》〈炎部〉：「粦，兵死及牛馬之血為粦。粦，鬼火也。」[155]古代迷信這些死於非命之兵死者亡魂對於世人來說是有害的，因此其死後必須透過一些手段來對之進行處理。為了防範兵死之鬼為害，古代或透過巫祝方術來對其亡魂進行攻解，如包山簡241：

思（使）攻解於禍與兵死。

「思攻解」一詞，學者有不同的看法，不過可以肯定的是楚簡中的「思攻解」大都用於解祟方面，[156]特別是級別較低的惡靈，對之不進行祭祀，直接進行攻伐手段，[157]如上文談到王莽以棘五毒等巫術手段

---

152 漢・班固撰，清・王先謙補注：《漢書補注》，卷99，頁6204。

153 漢・班固撰，清・王先謙補注：《漢書補注》，卷84，頁5216。

154 晉・陳壽撰，南朝宋・裴松之注，盧弼集解，錢劍夫整理：《三國志集解》（上海市：上海古籍出版社，2009年6月），卷4，頁538。根據裴松之注，高貴鄉公顯然是被刺殺而死，非有罪而遭廢。

155 漢・許慎撰，清・段玉裁注：《說文解字注》，10上，頁851。

156 于成龍：《楚禮新證——楚簡中的紀時、卜筮與祭禱》（北京市：北京大學考古文博博士學位論文，2004年5月），頁50。

157 晏昌貴：《巫鬼與淫祀——楚簡所見方術宗教考》，頁290。

來對付兵死者。[158]在戰國楚地中，甚至假想有一位專管兵死者的「武夷」神，九店楚簡《告武夷》：

〔臬〕！敢告□綸之子武㻪（夷）：「尔居逡（復）山之 ，不周之埜（野），帝胃（謂）尔無事，命尔司兵死者。【43】

武夷神見諸文獻，《史記》〈封禪書〉：「古者天子常以春解祠……武夷君用乾魚。」司馬貞《索隱》引顧氏曰：「《地理志》云：『建安有武夷山，溪有仙人葬處，即《漢書》所謂武夷君。是時既用越巫勇之，疑即此神。今案：其祀用乾魚，不饗牲牢，或如顧說也。」[159]《括地志》〈建州〉：「武夷山在建陽縣北一百二十八里……傳云昔有神人武夷君居此，故得名。」[160]不過劉昭瑞已指出：「武夷君與武夷山發生聯繫，可能是從西晉之末開始」，[161]漢代以前的武夷君應與武夷山沒有太多的關係，後來才將兩者關係附會上。武夷君亦屢見於漢代出土的文物，如馬王堆漢墓帛畫〈太一祝圖〉：「武弟子，百刃毋敢起，獨行莫□。」李家浩認為「武弟子」可能就是楚簡的武夷，都跟兵有關。[162]何以〈太一祝圖〉中要出現武夷君？[163]推測因為軍戰中一定有死於兵

---

158 呂亞虎稱以棘來厭勝鬼怪的巫術為「靈物厭勝」，見氏著：《戰國秦漢簡帛文獻所見巫術研究》（北京市：科學出版社，2010年12月），頁299-301。

159 漢・司馬遷撰，瀧川資言著：《史記會注考證》，卷28，頁1615。

160 唐・李泰等著，賀次君輯校：《括地志輯校》，卷4，頁245。

161 劉昭瑞：〈武夷神信仰的南移與道教造神〉，收入《考古發現與早期道教研究》（北京市：文物出版社，2007年6月），頁348。

162 李家浩：〈論《太一避兵圖》〉，《國學研究》（第1輯）（北京市：北京大學出版社，1993年3月），頁285。

163 黃儒宣對馬王堆《太一祝圖》有詳論，其意見大致認為中央神人為蚩尤，因此整張圖即以蚩尤為中心的《太一祝圖》，見氏著：〈馬王堆《辟兵圖》研究〉，《中央研究院歷史語言研究所集刊》第85卷第2期（2014年6月），頁167-208。不過對此說筆者仍有疑點，若中央神人是蚩尤，那麼神人旁的「太一將行」題字將無所歸屬，且神人最上層字作「▨」，馬王堆「蚩」字作「▨」（《天文氣象雜占》），兩者

器者，因此繪製武夷君神像，其目的或為鎮壓兵死者。此外，在東漢的鎮墓文上也可以發現「武夷王」，[164]這個神明應是作為鎮壓墓中兵死者用。

五　對戰死者的身後處置──歸葬落實及恤死事之後

前文說過，戰死者有別於一般死於非命的兵死者，因此其身後之禮自然與一般兵死者的處置有別，以下本節就針對「歸葬落實」及「家屬撫恤」兩個層面來談。

（一）戰死者歸葬及落實

戰死者獲得歸葬的現象最早見於春秋時代的魯國。魯襄公四年臧紇救鄫，當時死亡魯士兵送回國都，導致「國人逆喪者皆髽」。[165]鄫國所在位置在山東棗莊東，[166]魯國到鄫國的距離不算太遠，在條件許可的情況下，在鄫國戰死的魯國士兵可以歸葬故鄉。但這些戰死者的葬禮往往較為簡化，《莊子》〈德充符〉：「戰而死者，其人之葬也不以翣資。」[167]在兵荒馬亂之際有時只能就地埋葬，甚至連棺槨都沒有，

的寫法仍有一段差距，因此這個字是否為「蚩」字，仍待考。但即便是「蚩」字，對於中央神人僅以「蚩尤」兩字呈現，並無任何有關神人作用的題字，顯得簡陋，反觀其他神人除了書寫神人名稱外，連同其功用亦一起表明，如武夷神即書寫：「武弟（夷）子，百刃毋敢起，獨行莫☑」；虎裝神旁即書寫：「我虎裝，弓矢毋敢來。」目前雖難以確定中央神人是否即蚩尤或太一，但此圖屬辟兵性質是可以肯定的。

164 如〈熹平元年陳叔敬鎮墓文〉之「武夷王」，釋文參黃景春：《中國宗教性隨葬文書研究──以買地券、鎮墓文、衣物疏為主》（上海市：上海人民出版社，2018年3月），頁344。

165 《左傳》，卷29，頁508杜預《注》：「髽，麻髮合結也。遭喪者多，故不能備凶服，髽而已。」

166 董珊：〈從出土文獻談曾分為三〉，收入《簡帛文獻考釋論叢》，頁90。

167 清‧郭慶藩撰，王孝魚點校：《莊子集釋》，卷2，頁209。

更遑論棺飾。[168]

真正落實戰死者歸葬故里的政策是在漢初時期，漢高祖四年即下令：

> 軍士不幸死者，吏為衣衾棺斂，轉送其家。

八年，又再次下令：

> 令士卒從軍死者為槥，歸其縣，縣給衣衾棺葬具，祠以少牢，長吏視葬。[169]

以後漢代基本上皆遵循這一套制度，[170]如武帝之時，在邊疆戰死的士兵相當多，導致「中國槥車相望」，顏師古《注》：「從軍死者以槥送致其喪，載槥之車相望於道，言其多也。」[171]宣帝神爵年間，丞相史李尊甚至督促河東、南陽、潁川、東郡、魏郡、淮陽國等死卒「傳槥」（懸泉漢簡 I 0309⊕：237）。[172]甚至邊疆士卒死亡時，其所在之戍所除了發放槥錢外，還得發放一定的撫恤金，居延漢簡：

> 茭錢六百一十九・凡千卅九

---

168 方勇、陸永品撰：《莊子詮評》（成都市：巴蜀書社，2007年5月），頁185；陳鼓應：《莊子今注今譯》（最新修訂版）（北京市：商務印書館，2007年7月），頁186引陳啟天之說。

169 漢・班固撰，清・王先謙補注：《漢書補注》，卷1，頁100。

170 王文濤：《秦漢社會保障研究──以災害救助為中心的考察》（北京市：中華書局，2007年6月），頁231。

171 漢・班固撰，清・王先謙補注：《漢書補注》，卷52，頁3884。

172 胡平生、張德芳：《敦煌懸泉漢簡釋粹》（上海市：上海古籍出版社，2001年8月），頁45。

　　槥錢二百[173]

　　死卒錢二百卅[174]

「死卒錢二百卅」應是發死亡士卒家屬的撫恤費。[175]除此，當時漢法還規定：「父子俱，有死事，得與喪歸」，[176]凡此皆是為了獎勵戰死者所採取的惠民措施。不僅如此，就連西域諸國亦見對兵死者採取收埋的禮俗，如《後漢書》〈烏桓鮮卑列傳〉記載烏桓之俗：

　　俗貴兵死，斂屍以棺，有哭泣之哀，至葬則歌舞相送。[177]

這一套制度可能是受到漢人的影響。

（二）恤戰死事之後

　　另外一方面，古代或透過政治手段來撫恤那些為國戰死者之後，睡虎地秦簡《秦律雜抄》即規定：「戰死事不出，論其後。」整理小組注：「死事，死於戰事。……出，當讀為屈。」[178]死於戰場，且對國家有功之人，在秦代是會封賞其後。漢文帝時鼂錯曾言：「今秦之發卒

---

173 「槥」字從裘錫圭釋，見氏著：〈漢簡零拾〉，收入《裘錫圭學術文集》（簡牘帛書卷），頁53。

174 釋文依簡牘整理小組編：《居延漢簡》（參）（臺北市：中央研究院歷史語言研究所，2016年10月），頁147。

175 李天虹：《居延漢簡簿籍分類研究》（北京市：科學出版社，2003年9月），頁165；趙寵亮：《行役戍備——河西漢塞吏卒的屯戍生活》（北京市：科學出版社，2012年11月），頁304。

176 漢·班固撰，清·王先謙補注：《漢書補注》，卷52，頁3859-3860。

177 南朝宋·范曄撰，唐·李賢注：《後漢書》，卷90，頁2980。

178 睡虎地秦墓竹簡整理小組：《睡虎地秦墓竹簡》（北京市：文物出版社，1990年9月），釋文頁89。

也，有萬死之害，而亡銖兩之報，死事之後不得一算之復」，[179]實際上，秦人對於戰死事之後恐非如此苛刻。其實，恤死事之後的制度在春秋時代就已逐漸成形，如齊桓公欲封賞戰死事之後。[180]戰國時代，魏武侯甚至對死事之家「歲被使者勞賜其父母」。[181]漢代對恤死事之後更為普遍，如呂后之大哥周呂候戰死，其子呂臺被封為酈侯；[182]吳尉跟從光武帝征戰而死，其子吳彤即被封為安陽侯。[183]至於一般的士兵，漢代的措施即設置了「羽林孤兒」。《漢書》〈百官公卿表〉：「又取從軍死事之子孫養羽林，官教以五兵，號曰羽林孤兒。」[184]在宣帝神爵元年，羽林孤兒就參與了西羌之戰事，[185]此制度除了保障戰死軍人之孤兒能得到基本的生活溫飽，同時也為他們獲取職業技能提供了條件。[186]在漢代，戰死事家屬甚至可獲得奴僕。武帝時，汲黯就建議將那些來降的匈奴人以「賜從軍死事者家」，其目的是以「謝天下之苦」。[187]這些皆是透過政治手段來對有功的戰死者後代或親人進行撫恤，除了獎勵從軍之人外，同時也讓那些戰死事之後或眷屬可以承繼先人的祭祀。

　　另一種是遭兵器傷害，屬死於非命者，這一類的人基本上或觸犯國法，或本身的罪惡而遭致殺害。這一類的兵死者，其後人照理說是不可繼承其爵位，甚至可能遭到連坐，惟有在一些特殊情況下，才可

179 漢・班固撰，清・王先謙補注：《漢書補注》，卷49，頁3728。

180 黎翔鳳：《管子校注》，卷23，頁1404。

181 戰國・吳起：《吳子》，收入《中國兵書集成》（第1冊）（北京市：解放軍出版社，1987年8月），頁60。

182 漢・司馬遷撰，瀧川資言考證：《史記會注考證》，卷9，頁554。

183 南朝宋・范曄撰，唐・李賢注：《後漢書》，卷18，頁684。

184 漢・班固撰，清・王先謙補注：《漢書補注》，卷19，頁873。

185 漢・班固撰，清・王先謙補注：《漢書補注》，卷8，365。

186 王子今：《漢代兒童生活》（西安市：三秦出版社，2012年9月），頁150；《秦漢兒童的世界》（北京市：中華書局，2018年5月），頁153-154。

187 漢・司馬遷撰，瀧川資言考證：《史記會注考證》，卷120，頁4054。

獲得立嗣的機會，如春秋鄭簡公時代的伯有。當時鄭卿駟帶率國人攻打伯有，伯有最後死於羊肆，死後鄭國子產將之小斂，同時葬於斗城。伯有屬兵死者，死後雖獲得埋葬，但其靈魂卻在鄭國作祟。於是子產乃立伯有之子良止來撫恤伯有之靈，災害才停止。伯有並非是為國犧牲的人，但其子仍獲立為大夫，此乃子產出於安撫亡靈而採取的特殊措施，所謂：「鬼有所歸，乃不為厲」。[188]又如項羽自刎而死，甚至還遭到劉邦將領肢解，但劉邦仍為之發喪，並以魯公封號將他葬於穀城。[189]田橫在雒陽之外三十里自殺，劉邦亦以王禮將之安葬。[190]項羽和田橫皆可算兵死者，劉邦此舉或為安撫那些追隨項籍及田橫的人，透過這項措施來使他們歸順漢朝。

六　結語

《後漢書》〈張曹鄭列傳〉記載曹褒任射聲校尉時，營門外停放建武以來無後者之棺木，曹褒得知情況後即買空地，全數埋葬，並加以祭祀。[191]這些人很有可能是光武中興時期參與戰爭的死者，死後因無後，故一直沒有下葬，幸而遇到曹褒而得以入土為安。然而古代的兵死者並非皆享有這樣的待遇，綜觀上文所論，為國戰死者，先秦文獻一般不稱「兵死」，往往稱「戰死事」、「死事」或「國殤」，直到東漢以後，兵死者可指死於戰場者。

一般的兵死者，即非為國捐軀者，屬有罪遭受兵器致死的非命者，其死後非但不能葬入兆域中，甚至其喪禮還遭降格處置。春秋時代的齊莊公葬禮，其死後不但未按正禮葬入齊國公墓中，下葬時還減

---

188 《左傳》，卷44，頁763。

189 漢・司馬遷撰，瀧川資言考證：《史記會注考證》，卷7，頁471。

190 漢・班固撰，清・王先謙補注：《漢書補注》，卷33，頁3161。

191 南朝宋・范曄撰，唐・李賢注：《後漢書》，卷35，頁1204。

損葬儀。如葬禮中僅使用四翣，少於當時諸侯應有的六翣，四翣的格局基本上同於晉國的大夫而已。加上下葬時僅以「下車」，規模與數量也少於當時的齊國葬禮。漢代諸侯王若有罪，其下葬時不得以金縷玉衣隨葬，有時或改以平民之禮下葬。罪行重大者，除了公開處決外，甚至禁止收埋，王莽時代或以巫術手段對其屍骨進行厭勝。僅有少數的兵死者才可獲得王侯或士大夫之禮埋葬，此或為安撫亡靈，或為收買人心而採取的特殊措施，但不入葬其祖先兆域中，仍是這一類兵死者的共同特點。《周禮》所謂的「凡死於兵者不入兆域」，「死於兵者」當是指遭受兵器致死，但不一定是死於戰場的人。

　　漢代以前，戰死者或埋於戰地，甚至在某些因素影響下，這些戰死者不僅無法被收埋，更無法歸葬兆域，然而其原因皆無涉「戰敗無勇」。一直到了漢初高祖以後，戰死者歸葬故里才成為國家制度。至於戰死事之後，約在春秋時代，政府即對其家屬進行撫恤，秦代甚至以爵位封賞其後。漢代王侯死於戰事者，其子大都能承襲爵位，即使戰敗，若能為國「死戰」，其子亦可獲得爵位。武帝之時，韓千秋率軍討伐南粵，雖敗北，但武帝認為「韓千秋雖亡成功，亦軍鋒之冠」，仍封其子延年為成安侯。[192]反觀李陵征伐匈奴敗北，但因不能死戰，加上又生降，因此家族慘遭族滅，[193]致使「隤其家聲」。[194]至於一般死事者之子，政府則使其成為羽林孤兒，「少壯令從軍」，[195]以

---

192 漢‧班固撰，清‧王先謙補注：《漢書補注》，卷95，頁5739。
193 敦煌馬圈灣漢簡983：「《捕律》：亡入匈奴、外蠻夷，守棄亭障逢（烽）燧者，不堅守降之，及從塞徼外來絳（降）而賊殺之，皆要（腰）斬，妻子耐為司寇，作如」，釋文參照張德芳：《敦煌馬圈灣漢簡集釋》（蘭州市：甘肅文化出版社，2013年12月），頁623。此條可以跟李陵生降時所遭受的處分相對照。孫聞博認為：「西漢後期，連坐範圍已有收縮，對親屬責罰僅及妻子，量刑也相對較輕。」見氏著：《秦漢軍制演變史稿》（北京市：中國社會科學出版社，2016年4月），頁327。
194 漢‧班固撰，清‧王先謙補注：《漢書補注》，卷62，頁4359。
195 漢‧班固撰，清‧王先謙補注：《漢書補注》，卷8，頁366顏《注》引如淳說。

保障他們的生活溫飽,並獲得職業技能。

(本章原名〈春秋至兩漢的「兵死」者內涵探究——以葬禮及死者家屬安頓為討論核心〉,發表在《漢學研究》第33卷第4期,2015年12月,頁37-72。收入本書時加以修訂增補)

引用書目

一　傳統文獻

戰國・吳起：《吳子》，收入《中國兵書集成》第一冊，北京市：解放
　　　軍出版社，1987年8月。

戰國・呂不韋編，陳奇猷校釋：《呂氏春秋新校釋》，上海市：上海古
　　　籍出版社，2011年3月。

戰國・荀況著，天天海校釋：《荀子校釋》修訂本，上海市：上海古
　　　籍出版社，2016年10月。

漢・毛亨傳，漢・鄭玄箋，唐・孔穎達疏：《毛詩注疏》，臺北市：藝
　　　文印書館，2013年3月。

漢・司馬遷撰，瀧川資言著：《史記會注考證》，上海市：上海古籍出
　　　版社，2015年4月。

漢・何休解詁，唐・徐彥疏：《春秋公羊傳注疏》，臺北市：藝文印書
　　　館，2013年3月。

漢・班固撰，清・王先謙補注：《漢書補注》，上海市：上海古籍出版
　　　社，2008年12月。

漢・荀悅，晉・袁宏著，張烈點校：《兩漢紀》，北京市：中華書局，
　　　2005年3月。

漢・許慎撰，清・段玉裁注：《說文解字注》，南京市：鳳凰出版社，
　　　2015年7月。

漢・賈誼撰，閻振益、鍾夏校注：《新書校注》，北京市：中華書局，
　　　2007年10月。

漢・劉向撰，向宗魯校證：《說苑校證》，北京市：中華書局，2009年4月。

漢・蔡邕：〈明堂論〉，收入《全上古三代秦漢三國六朝文》，北京市：中華書局，1991年10月。

漢・鄭玄注，唐・賈公彥疏：《周禮注疏》，臺北市：藝文印書館，2013年3月。

漢・鄭玄注，唐・孔穎達疏：《禮記注疏》，臺北市，藝文印書館，2013年3月。

漢・趙岐注，宋・孫奭疏：《孟子注疏》，臺北市：藝文印書館，2013年3月。

三國・宋衷注，秦嘉謨輯：《世本八種》，北京市：中華書局，2008年8月。

魏・何晏注，宋・邢昺疏：《論語注疏》，臺北市：藝文印書館，2013年3月。

晉・杜預集解，唐・孔穎達疏：《春秋左傳注疏》，臺北市：藝文印書館，2013年3月。

晉・范寧集解，唐・楊士勛疏：《春秋穀梁傳注疏》，臺北市：藝文印書館，2013年3月。

晉・陳壽撰，南朝宋・裴松之注，盧弼集解：《三國志集解》，上海市：上海古籍出版社，2009年6月。

晉・陸機著，劉運好校注：《陸士衡文集校注》，南京市：鳳凰出版社，2007年12月。

北魏・酈道元注，楊守敬、熊會貞疏：《水經注疏》，南京市：江蘇古籍出版社，1999年8月。

南朝宋・范曄撰，唐・李賢注：《後漢書》，北京市：中華書局，2010年2月。

南朝梁・蕭統編，唐・李善注：《文選》，上海市：上海古籍出版社，1986年8月。

南朝梁・蕭統編，李善等注：《新校訂六家注文選》，鄭州市：鄭州大學出版社，2013年12月。

唐・李吉甫撰，賀次君點校：《元和郡縣圖志》，北京市：中華書局，2017年5月。

唐・李延壽：《北史》，北京市：中華書局，2000年1月。

唐・李泰等著，賀次君輯校：《括地志輯校》，北京市：中華書局，2010年5月。

唐・杜佑撰，王文錦等點校：《通典》，北京市：中華書局，2012年11月。

唐・歐陽詢編：《藝文類聚》，上海市：上海古籍出版社，1999年5月。

宋・樂史撰，王文楚點校：《太平寰宇記》，北京市：中華書局，2007年11月。

宋・歐陽脩、宋祁：《新唐書》，北京市：中華書局，1975年2月。

宋・魏了翁著，王鍔、瞿林江整理，《禮記要義整理與研究》：北京市：高等教育出版社，2016年3月。

宋・呂祖謙：《春秋左氏傳續說》，收入《呂祖謙全集》第7冊，杭州市：浙江古籍出版社，2008年1月。

宋・洪興祖：《楚辭補注》，北京市：中華書局，2008年11月。

元・黃公紹：《古今韻會舉要》，北京市：中華書局，2000年2月。

明・董說著，繆文遠訂補：《七國考訂補》，上海市：上海古籍出版社，1987年4月。

明・顧炎武撰，徐德明等校點：《左傳杜解補正》，上海市：上海古籍出版社，2012年7月。

清・于鬯：《香草校書》，北京市：中華書局，2006年7月。

清・毛奇齡：《春秋毛氏傳》，收入《皇清經解春秋類彙編》（一），臺北市：藝文印書館，1986年6月。

清・王引之撰，虞思徵、馬濤、徐煒君校點：《經義述聞》，上海市：上海古籍出版社，2016年11月。

清・王先慎撰，鐘哲點校：《韓非子集解》，北京市：中華書局，2016
　　年4月。

清・王先謙撰，沈嘯寰、王星賢點校：《荀子集解》，北京市：中華書
　　局，2010年9月。

清・王念孫撰，徐煒君、樊波成、虞思徵、張靖偉校點：《讀書雜
　　志》，上海市：上海古籍出版社，2014年7月。

清・王照圓：《列女傳補注》，上海市：華東師範大學出版社，2012年
　　4月。

清・包世榮：《毛詩禮徵》，收入《續修四庫全書》第69冊，上海市：
　　上海古籍出版社，2002年4月。

清・任啟運：《朝廟宮室考》，收入《續經解三禮類彙編》（一），臺北
　　市：藝文印書館，1986年6月。

清・全祖望撰，朱鑄禹集注：《經史答問》，收入《全祖望集彙校集
　　注》，上海市：上海古籍出版社，2000年12月。

清・朱右曾：《逸周書集訓校釋》，臺北市：世界書局，1980年11月。

清・朱駿聲：《說文通訓定聲》，臺北市：藝文印書館，1994年1月。

清・朱駿聲：《春秋左傳識小錄》，收入《續修四庫全書》125，上海
　　市：上海古籍出版社，2002年4月。

清・江永：《春秋地理考實》，收入《春秋戰國史研究文獻叢刊》第4
　　冊，北京市：國家圖書館出版社，2009年5月。

清・江永：《鄉黨圖考》，收入《皇清經解四書類彙編》，臺北市：藝
　　文印書館，1986年6月。

清・李貽德：《春秋左傳賈服注輯述》，收入《續經解春秋類彙編》
　　（三），臺北市：藝文印書館，1986年6月。

清・沈淑：《左傳器物宮室》，收入《《左傳》研究文獻輯刊》第十五
　　冊，北京市：國家圖書館出版社，2012年1月。

清・沈欽韓：《春秋左氏傳地名補注》，收入《《左傳》研究文獻輯
　　刊》第十三冊，北京市：國家圖書館出版社，2012年1月。

清・沈欽韓撰，郭曉東等點校：《春秋左氏傳補注》，上海市：上海古
　　籍出版社，2016年3月。

清・金鶚：《求古錄禮說》，濟南市：山東友誼書社，1992年8月。

清・洪亮吉撰，李解民點校：《春秋左傳詁》，北京市：中華書局，
　　2008年7月。

清・胡承珙撰，郭全芝校點：《毛詩後箋》，合肥市：黃山書社，2014
　　年9月。

清・胡培翬撰，張文點校：《儀禮正義》，北京市：北京大學出版社，
　　2016年12月。

清・胡培翬撰，黃智明點校：《胡培翬集》，臺北市：中央研究院中國
　　文哲研究所，2005年11月。

清・孫希旦撰，沈嘯寰、王星賢點校：《禮記集解》，北京市：中華書
　　局，2007年8月。

清・孫星衍等輯，周天游點校：《漢官六種》，北京市：中華書局，
　　2008年5月。

清・孫詒讓撰，梁運華點校：《札迻》，北京市：中華書局，2006年12
　　月。

清・孫詒讓撰，孫啟治點校：《墨子閒詁》，北京市：中華書局，2009
　　年1月。

清・孫詒讓撰，雪克點校：《籀廎述林》，北京市：中華書局，2010年
　　4月。

清・孫詒讓著，汪少華整理：《周禮正義》，北京市：中華書局，2015
　　年11月。

清・桂馥：《說文解字義證》，北京市：中華書局，1998年11月。

清・馬瑞辰著，陳金生點校：《毛詩傳箋通釋》，北京市：中華書局，
　　2004年2月。

清・高士奇：《春秋地名考略》，收入《春秋戰國史研究文獻叢刊》第
　　三冊，北京市：國家圖書館出版社，2009年5月。

清・張廷玉：《明史》，北京市：中華書局，1974年4月。

清・梁玉繩撰，賀次君點校：《史記志疑》，北京市：中華書局，2006年7月。

清・章太炎撰，姜義華點校：《春秋左傳讀》，上海市：上海人民出版社，2014年5月。

清・郭慶藩撰，王孝魚點校：《莊子集釋》，北京市：中華書局，2008年6月。

清・陳立著，吳則虞點校：《白虎通疏證》，北京市：中華書局，2007年10月。

清・陳立著，劉尚慈點校：《公羊義疏》，北京市：中華書局，2017年11月。

清・陳奐：《詩毛氏傳疏》，臺北市：臺灣學生書局，2017年9月。

清・陳曙著，黃銘等點校：《春秋公羊禮疏》（外五種），上海市：上海古籍出版社，2015年8月。

清・陳瑑：《國語翼解》，收入《《國語》研究文獻輯刊》第五冊，北京市：國家圖書館出版社，2012年8月。

清・焦循撰，沈文倬點校：《孟子正義》，北京市：中華書局，2009年6月。

清・焦循撰，郭曉東，孫德彩點校：《群經宮室圖》，收入《雕菰樓經學九種》，南京市：鳳凰出版社，2015年10月。

清・劉文淇：《春秋左氏傳舊注疏證》，京都市：中文出版社，1979年5月。

清・戴震：《戴震集》，上海市：上海古籍出版社，2015年2月。

清・戴震撰，孫曉磊點校：《屈原賦注》，上海市：上海古籍出版社，2018年5月。

清・譚澐：《國語釋地》，收入《《國語》研究文獻輯刊》第七冊，北京市：國家圖書館出版社，2012年8月。

清・顧炎武著，黃坤、顧宏義校點：《天下郡國利病書》，上海市：上
　　海古籍出版社，2012年7月。

清・顧炎武著，徐德明等校點：《左傳杜解補正》，上海市：上海古籍
　　出版社，2012年7月。

清・顧炎武著，清・黃汝成集釋，欒保群、呂宗力點校：《日知錄集
　　釋》，上海市：上海古籍出版社，2013年10月。

清・顧祖禹撰，賀次君，施和金點校：《讀史方輿紀要》，北京市：中
　　華書局，2005年3月。

清・顧棟高輯，吳樹平、李解民點校：《春秋大事表》，北京市：中華
　　書局，2013年1月。

二　近人論著

【3畫】

于成龍：《楚禮新證——楚簡中的紀時、卜筮與祭禱》，北京市：北京
　　大學考古文博博士學位論文，2004年5月。

凡國棟：〈曾侯與編鐘銘文東釋〉，《江漢考古》2014年第4期，頁61-
　　67。

土口史記：《先秦時代の領域支配》，京都市：京都大學學術出版會，
　　2011年6月。

大葆臺漢墓發掘組：《北京大葆臺漢墓》，北京市：文物出版社，1989
　　年12月。

山西省考古研究所、北京大學考古系：〈1992年春天馬——曲村遺址
　　墓葬發掘報告〉，《文物》1993年第3期，頁11-30。

山西省考古研究所、北京大學考古系：〈天馬——曲村遺址北趙晉侯
　　墓地第二次發掘〉，《文物》1994年第1期，頁2-28。

山西省考古研究所、北京大學考古系:〈天馬 —— 曲村遺址北趙晉侯
　　墓地第三次發掘〉,《文物》1994年第8期,頁22-33。

山西省考古研究所、北京大學考古系:〈天馬 —— 曲村遺址北趙晉侯
　　墓地第四次發掘〉,《文物》1994年第8期,頁4-21。

山西省考古研究所、北京大學考古系:〈天馬 —— 曲村遺址北趙晉侯
　　墓地第五次發掘〉,《文物》1995年第7期,頁4-38。

山西省考古研究所:〈天馬 —— 曲村遺址北趙晉侯墓地第六次發掘〉,
　　《文物》2001年第8期,頁4-21。

山西省考古研究所、晉城市文化局、高平市博物館:〈長平之戰遺址
　　永錄1號屍骨坑發掘簡報〉,《文物》1996年第6期,頁33-
　　40。

山西省考古研究所:《太原晉國趙卿墓》,北京市:文物出版社,1996
　　年12月。

山西省考古研究所等:〈山西絳縣橫水西周墓發掘簡報〉,《文物》
　　2006年第8期,頁4-18。

山西省考古研究所:〈山西曲沃羊舌晉侯墓地發掘簡報〉,《文物》
　　2009年第1期,頁4-26。

山東省文物考古研究所:《曲阜魯國故城》,濟南市:齊魯書社,1982
　　年9月。

山東省文物考古研究所:〈山東淄博市臨淄區淄河店二號戰國墓〉,
　　《考古》2000年第10期,頁46-65。

山東省文物考古研究所:《臨淄齊故城》,北京市:文物出版社,2013
　　年10月。

山東省文物考古研究所、臨淄區文物管理局:《臨淄山王村漢代兵馬
　　俑》,北京市:文物出版社,2017年3月。

山東省兗石鐵路文物考古工作隊:《臨沂鳳凰嶺東周墓》,濟南市:齊
　　魯書社,1988年9月。

【4畫】

中美聯合考古隊：〈河南商丘縣東周城址勘查簡報〉，《考古》1998年
　　　12期，頁18-27。

中國考古學會編：《中國考古學年鑑》（1991），北京市：文物出版
　　　社，1992年8月。

中國社會科學院考古研究所洛陽漢魏城隊：〈河南洛陽市漢魏故城
　　　M175西周墓發掘簡報〉，《考古》2014年第3期，頁13-23。

中國社會科學院考古研究所洛陽漢魏城隊：〈漢魏洛陽故城城垣試
　　　掘〉，《漢魏洛陽故城研究》，北京市：科學出版社，2000年9
　　　月，頁31-58。

中國社會科學院考古研究所編：《張家坡西周墓地》，北京市：中國大
　　　百科全書出版社，1999年6月。

中國社會科學院考古研究所：《漢魏洛陽故城南郊東漢刑徒墓地》，北
　　　京市：文物出版社，2007年8月。

中國社會科學院考古研究所編：《偃師商城》（第一卷），北京市：科
　　　學出版社，2013年9月。

中國科學院考古研究所編：《上村嶺虢國墓地》，北京市：科學出版
　　　社，1959年10月。

中國國家博物館、徐州博物館：《大漢楚王——徐州西漢楚王陵墓文
　　　物輯萃》，北京市：中國社會科學出版社，2005年12月。

中華秦文化辭典編委會：《中國秦文化辭典》，西安市：西北大學出版
　　　社，2000年1月。

孔令遠：《徐國的考古發現與研究》，成都市：四川大學考古學及博物
　　　館學博士論文，2002年3月。

尹盛平、尹夏清：〈姜氏之戎與寶雞〉，《寶雞文理學院學報》（社會科
　　　學版）2017年第2期，頁18-24。

方向東：《大戴禮記匯校集解》，北京市：中華書局，2008年7月。

方勇、陸永品撰：《莊子詮評》，成都市：巴蜀書社，2007年5月。

毛穎、張敏：《長江下游的徐舒與吳越》，武漢市：湖北教育出版社，
　　　2005年1月。

王子今：《門祭與門神崇拜》，西安市：陝西人民出版社，2006年4
　　　月。

王子今：《漢代兒童生活》，西安市：三秦出版社，2012年9月。

王子今：《秦漢稱謂研究》，北京市：中國社會科學出版社，2014年4
　　　月。

王子今：《秦漢兒童的世界》，北京市：中華書局，2018年5月。

王文濤：《秦漢社會保障研究──以災害救助為中心的考察》，北京
　　　市：中華書局，2007年6月。

王占奎：〈晉地「姜戎氏」文化線索〉，收入《文物考古文集》，武昌
　　　市：武漢大學出版社，1997年9月，頁201-207。

王占奎：〈成周、成昌、王城雜談──兼論宗周之得名〉，收入《考古
　　　學研究》（五），北京市：科學出版社，2003年7月，頁572-
　　　580。

王玉哲：〈殷商、西周疆域史中的一個重要問題〉，《古史集林》，北京
　　　市：中華書局，2002年9月，頁197-203。

王宇信等編：《甲骨文精粹釋譯》，昆明市：雲南人民出版社，2004年
　　　5月。

王利器校注：《風俗通義校注》，北京市：中華書局，2010年5月。

王延棟編：《戰國策詞典》，天津市：南開大學出版社，2002年2月。

王明珂：《華夏邊緣──歷史記憶與族群認同》（增訂版），杭州市：
　　　浙江人民出版社，2013年11月。

王國維：《古史新證》，收入《王國維全集》第11卷，杭州市：浙江教
　　　育出版社，2009年12月。

王景蓮：〈顓頊遺都帝丘初探〉，《中原文物》2016年第1期，頁24-
　　　29。

王毓銓：《王毓銓史論集》，北京市：中華書局，2005年7月。

王雷生：〈瓜州新考〉，《敦煌學輯刊》1993年第2期，頁81-88。

王輝：《商周金文》，北京市：文物出版社，2006年1月。

王輝：〈馬家塬戰國墓地綜述〉，《西戎遺珍——馬家塬戰國墓地出土
　　　文物》，北京市：文物出版社，2014年11月，頁10-31。

王輝：〈近年來戰國時期西戎考古學文化的新發現與新認識〉，《嬴秦
　　　溯源——秦文化特展》，臺北市：國立故宮博物院，2016年7
　　　月，頁324-333。

王學理：《咸陽帝都記》，西安市：三秦出版社，1999年8月。

王學理：〈從「陵墓近都」到「自成塋域」〉，《王學理秦漢考古文
　　　選》，西安市：三秦出版社，2008年9月，頁138-156。

王學理：《秦物質文化通覽》，北京市：科學出版社，2015年6月。

王龍正、倪愛武、張方濤：〈周代喪葬禮器銅翣考〉，《考古》2006年
　　　第9期，頁61-71。

王龍正、倪愛武、張方濤：《虢史與虢文化研究》，鄭州市：河南科學
　　　技術出版社，2012年10月。

王龍正：〈平頂山應國墓地九十五號墓年代、墓主及相關問題〉，《華
　　　夏考古》1995年第4期，頁68-72。

【5畫】

丘光明：《中國歷代度量衡考》，北京市：科學出版社，1992年8月。

北京大學考古系：〈1992年春天馬——曲村遺址墓葬發掘報告〉，《文
　　　物》1993年第3期，頁11-30。

北京市文物研究所：《琉璃河西周燕國墓地》，北京市：文物出版社，
　　　1995年7月。

史念海：〈西周與春秋時期華族與非華族的雜居及其地理分布〉，《史念海全集》第5卷，北京市：人民出版社，2013年4月，頁554-591。

史念海：〈鄭韓故城溯源〉，《史念海全集》第6卷，北京市：人民出版社，2013年4月，頁251-276。

左　鵬：《楚國歷史地理研究》，武漢市：湖北教育出版社，2012年9月。

田成方：〈巺士父匜、蓼子鄬盞與己姓蓼國〉，《華夏考古》2015年第3期，頁137-141。

田亞岐、郁彩玲：〈秦都雍城城市體系演變的考古學觀察〉，《輝煌雍城——全國（鳳翔）秦文化學術研討會論文集》，西安市：三秦出版社，2017年9月，頁30-37。

田亞岐、徐衛民：〈雍城秦公陵園諸公墓主考識〉，《秦漢研究》第2輯，西安市：三秦出版社，2007年11月，頁262-271。

田亞岐、張文江：〈禮縣大堡子山秦陵墓主考辨〉，《唐都學刊》2007年第3期，頁71-76。

田昌五：《古代社會斷代新論》，北京市：人民出版社，1982年12月。

田　野：《重放異彩——楚文化考古重大發現》，武漢市：湖北教育出版社，2001年3月。

田廣五、臧知非：《周秦社會結構研究》，西安市：西北大學出版社，1996年10月。

申茂盛、馮丹：〈秦漢帝王陵門闕建築比較研究〉，《秦始皇帝陵博物館》2015，西安市：陝西師範大學出版社，2015年10月，頁119-135。

石泉：〈從春秋吳師入郢之役看古代荊楚地理〉，《古代荊楚地理新探》（增訂本），臺中市：高文出版社，2004年5月，頁287-338。

石泉主編，《楚國歷史文化辭典》，武漢市：武漢大學出版社，1997年6月。

【6畫】

任繼昉：《釋名匯校》，濟南市：齊魯書社，2006年11月。

印　群：《黃河中下游地區的東周墓葬制度》，北京市：社會科學文獻出版社，2001年10月。

吉淑娟：《晉國交通研究》，臨汾市：山西師範大學碩士論文，2017年5月。

后曉榮：《秦代政區地理》，北京市：社會科學文獻出版社，2009年1月。

后曉榮：《戰國政區地理》，北京市：文物出版社，2013年3月。

向　熹：《詩經詞典》（修訂本），北京市：商務印書館，2014年6月。

安普義：《周代曹國考》，重慶市：重慶大學歷史與社會學院碩士論文，2012年10月。

安徽省文物考古研究所：《鐘離君柏墓》，北京市：文物出版社，2013年9月。

曲英傑：《水經注城邑考》，北京市：中國社會科學出版社，2013年7月。

曲英傑：《古代城市》，北京市：文物出版社，2003年6月。

曲英傑：《史記都城考》，北京市：商務印書館，2007年12月。

曲英傑：《先秦都城復原研究》，哈爾濱：黑龍江人民出版社，1991年8月。

朱丹寧：《秦官爵授予問題若干考察》，南京市：南京師範大學中國語言文學碩士論文，2014年3月。

朱鳳祥：〈宋國的都城和疆域考略〉，《商丘師範學院學報》2016年第5期，頁39-43。

朱鳳瀚：〈關於北趙晉侯諸墓年代與墓主人的探討〉，《文化的饋贈——漢學研究國際會議論文集》（考古學卷），北京市：北京大學出版社，2000年8月，頁192-198。

朱鳳瀚：〈關於春秋魯三桓分公室的幾個問題〉，《歷史教學》1984年
　　　　第1期，頁16-20。

朱鳳瀚：《商周家族形態研究》（增訂本），天津市：天津古籍出版
　　　　社，2004年7月。

朱鳳瀚：《中國國家博物館館藏文物研究叢書》（甲骨卷），上海市：
　　　　上海古籍出版社，2007年7月。

朱曉雪：《包山楚簡綜述》，福州市：福建人民出版社，2013年12月。

朱繼平：《從淮夷族群到編戶齊民——周代淮水流域族群衝突的地理
　　　　學觀察》，北京市：人民出版社，2011年10月。

朱騰、王沛、水間大輔：《國家形態・思想・制度——先秦秦漢法律史
　　　　的若干問題研究》，廈門市：廈門大學出版社，2014年1月。

竹添光鴻：《左氏會箋》，成都市：巴蜀書社，2008年9月。

【7畫】

佐竹靖彥：〈漢代墳墓祭祀畫像中的亭門、亭闕和車馬行列〉，《中國
　　　　漢畫研究》第一卷，桂林市：廣西師範大學出版社，2005年
　　　　5月，頁35-69。

何　浩：〈戰國時期楚封君初探〉，《江漢論壇》1984年第5期，頁100-
　　　　111。

何　浩：《楚滅國研究》，武漢市：武漢出版社，1989年11月。

何　浩：〈舒州、徐州與田嬰封薛——齊史雜識之一〉，《管子學刊》
　　　　1991年第3期，頁60-65。

何建章：《戰國策注釋》，北京市：中華書局，1996年7月。

何清谷：《三輔黃圖校釋》，北京市：中華書局，2005年6月。

何琳儀：〈楚官肆師〉，《安徽大學漢語言文字研究叢書　何琳儀卷》，
　　　　合肥市：安徽大學出版社，2013年3月，頁148-155。

余太山：《古族新考》，北京市：商務印書館，2012年6月。

余培林：《詩經正詁》，臺北市：三民書局，2005年2月。

吳則虞編，吳受琚、俞震校補：《晏子春秋集釋》，北京市：國家圖書館出版社，2011年10月。

吳　偉：〈從《洛誥》、《召誥》看周初營建──兼論王城與成周問題〉，《殷都學刊》2012年第4期，頁34-37。

吳國昇編著：《春秋文字字形表》，上海市：上海古籍出版社，2017年9月。

吳業恒：〈河南伊川徐陽墓地的族屬〉，《大眾考古》2017年第6期，頁26-32。

吳靜安：《春秋左氏傳舊注疏證續》，長春市：東北師範大學出版社，2005年5月。

呂文郁：《周代的采邑制度》（增訂版），北京市：社會科學文獻出版社，2006年3月。

呂亞虎：《戰國秦漢簡帛文獻所見巫術研究》，北京市：科學出版社，2010年12月。

宋　建：〈晉侯墓地淺論〉，《晉侯墓地出土青銅器國際學術研討會論文集》，上海市：上海博物館，2002年7月，頁148-156。

宋玲平：《晉系墓葬制度研究》，北京市：科學出版社，2007年8月。

宋　傑：《先秦戰略地理研究》，北京市：首都師範大學出版社，1999年7月。

宋　傑：《中國古代戰爭的地理樞紐》，北京市：中國社會科學出版社，2009年6月。

宋鎮豪：《商代社會生活與禮俗》，北京市：中國社會科學出版社，2010年10月。

宋鎮豪，〈甲骨文所見殷人的祀門禮〉，《甲骨文與殷商史》（新二輯），上海市：上海古籍出版社，2011年11月，頁5-33。

李久昌：〈春秋秦晉河西之爭中的崤函古道戰事〉，《三門峽職業技術學院學報》2014年第4期，頁1-7。

李久昌：〈崤函古道交通線路的形成與變遷〉,《絲綢之路》2009年第6期,頁7-21。

李天虹：《居延漢簡簿籍分類研究》,北京市:科學出版社,2003年9月。

李世源：《古徐國小史》,南京市:南京大學出版社,1990年5月。

李　民：《中國古代文明的起源與進程》,北京市:線裝書局,2008年3月。

李玉潔：〈鄭國的都城與疆域〉,《中州學刊》2005年第6期,頁162-164。

李自智：〈秦九都八遷的路線問題〉,《中國歷史地理論叢》2002年第2期,頁67-70。

李伯謙：〈從晉侯墓地看西周公墓墓地制度的幾個問題〉,《文明探源與三代考古論集》,北京市:文物出版社,2011年7月,頁291-302。

李伯謙：〈晉侯墓地墓主之再研究〉,《文明探源與三代考古論集》,北京市:文物出版社,2011年7月,頁314-321。

李步嘉：《越絕書校釋》,北京市:中華書局,2013年5月。

李孟存、李尚師：《晉國史》,太原市:三晉出版社,2015年1月。

李春利：《兩周時期采邑制度的演變》,北京市:中國社會科學出版社,2016年4月。

李修松：《先秦史探研》,合肥市:安徽大學出版社,2006年3月。

李家浩：〈論《太一避兵圖》〉,《國學研究》第1輯,北京市:北京大學出版社,1993年3月,頁277-292。

李家浩：〈十一年皋落戈銘文釋文商榷〉,《考古》1993年第8期,頁758-759。

李家浩：〈先秦文字中的「縣」〉,《著名中年語言學家自選集——李家浩卷》,合肥市:安徽教育出版社,2002年12月,頁15-34。

李家浩：〈齊國文字中的「遂」〉，《著名中年語言學家自選集——李家浩卷》，合肥市：安徽教育出版社，2002年12月，頁35-52。

李家浩：〈九店楚簡「告武夷」研究〉，《著名中年語言學家自選集——李家浩卷》，合肥市：安徽教育出版社，2002年12月，頁318-338。

李　峰：《西周的政體——中國早期的官僚制度和國家》，北京市：生活・讀書・新知三聯書店，2010年8月。

李隆獻：《晉文公復國定霸考》，臺北市：國立臺灣大學出版社，1988年6月。

李隆獻：〈晉作「爰田」、「州兵」蠡論〉，《臺大中文學報》第3期，1989年，頁431-464。

李隆獻，《晉史蠡探：以兵制與人事為重心》，新北市：花木蘭文化出版社，2011年9月。

李隆獻：《先秦兩漢歷史敘事隅論》，臺北市：國立臺灣大學出版中心，2017年6月。

李　零：〈中國古代地理的大視野〉，《中國方術續考》，北京市：中華書局，2006年5月，頁194-205。

李　零：〈讀《魯國之圖碑》〉，《周行天下——從孔子到秦皇漢武》，北京市：生活・讀書・新知三聯書店，2016年6月，頁125-148。

李德文：〈朱家集楚王墓的形制與棺槨制度〉，《楚文化研究論集》（第一集），武漢市：荊楚書社，1987年1月，頁240-245。

李學勤：〈《史記晉世家》與新出金文〉，《學術集林》（卷四），上海市：上海遠東出版社，1995年9月，頁160-170。

李學勤：〈《齊語》與《小匡》〉，《古文獻叢論》，上海市：上海遠東出版社，1996年11月，頁176-183。

李學勤：〈《春秋事語》與《左傳》的傳流〉，《簡帛佚籍與學術史》，南昌市：江西教育出版社，2001年9月，頁266-277。

李學勤：〈戎生編鐘論釋〉，《重寫學術史》，石家莊市：河北教育出版
　　　社，2002年1月，頁323-332。

李學勤：〈史密簋銘所記西周重要史實〉，《走出疑古時代》，吉林市：
　　　長春出版社，2007年1月，頁103-107。

李學勤：《東周與秦代文明》，上海市：上海人民出版社，2016年11
　　　月。

李衡眉：《先秦史論集續》，濟南市：齊魯書社，2003年1月。

李　鑫：《商周城市形態的演變》，北京市：中國社會科學出版社，
　　　2012年12月。

杜正勝：《古代社會與國家》，臺北市：允晨文化，1992年10月。

杜正勝：《周代城邦》，臺北市：聯經出版公司，2003年11月。

杜正勝：《編戶齊民——傳統政治社會結構之形成》，臺北市：聯經出
　　　版公司，2004年6月。

杜金鵬：《前世今生——偃師商城遺址考古與保護》，北京市：科學出
　　　版社，2014年12月。

杜金鵬：《殷墟宮殿區建築基址研究》，北京市：科學出版社，2010年
　　　11月。

杜　勇：《中國早期國家的形成與國家結構》，北京市：中國社會科學
　　　出版社，2013年8月。

沈文倬：〈周代宮室考述〉，《菿闇文存》，北京市：商務印書館，2006
　　　年6月，頁807-826。

沈長雲〈驪戎考〉，《上古史探研》，北京市：中華書局，2002年12
　　　月，頁287-296。

肖冉、何凡能、劉浩龍：〈鴻溝引水口與渠首段經流考辯〉，《地理學
　　　報》2017年第4期，頁711-722。

谷建輝，《曲阜古城營建形態演變研究》，濟南市：山東大學中國古代
　　　史博士論文，2013年5月。

谷　　飛：〈偃師商城宮城第三號宮殿建築基址的復原研究〉，《中原文物》2018年第3期，頁75-82。

辛　　迪：〈春秋諸戎及其地域分布考〉，《中國國家博物館館刊》2013年第4期，頁71-81。

辛德勇：〈兩漢州制新考〉，《秦漢政區與邊界地理研究》，北京市：中華書局，2009年9月，頁93-180。

阮毓崧撰，劉韶軍點校：《重訂莊子集注》，上海市：上海古籍出版社，2018年4月。

【8畫】

周天游輯注：《八家後漢書輯注》，上海市：上海古籍出版社，1986年12月。

周生春：《吳越春秋輯校匯考》，上海市：上海古籍出版社，1997年7月。

周忠兵：〈釋金文中「觀臺」之「觀」〉，《古文字研究》第三十一輯，北京市：中華書局，2016年10月，頁136-139。

周法高，《中國古代語法》（造句編上），臺北市：中央研究院歷史語言研究所，1993年4月。

周　　波：〈說楚地出土文獻中的「京州」與「京君」〉，《出土文獻研究》第十四輯，上海市：中西書局，2015年12月，頁154-159。

周振鶴、李曉杰等編：《中國行政區劃通史——秦漢卷》，上海市：復旦大學出版社，2016年11月。

周振鶴、李曉杰著：《中國行政區劃通史——總論先秦卷》，上海市：復旦大學出版社，2017年9月。

周鳳五：〈九店楚簡〈告武夷〉重探〉，《朋齋學術文集》【戰國竹書卷】，臺北市：國立臺灣大學出版中心，2016年12月，頁543-564。

周聰俊:《饗禮考辨》,臺北市:文史哲出版社,2011年1月。

季旭昇主編:《清華大學藏戰國竹簡(壹)讀本》,臺北市:藝文印書館,2013年11月。

季旭昇:《說文新證》,臺北市:藝文印書館,2014年9月。

宗福邦,陳世鐃,蕭海波:《故訓匯纂》,北京市:商務印書館,2003年7月。

尚景熙:〈蔡國故城調查記〉,《中原文物》1980年第2期,頁30-32。

屈守元:《韓詩外傳箋疏》,成都市:巴蜀書社,1996年3月。

河北省文物研究所:《響墓——戰國中山國國王之墓》,北京市:文物出版社,1996年2月。

河南省文物考古研究所、三門峽市文物工作隊:《三門峽虢國墓》(第一卷),北京市:文物出版社,1999年12月。

河北省文物研究所:《燕下都》,北京市:文物出版社,1996年8月。

河南省文物考古研究所:《永城西漢梁國王陵與寢園》,鄭州市:中州古籍出版社,1996年8月。

河南省文物考古研究所:《新鄭西亞斯東周墓地》,鄭州市:大象出版社,2012年8月。

河南省文物考古研究所等:〈河南濮陽縣高城遺址發掘簡報〉,《考古》2008年第3期,頁18-30。

河南省文物研究所:〈河南淮陽馬鞍冢楚墓發掘簡報〉,《文物》1984年第10期,頁1-17。

河南省文物研究所平頂山市文物管理委員會:〈平頂山應國墓地九十五號墓的發掘〉,《華夏考古》1992年第3期,頁92-103。

河南省文物研究所平頂山市文物管理委員會:《應國墓地的發現與研究》,平頂山:汝州晚報社印刷,2006年3月。

河南省商丘市文物管理委員會等:《芒碭山西漢梁王墓地》,北京市:文物出版社,2001年8月。

邱永生、徐旭：〈徐州市馱籃山西漢墓〉，《中國考古學年鑑》（1991），
　　　　北京市：文物出版社，1992年8月，頁173-174。

金永健：《清代《左傳》考證研究》，北京市：中國社會科學出版社，
　　　　2013年11月。

金景芳：《中國奴隸社會史》，上海市：上海人民出版社，1993年10月。

金學山：〈西安半坡戰國墓葬〉，《考古學報》1957年第3期，頁63-92。

【9畫】

侯衛東：〈試論商丘宋城春秋時期布局及其淵源〉，《三代考古》
　　　　（六），北京市：科學出版社，2015年12月，頁389-392。

俞偉超：〈漢代馬王堆一號漢墓棺制的推定〉，《先秦兩漢考古學論
　　　　集》，北京市：文物出版社，1985年6月，頁125-131。

俞偉超：〈上村嶺虢國墓地新發現所揭示的幾個問題〉，《虢國墓地的
　　　　發現與研究》，北京市：社會科學文獻出版社，2000年7月，
　　　　頁54-57。

南京博物院等編：《淹城——1958～2000年考古發掘報告》，北京市：
　　　　科學出版社，2014年12月。

姚　　磊：《先秦戎族研究》，武昌市：武漢大學出版社，2016年8月。

施偉青：〈論西周春秋的「士」〉，《中國古代史論叢》，長沙市：嶽麓
　　　　書社，2004年8月，頁1-11。

施謝捷：《古璽匯考》，合肥市：安徽大學博士論文，2006年5月。

段宏振：《趙都邯鄲城研究》，北京市：文物出版社，2009年1月。

段清波：《秦始皇帝陵園考古研究》，北京市：北京大學出版社，2011
　　　　年3月。

洛陽市文物工作隊：《洛陽北窯西周墓》，北京市：文物出版社，1999
　　　　年4月。

洛陽市文物工作隊：〈洛陽體育場路東周墓發掘簡報〉，《文物》2011
　　　　年第5期，頁4-11。

洛陽市文物考古研究院：〈洛陽鐵道・龍錦嘉園西周墓發掘簡報〉，《中國國家博物館館刊》2015年第11期，頁34-48。

洛陽市文物管理局編：〈洛陽東周王城遺址與韓都宜陽故城〉，《洛陽大遺址研究與保護》，北京市：文物出版社，2009年10月，頁78-108。

洛陽市第二文物工作隊：〈洛陽西郊周山東周王陵調查記〉，《中原文物》2005年第6期，頁4-7。

胡平生、張德芳：《敦煌懸泉漢簡釋粹》，上海市：上海古籍出版社，2001年8月。

胡健、王米佳：〈周代喪葬禮器「翣」的再探討──關於「山」字形薄銅片的考證〉，《中原文化研究》2015年第5期，頁51-59。

范祥雍箋證、范邦瑾協校：《戰國策箋證》，上海市：上海古籍出版社，2006年12月。

唐蘭：〈洛陽金村古墓為東周墓非韓墓考〉，《唐蘭全集》（二），上海市：上海古籍出版社，2015年11月，頁667-671。

姚軍：〈漢闕與漢代建築〉，《中國漢闕全集》，北京市：中國建築工業出版社，2017年7月，頁28-39。

【10畫】

宮崎市定著，張學峰等譯：《東洋的古代》，上海市：上海古籍出版社，2018年6月。

夏大兆：《商代文字字形表》，上海市：上海古籍出版社，2017年9月。

夏德安：〈戰國時代兵死者的禱辭〉，《簡帛研究譯叢》（第二輯），長沙市：湖南人民出版社，1998年8月，頁30-42。

孫合肥：《安徽商周金文彙編》，合肥市：安徽大學出版社，2016年10月。

孫錫芳：《清代左傳學研究》，北京市：中國社會科學出版社，2017年
　　12月。

孫聞博：《秦漢軍制演變史稿》，北京市：中國社會科學出版社，2016
　　年4月。

孫慶偉：《周代用玉制度研究》，上海市：上海古籍出版社，2008年8
　　月。

孫戰偉：〈《春秋》與《左傳》中所見的戎及相關問題〉，《文博》2017
　　年第3期，頁39-47。

孫機：《漢代物質文化資料圖說》（增訂本），上海市：上海古籍出版
　　社，2008年5月。

徐中舒：〈略論春秋時代的變法改制與霸業〉，《川大史學‧徐中舒
　　卷》，成都市：四川大學出版社，2006年8月，頁409-418。

徐元誥：《國語集解》（修訂本），北京市：中華書局，2017年9月。

徐天進：〈西周至春秋初年晉國墓葬的編年研究〉，《文化的饋贈——
　　漢學研究國際會議論文集》（考古學卷），北京市：北京大學
　　出版社，2000年8月，頁335-337。

徐天進：〈周公廟遺址的考古所獲及所思〉，《文物》2006年第8期，頁
　　55-62。

徐少華：《周代南土歷史地理與文化》，武昌市：武漢大學出版社，
　　1994年11月。

徐少華：〈古謝國歷史地理考辨——兼論漢晉棘陽城的位置〉，《武漢
　　大學學報》（哲學社會科學版）1994年第1期，頁71-76。

徐少華：〈論己姓、彭姓諸族的流變和分布〉，《江漢考古》1996年第2
　　期，頁74-79。

徐少華：〈復器、復國與楚復縣考析〉，《中央研究院歷史語言研究所
　　集刊》第80本第2分（2009年6月），頁197-216。

徐少華：〈從叔姜簠析古申國歷史與文化的有關問題〉，《荊楚歷史地理
　　與考古探研》，北京市：商務印書館，2010年11月，頁56-63。

徐少華，《荊楚歷史地理與考古探研》，北京市：商務印書館，2010年11月。

徐少華：〈童麗公諸器與古鍾離國歷史和文化〉，《鍾離君柏墓》，北京市：文物出版社，2013年9月，頁490-495。

徐少華：〈曾侯與鐘和曾（隨）若干問題釋疑〉，《古文字與古代史》第五輯，臺北市：中央研究院歷史語言研究所，2017年4月，頁169-186。

徐文武：〈熊家塚楚墓墓主身份蠡測〉，《江漢論壇》2010年第3期，頁67-72。

徐州博物館：〈徐州西漢宛朐侯劉執墓〉，《文物》1997年第2期，頁4-21。

徐州博物館：《徐州北洞山西漢楚王墓》，北京市：文物出版社，2003年11月。

徐州漢文化風景園林管理處編：《獅子山楚王陵》，南京市：南京出版社，2011年1月。

徐良高：〈周公廟遺址性質雜彈〉，《三代考古》（三），北京市：科學出版社，2009年8月，頁411-420。

徐昭峰：〈「轂、洛鬥，將毀王宮」事件的考古學觀察〉，《洛陽瞿家屯發掘報告》，北京市：文物出版社，2010年3月，頁227-231。

徐昭峰：〈成周與王城考略〉，《考古》2007年第11期，頁62-70。

徐昭峰：〈從城郭到城郭——以東周王城為例的都城城市形態演變觀察〉，《文物》2017年第11期，頁45-50。

徐昭峰：《東周王城研究》，北京市：科學出版社，2019年3月。

徐時義校注：《一切經音義三種校本合刊》，上海市：上海古籍出版社，2012年8月。

徐衛民：《秦漢都城研究》，西安市：三秦出版社，2012年1月。

晁福林：《先秦社會形態研究》，北京市：北京師範大學出版社，2003年3月。

晁福林：《春秋戰國的社會變遷》，北京市：商務印書館，2011年9月。

晁福林：〈從清華簡《程寤》篇看「文王受命」問題〉，《夏商西周史叢考》，北京市：商務印書館，2018年2月，頁656-677。

晏昌貴：〈天星觀卜筮祭禱簡釋文輯校〉，《簡帛數術與歷史地理論集》，北京市：商務印書館，2010年8月，頁126-155。

晏昌貴：《巫鬼與淫祀——楚簡所見方術宗教考》，武昌市：武漢大學出版社，2010年3月。

晏昌貴：《秦簡牘地理研究》，武昌市：武漢大學出版社，2017年12月。

殷寄明：《漢語同源字詞叢考》，上海市：東方出版社，2007年1月。

浙江省文物考古研究所編：《浙江越墓》，北京市：科學出版社，2009年10月。

琉璃河考古隊：〈北京市琉璃河1193號大墓發掘簡報〉，《考古》1990年第1期，頁20-31。

荊州博物館：〈湖北荊州望山橋一號楚墓發掘簡報〉，《文物》2017年第2期，頁4-37。

袁　林：《兩周土地制度新論》，長春市：東北師範大學出版社，2000年1月。

袁俊傑：《兩周射禮研究》，北京市：科學出版社，2013年11月。

袁廣闊、南海森：〈試論濮陽高城東周城址的性質〉，《中原文物》2009年第1期，頁45-47。

陝西省考古研究所等：〈陝西韓城梁帶村遺址 M19發掘簡報〉，《考古與文物》2007年第2期，頁3-14。

陝西省考古研究所等：〈陝西韓城梁帶村遺址 M27發掘簡報〉，《考古與文物》2007年第6期，頁3-22。

陝西省考古研究所等：〈陝西韓城梁帶村遺址 M26發掘簡報〉，《文物》2008年第1期，頁4-21。

陝西考古研究院等：〈漢武帝茂陵考古調查、勘探簡報〉，《考古與文物》2011年第2期，頁3-13。

陝西省考古研究院、渭南市文物保護考古研究所、韓城市景區管理委
　　員會：《梁帶村芮國墓地──二○○七年度發掘報告》，北京
　　市：文物出版社，2010年6月。
陝西省考古研究院、延安市文物研究所、黃陵縣旅遊文物局編：《寨
　　頭河陝西黃陵戰國戎人墓地考古發掘報告》，上海市：上海
　　古籍出版社，2018年10月。
陝西周原考古隊：〈陝西岐山鳳雛村西周建築基址發掘簡報〉，《文
　　物》1979年第10期，頁27-37。
陝西省雍城考古隊：〈鳳翔馬家莊一號建築群遺址發掘簡報〉，《文
　　物》1985年第2期，頁1-29。
馬世之：《中原古國歷史與文化》，鄭州市：大象出版社，1998年11月。
馬世之：〈鄭韓故城的城市布局〉，《華夏都城之源》，鄭州市：河南人
　　民出版社，2012年2月，頁266-282。
馬非百：《管子輕重篇新詮》，北京市：中華書局，2004年1月。
馬俊才：〈鄭、韓兩都平面布局初論〉，《中國歷史地理論叢》1999年
　　第2期，頁115-129。
馬保春：〈由楚簡《容成氏》看湯伐桀的幾個地理問題〉，《中國歷史
　　文物》2004年第5期，頁39-46。
馬保春：《晉國地名考》，北京市：學苑出版社，2010年4月。
高介華、劉玉堂：《楚國的城市與建築》，武漢市：湖北教育出版社，
　　1996年8月。
高　亨：《古字通假會典》，濟南市：齊魯書社，1997年7月。
高　明：〈周代用鼎制度研究〉，《高明學術論集》，上海市：上海古籍
　　出版社，2013年12月，頁87-141。
高崇文：〈秦漢帝陵陵寢制度探討〉，《古禮足徵──禮制文化的考古學
　　研究》，上海市：上海古籍出版社，2015年12月，頁255-280。
高崇文：〈曾侯與編鐘銘文所記吳伐楚路線辨析──兼論春秋時期楚
　　郢都地望〉，《江漢考古》2015年第3期，頁82-85。

【11畫】

崔富章主編：《楚辭集校集釋》，武漢市：湖北教育出版社，2003年5月。

張一兵：《明堂制度研究》，北京市：中華書局，2005年8月。

張天恩：〈周代棺飾與銅翣淺識〉，《考古學研究》（八），北京市：科學出版社，2011年6月，頁293-304。

張仲清：《越絕書校注》，北京市：國家圖書館出版社，2009年6月。

張光明：《齊文化的考古發現與研究》，濟南市：齊魯書社，2004年7月。

張伯元：《包山楚簡案例舉隅》，上海市：上海人民出版社，2014年10月。

張金光：《秦制研究》，上海市：上海古籍出版社，2004年12月。

張金光：《戰國秦社會經濟形態新探》，北京市：商務印書館，2013年3月。

張彥修：《三門峽虢國文化研究》，北京市：中國社會科學出版社，2002年10月。

張國碩：《中原先秦城市防禦文化研究》，北京市：社會科學文獻出版社，2014年7月。

張國碩：《中原地區早期城市綜合研究》，北京市：科學出版社，2018年8月。

張　寅：〈東周西戎考古學文化的初步研究〉，《秦始皇帝陵博物院》2013，西安市：三秦出版社，2013年8月，頁265-282。

張　敏：〈吳國都城初探〉，《張敏文集》（考古卷），北京市：文物出版社，2013年10月，頁692-704。

張　猛：《左傳謂語動詞研究》，北京市：語文出版社，2003年2月。

張維慎：〈「桃林塞」位置考辨〉，《蘭州大學學報》2001年第5期，頁71-77。

張德芳主編：《敦煌馬圈灣漢簡集釋》，蘭州市：甘肅文化出版社，
　　　2013年12月。

張衛星：《禮儀與秩序：秦始皇帝陵研究》，北京市：科學出版社，
　　　2016年9月。

張震澤：《孫臏兵法校理》，北京市：中華書局，2010年4月。

張興照：《商代地理環境研究》，北京市：中國社會科學出版社，2018
　　　年8月。

張應橋：〈商周墓道制度辯論〉，《中原文物》2009年第2期，頁45-
　　　50。

張蕾校注：《王粲集校注》，石家莊市：河北教育出版社，2013年6月。

張雙棣：《淮南子校釋》（增訂本），北京市：北京大學出版社，2013
　　　年1月。

張懷通：《先秦史論集》，北京市：中國古文獻出版社，2014年2月。

曹建墩：《先秦禮制探賾》，天津市：天津人民出版社，2010年10月。

曹錦炎：《古璽通論》（修訂本），杭州市：浙江大學出版社，2017年6
　　　月。

梁　云：〈「漢承秦制」的考古學觀察與思考〉，《遠望集——陝西省考
　　　古研究所華誕四十周年紀念文集》，西安市：陝西人民美術
　　　出版社，1998年12月，頁533-543。

梁　云：《戰國時代的東西差別——考古學的視野》，北京市：文物出
　　　版社，2008年7月。

梁　云：〈考古學上所見秦與西戎的關係〉，《西部考古》2016年第2
　　　期，頁112-146。

梁星彭：〈張家坡西周洞室墓淵源與族屬探討〉，《考古》1996年第5
　　　期，頁68-76。

清華大學出土文獻研究與保護中心：《清華大學藏戰國竹簡》（壹），
　　　上海市：中西書局，2010年12月。

清華大學出土文獻研究與保護中心：《清華大學藏戰國竹簡》（貳），
　　　　上海市：中西書局，2011年12月。

清華大學出土文獻研究與保護中心：《清華大學藏戰國竹簡》（柒），
　　　　上海市：中西書局，2017年4月。

莫凡：〈春秋霸政時代中的晉國南陽地略述〉，《首都師範大學學報》
　　　　社會科學版2011年增刊，頁26-30。

許子濱：〈《春秋》「公薨於臺下」清人諸說綜論〉，收入《《春秋》《左
　　　　傳》禮制研究》，上海市：上海古籍出版社，2012年6月，頁
　　　　484-501。

許子濱：《楊伯峻春秋左傳注禮說斠正》，香港：中華書局，2017年9
　　　　月。

許子濱：《禮制語境與經典詮釋》，上海市：上海古籍出版社，2018年
　　　　10月。

許　宏：《大都無城——中國古都的動態解讀》，北京市：生活・讀
　　　　書・新知三聯書店，2016年5月。

許　宏：《先秦城邑考古》，北京市：西苑出版社，2017年12月。

許進雄：《懷特氏等收藏甲骨文集》，多倫多市：皇家安大略博物館，
　　　　1979年6月。

許道勝：〈天星觀1號楚墓卜筮禱祠簡釋文校正〉，《湖南大學學報》
　　　　（社會科學版）2008年第3期，頁8-14。

郭　明：〈周原鳳雛甲組建築「宗廟說」質疑〉，《中國國家博物館館
　　　　刊》2013年第11期，頁6-17。

郭沫若：《管子集校》（三），北京市：人民出版社，1984年10月。

郭德維：〈《楚辭・國殤》新釋〉，《楚史・楚文化研究》，武漢市：湖
　　　　北人民出版社，2013年3月，頁180-189。

郭德維：《楚系墓葬研究》，武漢市：湖北教育出版社，1995年7月。

郭德維：《楚都紀南城復原研究》，北京市：文物出版社，1999年2
　　　　月。

郭錫良：《漢字古音手冊》（增訂本），北京市：商務印書館，2010年8月。

郭　濤：〈秦代南郡「陰」地考〉，《中國歷史地理論叢》2015年第4輯，頁104-108。

郭寶鈞：《山彪鎮與琉璃閣》，北京市：科學出版社，1959年9月。

陳　平：〈克罍、克盉銘文及其有關問題〉，《燕秦文化研究——陳平學術文集》，北京市：北京燕山出版社，2003年11月，頁3-13。

陳光田：《戰國璽印分域研究》，長沙市：岳麓書社，2009年5月。

陳克炯：《左傳詳解詞典》，鄭州市：中州古籍出版社，2004年9月。

陳初生編：《金文常用字典》修訂再版，西安市：陝西人民出版社，2004年1月。

陳奇猷：〈也談「爰田」——兼談「國人」〉，《晚翠園論學雜著》，上海市：上海古籍出版社，2008年12月，頁267-269。

陳明恩：〈《論語》「文桓譎正」諸說彙解——以漢迄唐宋為考察核心〉，《中國學術年刊》40期，2018年3月。

陳建明主編：《馬王堆漢墓研究》，長沙市：嶽麓書社，2013年8月。

陳昭容：〈從青銅器銘文看兩周夷狄華夏的融合〉，《古文字與古代史》第二輯，臺北市：中央研究院歷史語言研究所，2009年12月，頁329-362。

陳昭容：〈秦公器與秦子器——兼論甘肅禮縣大堡子山秦墓的墓主〉，《中國古代青銅器國際研討會論文集》，上海市：上海博物館，2010年11月，頁229-260。

陳昭容：〈從文獻與出土文物看早期秦國融入華夏的歷程〉，《出土材料與新視野》，臺北市：中央研究院，2013年9月，頁271-310。

陳　洪：《秦文化之考古學研究》，北京市：科學出版社，2016年9月。

陳　偉、徐少華：〈《左傳》文公十六年伐楚之戎地望辨析〉，《江漢論壇》1988年第12期，頁73-74。

陳　偉：《包山楚簡初探》，武昌市：武漢大學出版社，1996年8月。

陳　偉：《楚簡冊概論》，武漢市：湖北教育出版社，2012年9月。

陳　偉：〈薛邑與徐州辨析〉，《燕說集》，北京市：商務印書館，2011
　　　　年11月，頁57-62。

陳偉主編：《秦簡牘合集釋文注釋修訂本》（壹），武昌市：武漢大學
　　　　出版社，2016年3月。

陳偉主編：《楚地出土戰國簡冊》〔十四種〕，武昌市：武漢大學出版
　　　　社，2016年3月。

陳　絜：〈再論包山楚簡「州」的性質與歸屬〉，《中國古代社會高層
　　　　論壇文集：紀念鄭天挺先生誕辰一百一十周年》，北京市：
　　　　中華書局，2011年8月，頁261-283。

陳鼓應：《莊子今注今譯》（最新修訂版），北京市：商務印書館，
　　　　2007年7月。

陳槃：《春秋大事表列國爵姓及存滅表譔異》，臺北市：中央研究院歷
　　　　史語言研究所，1997年6月。

陳緒波：《《儀禮》宮室考》，上海市：上海古籍出版社，2017年5月。

陶正剛、侯毅、渠川福著：《春秋晉國趙氏研究》，北京市：中華書
　　　　局，2007年6月。

陶正剛、侯毅、渠川福著：《太原晉國趙卿墓》，北京市：文物出版
　　　　社，1996年12月。

陸德富：〈說「兵死者」〉，《出土文獻研究》第十一輯，上海市：中西
　　　　書局，2012年12月，頁74-83。

寇占民：〈金文句讀疑義釋例〉，《漢語史研究集刊》2015年第1期，頁
　　　　354-366。

【12畫】

彭浩、陳偉、工藤元男：《二年律令與奏讞書——張家山二四七號漢

墓出土法律文獻釋讀》，上海市：上海古籍出版社，2007年8
　　月。

彭浩：〈讀雲夢睡虎地 M77 漢簡《葬律》〉，《江漢考古》2009年第4
　　期，頁130-134。

彭益林：〈晉文公「請隧」辨正〉，《晉陽學刊》1983年第5期，頁97-
　　104。

彭裕商：〈新邑考〉，《述古集》，成都市：巴蜀書社，2016年1月，頁
　　452-470。

游逸飛：《戰國至漢初的郡制變革》，臺北市：臺灣大學歷史研究所博
　　士論文，2014年6月。

湖北省文物考古研究所、北京大學中文系：《九店楚簡》，北京市：中
　　華書局，2000年5月。

湖北省文物考古研究所：〈湖北隨州葉家山 M28 發掘報告〉，《江漢考
　　古》2013年第4期，頁3-57。

湖北省文物考古研究所：《荊門左冢楚墓》，北京市：文物出版社，
　　2006年12月。

湖北省荊州博物館：《荊州天星觀二號楚墓》，北京市：文物出版社，
　　2003年9月。

湖北省博物館編：《曾侯乙墓》，北京市：文物出版社，1989年7月。

湖北省潛江博物館：《潛江龍灣：1987-2001年龍灣遺址發掘報告》，
　　北京市：文物出版社，2005年10月。

湖南省文物考古研究所：〈湖南益陽兔子山遺址九號井發掘簡報〉，
　　《文物》2016年第5期，頁32-48。

湖南省博物館、中國科學院考古研究所：《長沙馬王堆一號漢墓》，北
　　京市：文物出版社，1973年10月。

湖南省博物館、湖南省文物考古研究所：《長沙馬王堆二、三號漢墓》
　　（第一卷　田野考古發掘報告），北京市：文物出版社，
　　2004年7月。

湯漳平：《出土文獻與《楚辭・九歌》》，北京市：中國社會科學出版
　　　社，2004年9月。

程　　浩：《「書」類文獻先秦流傳考——以清華藏戰國竹簡為中心》，
　　　北京市：清華大學歷史學博士論文，2015年6月。

程　　燕：《戰國典制研究——職官篇》，合肥市：安徽大學出版社，
　　　2018年9月。

童書業：《童書業歷史地理論集》，北京市：中華書局，2004年9月。

童書業著，童教英校訂：《春秋史》（校訂本），北京市：中華書局，
　　　2006年8月。

童書業著、童教英校訂：《春秋左傳研究》（校訂本），北京市：中華
　　　書局，2006年8月。

舒大剛：《春秋少數民族分布研究》，臺北市：文津出版社，1994年3
　　　月。

馮時：〈殷代史氏考——前掌大遺址出土青銅器銘文研究〉，《古文字
　　　與古史新論》，臺北市：臺灣書房，2007年8月，頁255-
　　　286。

馮盛國：《兩周時期華夷關係研究》，北京市：中國社會科學出版社，
　　　2016年11月。

黃天樹：〈殷墟甲骨文「有聲字」的構造〉，《黃天樹古文字論集》，北
　　　京市：學苑出版社，2006年8月，頁269-298。

黃金貴：《古代文化詞義集類辨考》（新一版），北京市：商務印書
　　　館，2016年3月。

黃金貴、黃鴻初：《古代文化常識》，北京市：商務印書館，2018年1
　　　月。

黃紅軍：〈從西漢華容縣與楚章華臺的關係探討潛江縣放鷹臺遺址即
　　　古章華臺的所在地〉，《楚章華臺學術討論會論文集》，出版
　　　社不詳，1988年5月，頁43-48。

黃展岳：《古代人牲人殉通論》，北京市：文物出版社，2004年12月。

黃景春：《中國宗教性隨葬文書研究——以買地券、鎮墓文、衣物疏為主》，上海市：上海人民出版社，2018年3月。

黃聖松：〈《左傳》「郊」考〉，《文與哲》25期，2014年12月，頁131-182。

黃聖松：〈《左傳》「州」芻議——兼論作州兵〉，《成大中文學報》55期，2016年12月，頁1-50。

黃聖松：〈《左傳》「郭」、「郛」考〉，《臺大中文學報》42期，2013年10月，頁53-112。

黃聖松：《《左傳》國人研究》，臺中市：天空數位圖書，2013年10月。

黃聖松：〈《左傳》綴以「隧」字地名與「鄉遂」制度蠡測〉，《文與哲》第31期，2017年12月，頁53-100。

黃　鳴：《春秋列國地理圖志》，北京市：文物出版社，2017年8月。

黃儒宣：〈馬王堆《辟兵圖》研究〉，《中央研究院歷史語言研究所集刊》第85本第2分，2014年6月，頁167-207。

黃曉芬：《漢墓的考古學研究》，長沙市：岳麓書社，2003年1月。

黃懷信、張懋鎔、田旭東：《逸周書彙校集注》（修訂本），上海市：上海古籍出版社，2007年3月。

黃懷信撰：《小爾雅彙校集釋》，西安市：三秦出版社，2003年1月。

【13畫】

楊丙安校理：《十一家注孫子校理》，北京市：中華書局，2009年5月。

楊伯峻：《春秋左傳注》（修訂本），北京市：中華書局，2012年11月。

楊伯峻、徐提編：《春秋左傳詞典》，北京市：中華書局，2013年3月。

楊育彬：《河南考古》，鄭州市：中州古籍出版社，1985年10月。

楊育彬、袁廣闊：《20世紀河南考古發現與研究》，鄭州市：中州古籍出版社，1997年12月。

楊　泓：〈讀《史記・李將軍列傳》兼談兩漢「莫府」圖像和模型〉，
　　　　《故宮博物院院刊》2019年第2期，頁4-20。

楊武站、曹龍：〈漢霸陵帝陵的墓葬形制探討〉，《考古》2015年第8
　　　　期，頁113-120。

楊英傑：《戰車與車戰》，長春市：東北師範大學出版社，1986年12月。

楊雅書：《芮國墓地喪葬制度研究》，開封市：河南大學歷史學碩士論
　　　　文，2016年6月。

楊　寬：〈西漢長安布局結構的探討〉，《文博》1984年第1期，頁19-
　　　　24。

楊　寬：《西周史》，上海市：上海人民出版社，2003年4月。

楊　寬：《中國古代都城制度史研究》，上海市：上海人民出版社，
　　　　2016年7月。

楊　寬：《古史新探》，上海市：上海人民出版社，2016年7月。

楊鴻勛：《楊鴻勛建築考古學論文集》（增訂版），北京市：清華大學
　　　　出版社，2008年2月。

萬麗華：《左傳中的先秦喪禮研究》，北京市：中央民族大學出版社，
　　　　2011年12月。

葉其峰：〈戰國官璽的國別及有關問題〉，《古代銘刻論叢》，北京市：
　　　　文物出版社，2012年10月，頁20-28。

葉萬松、余扶危：〈關於西周洛邑城址的探索〉，《西周史研究》，西安
　　　　市：人文雜誌編輯部，1984年8月，頁317-324。

葛志毅：〈登臺履薪解〉，《先秦兩漢的制度與文化》，哈爾濱市：黑龍
　　　　江教育出版社，1998年8月，頁96-104。

葛劍雄：《中國人口史》（第一卷導論、先秦至南北朝時期），上海
　　　　市：復旦大學出版社，2002年12月。

董　珊：《戰國題銘與工官制度》，北京市：北京大學中國語言文學系
　　　　博士論文，2002年5月。

董　珊：〈馬王堆三號漢墓出土的《居葬圖》〉，《簡帛文獻考釋論
　　　　叢》，上海市：上海古籍出版社，2014年1月，頁244-250。

董　珊：〈「薊丘之植，植於汶篁」新解〉，《上古漢語研究》，北京
　　　　市：商務印書館，2016年10月，頁11-19。

董　珊：〈出土文獻所見「以謚為族」的楚王族〉，《出土文獻與古文
　　　　字研究》（第二輯），上海市：復旦大學出版社，2008年8
　　　　月，頁110-130。

裘錫圭：〈漢簡零拾〉，《裘錫圭學術文集》（簡牘帛書卷），上海市：
　　　　復旦大學出版社，2012年6月，頁52-96。

裘錫圭：〈釋殷墟卜辭中與建築有關的兩個詞——『門塾』與
　　　　『𠂤』〉，《裘錫圭學術文集》（甲骨文卷），上海市：復旦大
　　　　學出版社，2012年6月，頁299-304。

鄒昌林：《晉國土地制度》，北京市：社會科學文獻出版社，2014年12
　　　　月。

靳桂云：〈東周齊國貴族埋葬制度研究〉，《管子學刊》1994年第3期，
　　　　頁59-63。

靳　寶：《大葆臺西漢墓研究》，北京市：北京燕山出版社，2012年12
　　　　月。

【14畫】

漢語大字典編輯委員會：《漢語大字典》（第二版），武漢市：湖北長
　　　　江出版社，2010年4月。

種建榮、張天宇、雷興天：〈晚商與西周時期墓道形制初識〉，《江漢
　　　　考古》2018年第1期，頁54-62。

種建榮：〈周公廟遺址陵坡墓地及相關問題〉，《中國國家博物館館
　　　　刊》2018年第7期，頁30-41。

臧知非：《秦漢土地賦役制度研究》，北京市：中央編譯出版社，2017
　　　　年6月。

臧知非：《戰國秦漢行政、兵制與邊防》，蘇州市：蘇州大學出版社，
　　　　2017年9月。

蒲慕州：〈中國古代的信仰與日常生活〉，《中國史新論【宗教史分
　　　　冊】》，臺北市：聯經出版公司，2011年1月，頁13-64。

趙化成：〈秦東陵芻議〉，《考古與文物》2000年第3期，頁56-63。

趙世超：《周代國野關係研究》，臺北市：文津出版社，1993年10月。

趙平安：〈《楚居》「為郢」考〉，《文字・文獻・古史——趙平安自選
　　　　集》，上海市：中西書局，2017年6月，頁334-341。

趙東升：〈徐國史跡鉤沉〉，《東南文化》2006年第1期，頁47-54。

趙寵亮：《行役戍備——河西漢塞吏卒的屯戍生活》，北京市：科學出
　　　　版社，2012年11月。

銀雀山漢墓竹簡整理小組：《銀雀山漢墓竹簡》（壹），北京市：文物
　　　　出版社，1985年9月。

【15畫】

劉文強：〈論「方城內外」〉，《東華漢學》第23期，2016年6月，頁43-
　　　　62。

劉文強：《晉國伯業研究》，臺北市：臺灣學生書局，2004年7月。

劉玉堂：《楚國交通研究》，武漢市：湖北教育出版社，2017年3月。

劉　雨：〈伯唐父鼎的銘文與時代〉，《金文論集》，北京市：紫禁城出
　　　　版社，2008年5月，頁314-316。

劉信芳：《楚系簡帛釋例》，合肥市：安徽大學出版社，2011年12月。

劉昭瑞：〈武夷神信仰的南移與道教造神〉，《考古發現與早期道教研
　　　　究》，北京市：文物出版社，2007年6月，頁336-348。

劉釗等編：《新甲骨文編》（增訂本），福州市：福建人民出版社，
　　　　2014年12月。

劉尊志：《徐州漢墓與漢代社會研究》，北京市：科學出版社，2011年
　　　　6月。

劉尊志：《漢代諸侯王墓研究》，北京市：社會科學文獻出版社，2012
　　　年12月。

劉瑞、劉濤：《西漢諸侯王陵墓制度研究》，北京市：中國社會科學出
　　　版社，2010年7月。

劉　節：《中國古代宗族移殖史論》，臺北市：正中書局，1987年7
　　　月。

劉　緒：《晉文化》，北京市：文物出版社，2007年9月。

劉　嬌：《言公與剿說——從出土簡帛古籍看西漢以前古籍中相同或類
　　　似內容重複出現現象》，北京市：線裝書局，2012年12月。

劉增貴：〈漢代畫像闕的象徵意義〉，《中國史學》第10期，2000年，
　　　頁97-127。

劉慶柱主編：《中國古代都城考古發現與研究》，北京市：社會科學文
　　　獻出版社，2016年1月。

廣州市文物管理委員會：《西漢南越王墓》，北京市：文物出版社，
　　　1991年10月。

翦伯贊：《先秦史》，北京市：北京大學出版社，1999年5月。

蔡全法：〈鄭韓故城的發現與研究〉，《華夏都城之源》，鄭州市：河南
　　　人民出版社，2012年2月，頁252-265。

蔡全法：〈鄶國、鄶水、鄶都析議〉，《蔡全法考古文集》，北京市：科
　　　學出版社，2012年6月，頁91-97。

蔡全法：〈40餘年來鄭韓故城考古重要收獲〉，《蔡全法考古文集》，北
　　　京市：科學出版社，2012年6月，頁106-118。

蔡運章、俞涼亘：〈西周成周城的結構佈局及其相關問題〉，《中原文
　　　物》2016年第1期，頁34-48。

蔣若是：〈春秋「殽之戰」戰地考實〉，《史學月刊》1987年第1期，頁
　　　1-5。

蔣善國：《尚書綜述》，上海市：上海古籍出版社，1988年3月。

蔣禮鴻：《商君書錐指》，北京市：中華書局，2006年11月。

諸祖耿編撰：《戰國策集注匯考》增補本，南京市：鳳凰出版社，
　　　　2008年12月。

鄭杰祥：〈鄭韓故城在中國都城發展史上的地位〉，《黃河科技大學學
　　　　報》2008年第2期，頁22-25。

鄭　威：〈吳起變法前後楚國封君領地構成的變化〉，《歷史研究》
　　　　2012年第1期，頁24-35。

鄭　威：《楚國封君研究》，武漢市：湖北教育出版社，2017年6月。

鄭　威：〈《靈王遂申》與春秋後期楚國的申縣〉，《江漢考古》2017年
　　　　第5期，頁117-123。

鄭　威：〈「夏州」小考──兼談包山楚簡「路」的性質〉，《出土文獻
　　　　與楚秦漢歷史地理研究》，北京市：科學出版社，2017年10
　　　　月，頁52-57。

黎翔鳳撰，梁運華整理：《管子校注》，北京市：中華書局，2004年6
　　　　月。

【16畫】

蕭　旭：《群書校補》，揚州市：廣陵書社，2011年7月。

蕭　默，《敦煌建築研究》，北京市：建築工業出版社，2003年3月。

錢　玄：《三禮通論》，南京市：南京師範大學出版社，1996年10月。

錢　玄：《三禮辭典》，南京市：江蘇古籍出版社，1998年3月。

霍宏偉編譯：〈洛陽故城古墓考〉，《洛陽工學院學報》（社會科學版）
　　　　2002年第2期，頁13-15。

【17畫】

戴春陽：〈禮縣大堡子山秦公墓地及有關問題〉，《文物》2000年第5
　　　　期，頁74-80。

戴春陽：〈烏孫故地及相關問題考略〉，《敦煌研究》2009年第1期，頁38-46。

繆文遠：《戰國策新校注》（修訂本），成都市：巴蜀書社，1998年9月。

臨淄區齊國故城遺址博物館：〈臨淄齊國故城的排水系統〉，《考古》1988年第9期，頁784-787。

襄樊市考古隊編：《棗陽郭家廟曾國墓地》，北京市：科學出版社，2005年9月。

謝明文：《商代金文的整理與研究》，上海市：復旦大學中國語言文學系博士論文，2012年5月。

謝堯亭：《晉南地區西周墓葬研究》，長春市：吉林大學考古學及博物館學博士論文，2010年6月。

韓江蘇：〈甲骨文「𨺜辟」乃後世「象魏」考〉，《殷墟甲骨文編》，北京市：中國社會科學出版社，2017年4月，頁1328-1344。

韓國河：〈簡論坡形墓道〉，《鄭州大學學報》（社會科學版）2000年第5期，頁107-111。

韓輝、劉延常、徐倩倩、趙國靖：〈曲阜魯故城考古新發現與初步認識〉，《保護與傳承視野下的魯文化學術研討會論文集》，上海市：上海古籍出版社，2018年12月，頁51-69。

【18畫】

簡牘整理小組編：《居延漢簡》（參），臺北市：中央研究院歷史語言研究所，2016年10月。

聶大江：《先秦時期的知識階層》，蘭州市：蘭州大學出版社，2017年10月。

魏慈德：〈《清華簡‧繫年》與《左傳》中的楚史異同〉，《東華漢學》第17期，2013年6月，頁1-48。

【19畫】

羅運環：〈楚國謚法研究〉，《紀念徐中舒先生誕辰110周年國際學術研討會論文集》，成都市：巴蜀書社，2010年12月，頁353-362，又收入氏著：《出土文獻與楚史研究》，北京市：商務印書館，2011年10月，頁132-141。

羅運環：〈論包山簡中的楚國州制〉，《出土文獻與楚史研究》，北京市：商務印書館，2011年10月，頁200-208。

羅運環：《出土文獻與楚史研究》，北京市：商務印書館，2011年10月。

羅軍鳳：《清代春秋左傳學研究》，北京市：人民出版社，2010年5月。

【20畫】

嚴耕望：《中國地方行政制度史——秦漢地方行政制度》，上海市：上海古籍出版社，2007年3月。

蘇建洲、吳雯雯、賴怡璇合著：《清華二《繫年》集解》，臺北市：萬卷樓圖書公司，2013年12月。

【21畫】

顧頡剛：《史林雜誌初編》，北京市：中華書局，1963年2月。

顧頡剛：〈從古籍中探索我國的西部民族——羌族〉，《社會科學戰線》1980年第1期，頁117-152。

顧頡剛：〈州與嶽的演變〉，《顧頡剛古史論文集》卷5，北京市：中華書局，2010年12月，頁43-74。

顧頡剛：〈秦漢統一的由來和戰國人對於世界的想像〉，《顧頡剛古史論文集》卷5，北京市：中華書局，2010年12月，頁33-41。

顧頡剛：〈尚書禹貢注釋〉，《顧頡剛古史論文集》卷9，北京市：中華書局，2010年12月，頁107-196。

顧頡剛：《顧頡剛全集——顧頡剛讀書筆記》卷16，北京市：中華書局，2011年1月。

顧鐵符：〈隨縣曾侯乙墓無隧解〉，《夕陽雛稿——歷史考古述論匯編》，北京市：紫禁城出版社，1988年3月，頁143-147。

三　網路資料

漢陽陵考古隊：〈漢陽陵帝陵東闕門遺址發現內塾〉，網址：http://www.sxhm.com/index.php?ac=article&at=read&did=6102，檢索日期：2016年12月1日。

趙超：〈西安西周靈台遺址的保護與開發〉，網址：http://www.hylae.com/list.asp?id=1154。

劉楚煜：〈清華簡《系年》簡八九、九〇考〉，武漢大學簡帛研究中心首發：http://www.bsm.org.cn/show_article.php?id=3066，檢索日期：2018年5月1日。

蔣偉男：〈益陽兔子山九號井簡牘文字補釋〉，武漢大學簡帛研究中心首發：http://www.bsm.org.cn/show_article.php?id=2588，檢索日期：2016年7月1日。

〈河南鄭韓故城首次發現城門和甕城〉，http://www.readhouse.net/articles/226622328/，檢索日期：2017年2月16日。

文獻研究叢書・圖書文獻學叢刊 0901004

考古發現與《左傳》文獻研究

作　　者	陳炫瑋
責任編輯	呂玉姍
特約校對	林秋芬
發 行 人	陳滿銘
總 經 理	梁錦興
總 編 輯	陳滿銘
副總編輯	張晏瑞
編 輯 所	萬卷樓圖書股份有限公司
排　　版	林曉敏
印　　刷	百通科技股份有限公司
封面設計	斐類設計工作室

發　　行　萬卷樓圖書股份有限公司
　　臺北市羅斯福路二段 41 號 6 樓之 3
　　電話 (02)23216565
　　傳真 (02)23218698
　　電郵 SERVICE@WANJUAN.COM.TW
大陸經銷　廈門外圖臺灣書店有限公司
　　電郵 JKB188@188.COM

ISBN 978-986-478-285-7
2019 年 7 月初版
定價：新臺幣 480 元

如何購買本書：

1. 劃撥購書，請透過以下郵政劃撥帳號：
　帳號：15624015
　　戶名：萬卷樓圖書股份有限公司
2. 轉帳購書，請透過以下帳戶
　合作金庫銀行 古亭分行
　　戶名：萬卷樓圖書股份有限公司
　　帳號：0877717092596
3. 網路購書，請透過萬卷樓網站
　　網址 WWW.WANJUAN.COM.TW

大量購書，請直接聯繫我們，將有專人為
您服務。客服：(02)23216565 分機 610

如有缺頁、破損或裝訂錯誤，請寄回更換

國家圖書館出版品預行編目資料

考古發現與<<左傳>>文獻研究 / 陳炫瑋著. --
初版. -- 臺北市 ：萬卷樓, 2019.05
　面；　公分. -- (文獻研究叢書. 圖書文獻學
叢刊 ; 901004)
ISBN 978-986-478-285-7(平裝)
1.左傳 2.研究考訂
621.737　　　　　　　　　　108006013